Dano Moral por
Inadimplemento Contratual

Dano Moral por Inadimplemento Contratual

2016

Alex Trevisan Braz

DANO MORAL POR INADIMPLEMENTO CONTRATUAL
© ALMEDINA, 2016

AUTOR: Alex Trevisan Braz
DIAGRAMAÇÃO: Almedina
DESIGN DE CAPA: FBA.

ISBN: 978-858-49-3095-1

Dados Internacionais de Catalogação na Publicação (CIP)
(Câmara Brasileira do Livro, SP, Brasil)

Braz, Alex Trevisan
Dano moral por inadimplemento contratual / Alex Trevisan Braz. - São Paulo : Almedina, 2016.
Bibliografia.

ISBN 978-85-8493-095-1

1. Contratos - Brasil 2. Dano moral - Brasil
3. Inadimplemento - Brasil I. Título.

16-00195					CDU-347.441.22(81)

Índices para catálogo sistemático:

1. Brasil : Dano moral contratual : Direito civil 347.441.22(81)4

Este livro segue as regras do novo Acordo Ortográfico da Língua Portuguesa (1990).

Todos os direitos reservados. Nenhuma parte deste livro, protegido por copyright, pode ser reproduzida, armazenada ou transmitida de alguma forma ou por algum meio, seja eletrônico ou mecânico, inclusive fotocópia, gravação ou qualquer sistema de armazenagem de informações, sem a permissão expressa e por escrito da editora.

Março, 2016

EDITORA: Almedina Brasil
Rua José Maria Lisboa, 860, Conj.131 e 132, Jardim Paulista | 01423-001 São Paulo | Brasil
editora@almedina.com.br
www.almedina.com.br

Aos meus pais, sempre.

AGRADECIMENTOS

Muitas pessoas doaram seu amor, conhecimento e tempo para que este estudo pudesse ser realizado e, agora, publicado. Agradeço aos professores, amigos e familiares que contribuíram ao meu aprimoramento acadêmico e humano, ensinando-me a importância do estudo e da dedicação como mecanismos de aperfeiçoamento e evolução.

Agradeço, em especial, à professora Patrícia Faga Iglecias Lemos pela oportunidade acadêmica e pela confiança depositada em mim durante os anos de mestrado que resultaram na elaboração desse texto, hoje livro. Os valiosos conselhos e as palavras de incentivo foram, sem dúvida, essenciais para conclusão do trabalho.

Agradeço à professora Teresa Ancona Lopez, pelas chances que me foram dadas desde a graduação, como minha orientadora de monografia. Permitiu, ainda, que fosse seu aluno especial na pós-graduação. É pessoa verdadeiramente vocacionada à docência que sempre me aconselhou e, pelo aprendizado que obtive assistindo-a lecionar, agradeço-a imensamente.

Agradeço aos professores Claudio Luiz Bueno de Godoy e Fernando Campos Scaff pelas importantes contribuições ao desenvolvimento deste trabalho na banca de minha qualificação.

Agradeço à Desembargadora do Tribunal Regional do Trabalho da 2ª Região Dra. Jucirema Maria Godinho Gonçalves e ao Desembargador do Tribunal de Justiça de São Paulo Dr. Virgilio de Oliveira Junior pelas oportunidades profissionais e constantes aconselhamentos que foram essenciais para meu crescimento, não apenas profissional, mas pessoal.

Agradeço aos meus amigos de trabalho, Allison Borges, Amélia Yajima, Angelina Pinto, Eder Silva, Elisabete Casassa, Flávio Pereira, Lara Fernanda Lui, Osvaldo Dias, Roberto Haidar, Sanclair Montalvão Marques e a todos os meus colegas do Tribunal Regional do Trabalho da 2ª Região cujo apoio, incentivo e torcida foram fundamentais à conclusão deste estudo. Ao meu amigo Deny Arena (*in memoriam*), que nos deixou tão precocemente, mas que jamais será esquecido.

Tenho um especial agradecimento a fazer aos meus melhores amigos e, felizmente, a vida me agraciou com vários. Alessandra Bosqueiro, Ana Paula Vendramini, Bruna Porto, Camila Gagliardi, Camilla Brentel, Jonas Batista, Joyce Frassetto, Leandro Neves, Mariana Durigan, Murilo Lucas, Natasha Salgueiro, Rafael Ferraz, Renata Branco, Simone Sampaio e Olivia Barbosa. Cada um de vocês mereceria um agradecimento individualizado, alguns conheço desde muito pequeno, de todos, guardo algo em mim. Obrigado por serem tão especiais e presentes em minha vida.

Também não poderia deixar de agradecer outros amigos, como Alessandra Castro, Bárbara Vargas, Beatriz Veiga, Bruno Bataier, Carla e Ricardo Marks, Cecília Soares, Daniel Carnaúba, Daniela Alves, Diego Costa, Eduardo Serpa, Fábio Cortês, Fernanda Moraes, Gabriela Leite, Ivan Alves, Jeniane Oliveira, Lígia Rosental, Lucas Costa, Mateus Costa, Paula Cocuzza, Rodrigo Fogagnolo, Thais Luchetta e aquele amigo que, não por falta de afeto, mas por falta de memória, esqueci de citar. Obrigado pela amizade e pela torcida mais que verdadeira.

Seria impossível colocar em poucas linhas os motivos pelos quais eu agradeço à minha família, fonte de inspiração e valores. Agradeço, especialmente, à minha mãe, Leila Trevisan Braz, a meu pai, Benedito Apparecido Braz. Meu amor por vocês não tem fundamento na ligação sanguínea, na imposição do destino que me fez ter nesse mundo o papel de seu filho. Meu amor é construção, alicerçado na minha admiração, na minha amizade, os amo por escolha, não de sangue, mas da alma. Obrigado por me amarem assim também, esse amor me move. Agradeço, ainda, à minha irmã, Aline Trevisan Braz, aos meus avós Mário Trevisan e Celina Trevisan (*in memoriam*), Joaquim Braz (*in memoriam*) e Olanda Braz (*in memoriam*) e ao restante da minha família, por tudo o que representam em minha vida e por tudo que sempre fizeram por mim.

Muito obrigado a todos.

PREFÁCIO

O presente livro aborda a intersecção entre o contrato, instituto clássico do Direito Civil, e o dano moral, apontando sua evolução na dinâmica social. Contrato que, no contexto atual, tem se afastado da lógica patrimonialista, razão pela qual o seu descumprimento, como bem aponta o autor, inclusive em diversos casos concretos trazidos, pode causar danos extrapatrimoniais. Para tanto, o autor vale-se da principiologia do Código Civil de 2002, com destaque para os princípios da boa-fé objetiva e da função social do contrato.

No Capítulo I, dedica-se a uma aprofundada análise do contrato e de suas facetas, conceito, condições de validade, princípios, inadimplemento e consequências.

No Capítulo II, aborda o dano moral e sua evolução legislativa no Brasil, indicando pontos controversos como a sua quantificação, os critérios matemáticos, o arbitramento judicial com base na extensão do dano, grau de culpa, condições da vítima e do ofensor e demais critérios. Traz a tona a discussão sobre as funções do dano moral e a possibilidade de sua utilização como ferramenta de prevenção de danos.

No Capítulo III, faz a análise do dano moral contratual, ponto fulcral da obra que, com alegria, ora apresento. Estuda o dano moral por descumprimento do contrato com profundidade, na perspectiva civil-constitucional, seus requisitos, as soluções dadas na legislação estrangeira e as diversas categorias de contratos morais.

Por fim, no capítulo IV, traz uma visão aprofundada do posicionamento do Superior Tribunal de Justiça sobre o dano moral contratual em diversas hipóteses concretas. São situações recorrentes nos nossos tribunais.

Este jovem jurista apresenta ao leitor um panorama detalhado do tema proposto, buscando soluções consentâneas com a realidade atual. Fruto de dedicação, o texto de Alex Trevisan Braz filia-se ao melhor da tradição jurídica. Traz reflexões valiosas que, com caráter crítico, contribuem para a evolução do Direito Civil brasileiro e, por isso, sua leitura é recomendável a todos.

São Paulo, 29 de novembro de 2015.

Patrícia Faga Iglecias Lemos
Professora Associada da Faculdade de Direito da USP
Secretária de Estado do Meio Ambiente – São Paulo

SUMÁRIO

INTRODUÇÃO — 15

CAPÍTULO 1 – O CONTRATO — 19
1.1. Conceito e Condições de Validade — 19
1.2. A principiologia contratual e sua evolução — 20
    1.2.1. Princípio da autonomia da vontade — 21
    1.2.2. Princípio da relatividade das convenções — 22
    1.2.3. Princípio da obrigatoriedade das convenções: *pacta sunt servanda* — 23
    1.2.4. Princípio do consensualismo — 24
    1.2.5. Princípio da supremacia da ordem pública — 25
    1.2.6. Princípio da função social do contrato — 25
    1.2.7. Princípio da boa-fé objetiva — 28
1.3. O inadimplemento contratual e suas consequências — 34
    1.3.1. O inadimplemento e a mora — 34
    1.3.2. Efeitos do inadimplemento e da mora — 35

CAPÍTULO 2 – O DANO MORAL — 37
2.1. Dano moral e a evolução legislativa de seu tratamento no Brasil — 37
2.2. Conceito de dano moral. Leitura constitucional dos danos morais: o dano moral como lesão à dignidade — 40
2.3. Distinção entre dano moral e material — 45
2.4. A problemática da quantificação dos danos morais — 46
    2.4.1. Os critérios para quantificação do dano moral — 48
        2.4.1.1. Critérios matemáticos — 48

2.4.1.2. O tabelamento 51
    2.4.1.2.1. O tabelamento legal 51
    2.4.1.2.2. O 'tabelamento judicial' 53
2.4.1.3. Arbitramento judicial 54
    2.4.1.3.1. A extensão/gravidade do dano 55
    2.4.1.3.2. O grau de culpa 56
    2.4.1.3.3. Condições socioeconômicas do ofensor e da vítima 57
    2.4.1.3.4. Equidade, razoabilidade e proporcionalidade ... 59
    2.4.1.3.5. Outros critérios oferecidos pela doutrina para quantificação do dano moral 61
2.5. As funções do dano moral 62
    2.5.1. *Punitive damages*: função do dano moral, indenização independente, ou ambas? Utilização como ferramenta de prevenção de danos, hipóteses de configuração e destinação da verba arbitrada a título de indenização punitiva 64

CAPÍTULO 3 – O DANO MORAL CONTRATUAL 69
3.1. Responsabilidade civil. Responsabilidade contratual e extracontratual ... 69
3.2. O dano moral contratual: a posição da doutrina 72
3.3. Da extrapatrimonialidade do interesse na execução do contrato ... 76
3.4. O dano moral por descumprimento do contrato: a perspectiva civil-constitucional e apontamentos conclusivos 78
3.5. Dano moral contratual: requisitos 83
    3.5.1. O Contrato 83
    3.5.2. O descumprimento do contrato: alcance da expressão 83
    3.5.3. O dano 84
    3.5.4. Nexo de causalidade 84
3.6. Dano moral contratual na legislação estrangeira 85
3.7. Os contratos morais 86
    3.7.1. Contratos morais. Categorias 88
        3.7.1.1. Contratos que envolvam nome/imagem/voz/ intimidade das partes 88
        3.7.1.2. Contratos da área da saúde 91
        3.7.1.3. Contratos educacionais 98
        3.7.1.4. Contratos referentes a serviços essenciais: água, energia, telefonia 107

3.7.1.5.	Contratos de transporte	111
3.7.1.6.	Contratos bancários	111
3.7.1.7.	Contratos de lazer	113
3.7.1.8.	Contratos de habitação	114
3.7.1.9.	Contratos referentes a bens com valor afetivo	117
3.7.1.10.	Contratos de prestação de serviços de advocacia	120
3.7.1.11.	Contratos de consumo: alimentos, medicamentos e produtos perigosos	122
3.7.1.12.	Contratos ambientais	129
3.7.1.13.	Contratos de trabalho	131

3.8. Dano moral do descumprimento de obrigações contratuais e cláusula penal 135
3.9. Dos juros moratórios e da correção monetária: termos iniciais 137

CAPÍTULO 4 – O DANO MORAL CONTRATUAL E O SUPERIOR TRIBUNAL DE JUSTIÇA: ANÁLISE JURISPRUDENCIAL 139
4.1. Introdução 139
4.2. Planos de saúde 141
4.3. Contratos bancários 148
4.4. Moradia 154
4.5. Telefonia 155
4.6. Transporte 157
4.7. Outros contratos 160
4.8. Apontamentos conclusivos 167

CONCLUSÃO 173

INTRODUÇÃO

O contrato e o dano moral são institutos jurídicos em constante evolução diante da própria dinâmica social em que estão inseridos. O presente estudo pretende analisar se, durante esse percurso evolutivo, essas duas figuras encontraram um ponto de intersecção e as consequências desse encontro.
 O contrato, figura historicamente inserida em um modelo patrimonialista, defronta-se com o direito civil centrado na pessoa humana e essa nova realidade permite a análise de situações contratuais sob ótica renovada. Uma dessas situações é a do descumprimento contratual. O que a princípio tem efeitos meramente patrimoniais pode vir a causar danos à pessoa humana, danos extrapatrimoniais.
 O número de demandas envolvendo descumprimento contratual com pedido de indenização por danos morais é cada vez maior e uma análise não só teórica como prática desse tema mostra-se relevante.
 O interesse no cumprimento do contrato nem sempre é unicamente patrimonial e a quebra do avençado por vezes causa danos que ultrapassam a esfera dos danos materiais e são alçados à categoria dos danos morais. O estudo do tema permitirá diferenciar os casos em que a consequência do descumprimento do contrato é meramente patrimonial daqueles em que se constata lesão moral.
 Teoria e prática do tema objeto de estudo envolvem questões controversas. A pesquisa, então, mostra-se importante, na medida em que tentará abordá-lo da forma mais completa, trazendo o maior número de respostas possíveis às dúvidas que surgirão. Para tal, faz necessário, inicialmente, a

referência à figura do contrato, disposições gerais acerca do instituto, princípios contratuais e os efeitos do não cumprimento de obrigações contratuais. O contrato é fonte essencial de direitos e obrigações na sociedade contemporânea e o direito que o rege se submete a diversos princípios. A principiologia contratual, sua evolução, os princípios clássicos, como o da obrigatoriedade das convenções e o da autonomia da vontade e os 'novos' princípios contratuais como o da boa-fé objetiva e da função social do contrato serão objeto de análise. O descumprimento do contrato e das obrigações relativas a ele também serão estudados, assim como as consequências clássicas apontadas pela doutrina como decorrentes da quebra contratual.

Sobre a figura do dano moral, muito será discutido. De início, abordar-se-á a evolução histórica do tratamento jurídico dado ao dano moral que, principalmente antes da Constituição Federal de 1988, sequer era considerado indenizável. Atualmente, doutrina e jurisprudência não discutem mais acerca da reparabilidade do dano extrapatrimonial, que já possui previsão legal e constitucional.

Em seguida, o estudo procurará estabelecer o conceito de dano moral. Serão abordadas algumas definições e eleita aquela que parece melhor representar a atual situação do instituto no ordenamento jurídico.

Outro assunto que será tratado na pesquisa é o referente à valoração econômica da lesão moral. A dificuldade na fixação de um *quantum* indenizatório já foi argumento para a não concessão da indenização por dano moral, esse entendimento, porém, encontra-se ultrapassado. Permanecem, ainda, os debates a respeito dos critérios utilizados para a fixação do valor a ser recomposto ao lesado. A pesquisa se debruçará sobre os critérios matemáticos, o tabelamento e o arbitramento judicial.

Acerca do dano moral pretende-se, ainda, esclarecer as funções da indenização arbitrada a tal título e, com relação à chamada indenização punitiva, questionar se se trata de função do dano moral, indenização independente, ou ambas. Serão tratadas, ainda, as hipóteses de configuração, a destinação do montante indenizatório e a utilização da indenização punitiva como instrumento de prevenção de danos.

Após a elaboração desses capítulos iniciais referentes ao contrato e ao dano moral, o estudo adentrará em seu cerne, qual seja: o dano moral decorrente do descumprimento do contrato.

De início, será abordada a diferença entre responsabilidade civil contratual e extracontratual e de seu tratamento pela ordem jurídica. Em seguida, discutida a ideia do dano moral contratual, assim como o posicionamento doutrinário acerca do tema. O contrato analisado sob a perspectiva civil-constitucional permitirá apontamentos conclusivos e serão elencados os requisitos para configuração do dano moral decorrente da quebra do contrato. Então, buscar-se-á entender como o tema é tratado pela legislação estrangeira.

Assentado o conceito de dano moral contratual, o estudo proporá a criação da classe dos 'contratos morais', ajustes cujo descumprimento comumente gera lesões imateriais.

A pesquisa, então, tratará de cada um desses contratos demonstrando que, de fato, a quebra desse tipo de avença pode causar danos extrapatrimoniais. Serão abordados contratos que envolvam nome/imagem/voz/intimidade das partes, contratos da área da saúde, contratos educacionais, contratos referentes a serviços essenciais como água, energia, telefonia, contratos de transporte, contratos bancários, contratos de lazer, contratos de habitação, contratos referentes a bens com valor afetivo, contratos de prestação de serviços de advocacia, contratos de consumo: alimentos, medicamentos e produtos perigosos, contratos ambientais e contratos de trabalho.

Outro relevante ponto a ser abordado é o referente à cláusula penal e se sua presença no contrato, prefixando os prejuízos advindos de seu descumprimento, afastaria a possibilidade do pedido de reparação por danos morais. Serão apontados, ainda, os critérios de incidência dos juros moratórios e correção monetária, uma vez fixada indenização por danos morais decorrentes do descumprimento contratual.

O estudo também realizará pesquisa jurisprudencial no Superior Tribunal de Justiça, buscando estabelecer a posição dessa Corte acerca das questões que envolvem o descumprimento do contrato e o possível dano moral dele advindo.

Por derradeiro, cercado de todas as informações obtidas com a pesquisa, partir-se-á para a conclusão final acerca do tema proposto.

Capítulo 1
O Contrato

1.1. Conceito e Condições de Validade

A definição clássica de contrato é aquela dada por Clóvis Beviláqua segundo o qual contrato é o acordo de vontades para o fim de adquirir, resguardar, modificar ou extinguir direitos[1]. Caio Mário da Silva Pereira sintetiza: contrato é o "acordo de vontades com a finalidade de produzir efeitos jurídicos"[2].

O contrato é veículo de circulação de bens e riqueza na sociedade: a ordem econômica realiza-se, principalmente, através dos contratos[3].

Washington de Barros Monteiros esclarece que o contrato possui três requisitos para sua validade[4]. Carlos Roberto Gonçalves separa esses requisitos em categorias: requisitos subjetivos, objetivos e formais[5].

---

[1] BEVILÁQUA, Clóvis. Código Civil dos Estados Unidos do Brasil, 8ª ed., São Paulo: 1950, vol. IV, obs. 1 ao art. 1.079. *Apud* RODRIGUES, Silvio. Direito civil: dos contratos e das declarações unilaterais de vontade. 28ª ed. São Paulo: Saraiva, 2002, p. 9.
[2] PEREIRA, Caio Mário da Silva. Instituições de direito civil. Contratos. 15ª ed. Rio de Janeiro: Forense, 2011, p. 7.
[3] LÔBO, Paulo Luiz Netto. Teoria geral das obrigações. São Paulo: Saraiva, 2005, p. 9.
[4] BARROS, Washington Monteiro de; MALUF, Carlos Alberto Dabus; SILVA, Regina Beatriz Tavares da. Curso de direito civil. Direito das obrigações, 2ª parte. 38ª ed. São Paulo: Saraiva, 2011, p. 19.
[5] GONÇALVES, Carlos Roberto. Direito civil brasileiro. Contratos e atos unilaterais. 10ª ed. São Paulo: Saraiva, 2013, p. 5.

O primeiro deles é a capacidade das partes. Nulo é o contrato firmado com os absolutamente incapazes, ou seja, os menores de dezesseis anos, os que, por enfermidade ou deficiência mental, não tiverem o necessário discernimento para a prática desses atos e os que, mesmo por causa transitória, não puderem exprimir sua vontade (art. 3º do CC). Já a incapacidade relativa torna o contrato anulável (art. 171, I, do CC)[6].

O segundo elemento é o objeto lícito, possível, determinado ou determinável. Na lição de Carlos Roberto Gonçalves, objeto lícito é aquele que não atenta contra a lei, a moral e os bons costumes. O objeto também deve ser possível, física e juridicamente. Impossibilidade física é aquela que emana das leis físicas ou naturais, já a jurídica ocorre quando o ordenamento jurídico proíbe, expressamente, negócios a respeito de determinado bem[7]. Silvio Venosa esclarece que o objeto deve, ainda, ser determinado ou determinável: não é possível obrigar o contratante de forma indeterminada; por vezes o objeto não é determinado no nascimento do contrato, mas deve ser determinável em seu curso[8].

A terceira condição de validade do contrato é o respeito à forma que, como elucida Carlos Roberto Gonçalves, é o meio de revelação da vontade[9]. Ela deve ser prescrita ou não defesa em lei. No direito brasileiro a forma, em regra, é livre e, excepcionalmente, a lei exige determinada formalidade como requisito de validade de determinados negócios jurídicos.

1.2. A principiologia contratual e sua evolução

O direito contratual se submete a diversos princípios, alguns clássicos como o princípio da autonomia da vontade, da relatividade das convenções e o da obrigatoriedade das convenções (*pacta sunt servanda*) e a 'novos' princípios como o princípio da função social do contrato e o da boa-fé objetiva. As transformações pelas quais passou o contrato e sua principiologia

---

[6] BARROS, Washington Monteiro de; MALUF, Carlos Alberto Dabus; SILVA, Regina Beatriz Tavares da. *Op. cit.*, p. 19-20.

[7] GONÇALVES, Carlos Roberto. Direito civil brasileiro. Contratos e atos unilaterais. *Op. cit.*, p. 37-38.

[8] VENOSA, Silvio de Salvo. Direito civil. Teoria geral das obrigações e teoria geral dos contratos. 7ª ed. São Paulo: Atlas, 2007, p. 407.

[9] GONÇALVES, Carlos Roberto. Direito civil brasileiro. Contratos e atos unilaterais. *Op. cit.*, p. 38.

são decorrentes da própria dinâmica social em constante movimento. A partir de agora, serão analisados alguns desses princípios, dos tradicionais aos que surgiram com as transformações do instituto e da realidade social na qual ele se insere.

1.2.1. Princípio da autonomia da vontade

Segundo Silvio Rodrigues, a teoria contratual construiu-se alicerçada em três princípios básicos: o princípio da autonomia da vontade, o princípio da relatividade das convenções e o princípio da força vinculante do contrato ou da obrigatoriedade das convenções[10].

O contrato é um fenômeno eminentemente voluntarista[11]. O princípio da autonomia da vontade consiste na prerrogativa conferida às partes de criarem relações jurídicas por meio da manifestação de vontade, submetidas apenas à lei. As partes podem, livremente, mediante acordo de vontades, disciplinar seus interesses da maneira que melhor lhes aprouver. A autonomia da vontade envolve três aspectos: a liberdade de contratar ou não, de estabelecer o conteúdo do contrato, de escolher o contratante: é o poder de autorregulação de interesses conferido às partes de uma relação jurídica.

Conforme explica Carlos Roberto Gonçalves, a autonomia da vontade tem sofrido limitações em seus três aspectos. A faculdade de contratar e de não contratar, por exemplo, mostra-se relativa já que a vida em sociedade acaba impondo contratos de toda espécie como o de transporte, o de compra de alimentos, o de fornecimento de bens e serviços públicos. Quanto à escolha do contratante, o autor explica que ela também sofre limitações, como nos casos de serviços públicos concedidos sob regime de monopólio. Por fim, o poder de escolher o conteúdo do contrato é limitado, por exemplo, através das chamadas cláusulas gerais[12].

Ademais, o princípio da autonomia da vontade deve passar, hoje, por uma releitura constitucional. Essa autonomia somente merecerá a devida proteção se realizar, de forma positiva, os demais valores constitucionais.

---

[10] RODRIGUES, Silvio. Direito civil. Dos contratos e das declarações unilaterais de vontade. *Op. cit.*, p. 15.

[11] GAGLIANO, Pablo Stolze; FILHO, Rodolfo Pamplona. Novo curso de direito civil. Contratos. São Paulo: Saraiva, 2005, p. 39.

[12] GONÇALVES, Carlos Roberto. Direito civil brasileiro. Contratos e atos unilaterais. *Op. cit.*, p. 43.

1.2.2. Princípio da relatividade das convenções

Silvio Rodrigues esclarece que esse princípio contém a ideia de que os efeitos dos contratos se limitam às partes contratantes, não aproveitando nem prejudicando terceiros, afinal, logicamente, um terceiro não pode ficar ligado à relação jurídica que não lhe foi imposta por lei, nem por sua vontade[13]. Silvio Venosa explica que o princípio não se aplica somente em relação às partes, mas também ao objeto: o contrato sobre bem que não pertence aos sujeitos não atinge terceiros[14].

A ampla aceitação do princípio nos sistemas jurídicos ocidentais é decorrente da própria vida em sociedade, na qual cada um deve se responsabilizar por seus atos. Através da utilização da relatividade, é possível delimitar a responsabilidade pelo inadimplemento, evitando, por exemplo, a expropriação de bens daquele que não se vinculou ao negócio.

Porém, como explica Roberto Senise Lisboa, o princípio da relatividade repousa na noção metafísica de que o contrato obriga apenas as partes e seus efeitos a elas se limitam, razão pela qual não haveria motivo para que outros fossem afetados por aquela relação. Essa concepção ignora que outras pessoas possam ter interesse em coibir ou cobrar o cumprimento da avença, interesse este que pode surgir como resultado da formação ou execução do contrato. Segundo o autor, essa concepção destoa da realidade e, apesar de necessária a manutenção do princípio da relatividade, deve se aceitar a ruptura cada vez mais acentuada com ele para que se permita a oposição de terceiros interessados[15].

Já Carlos Roberto Gonçalves esclarece que a nova função social do contrato representa, se não a ruptura, ao menos o abrandamento do princípio da relatividade, tendo em vista que o aspecto público do contrato ressalta-se em detrimento dos interesses individuais das partes contratantes[16].

---

[13] RODRIGUES, Silvio. Direito civil. Dos contratos e das declarações unilaterais de vontade. *Op. cit.*, p. 17.

[14] VENOSA, Silvio de Salvo. *Op. cit.*, p. 345.

[15] LISBOA, Roberto Senise. Contratos difusos e coletivos. 3ª ed. São Paulo: Revista dos Tribunais, 2007, p.115-116.

[16] GONÇALVES, Carlos Roberto. Direito civil brasileiro. Contratos e atos unilaterais. *Op. cit.*, p. 48. No mesmo sentido, o enunciado 21 da I Jornada de Direito Civil: "A função social do contrato, prevista no art. 421 do novo Código Civil, constitui cláusula geral a impor a revisão do princípio da relatividade dos efeitos do contrato em relação a terceiros, implicando a tutela externa do crédito".

1.2.3. Princípio da obrigatoriedade das convenções: *pacta sunt servanda*

O contrato faz lei entre as partes. De acordo com Washington Monteiro de Barros, em virtude do princípio ora abordado, aquilo que as partes de comum acordo estipulam deverá ser cumprido[17].

Como explica Caio Mário da Silva Pereira, a ordem jurídica oferece a possibilidade de contratar e confere às partes a liberdade de escolher os termos da avença, porém, uma vez concluída a convenção, a ela ficam submetidos os contratantes, em definitivo. Uma vez celebrado o contrato, as partes não mais podem se livrar das suas consequências, a não ser com a concordância do outro[18].

Silvio de Salvo Venosa esclarece que a obrigatoriedade forma a base do direito contratual. O autor explica que o ordenamento jurídico deve fornecer instrumentos que obriguem o contratante a cumprir com o que fora avençado, ou indenizar perdas e danos[19]. Na concepção clássica do princípio, as únicas limitações previstas são o caso fortuito e a força maior (art. 393 do CC)[20]. Porém, como esclarece Carlos Roberto Gonçalves, com a 1ª Guerra Mundial muitas situações contratuais ficaram insustentáveis diante da onerosidade excessiva para uma das partes, coincidindo com o surgimento de movimentos sociais que apontavam para a exploração dos mais fracos pelos economicamente poderosos. Esse conjunto de fatores históricos demonstrou que não se podia mais falar em absoluta obrigatoriedade dos contratos. Aos poucos, passou-se a aceitar, em caráter excepcional, a intervenção estatal e judicial em determinados ajustes. E, no direito moderno, consolidou-se a ideia de que o Estado tem que intervir na relação contratual seja em benefício da coletividade, seja com a intervenção judicial na economia do contrato para evitar atentado contra a justiça contratual[21].

Pertinente a referência ao princípio da revisão contratual ou onerosidade excessiva, apontado por Carlos Roberto Gonçalves. Segundo o autor,

---

[17] BARROS, Washington Monteiro de; MALUF, Carlos Alberto Dabus; SILVA, Regina Beatriz Tavares da. *Op. cit.*, p. 24.
[18] PEREIRA, Caio Mário da Silva. Instituições de direito civil. Contratos. 15ª ed. *Op. cit.*, p. 13.
[19] VENOSA, Silvio de Salvo. *Op. cit.*, p. 344.
[20] Art. 393: "O devedor não responde pelos prejuízos resultantes de caso fortuito ou força maior, se expressamente não se houver por eles responsabilizado".
[21] GONÇALVES, Carlos Roberto. Direito civil brasileiro. Contratos e atos unilaterais. *Op. cit.*, p. 49-50.

tal princípio opõe-se ao da obrigatoriedade já que permite que os contratantes recorram ao Judiciário para obterem a alteração dos termos da avença em determinadas situações[22]. O Código Civil dedicou uma seção à resolução dos contratos por onerosidade excessiva, composta por três artigos (478, 479 e 480[23]). Utilizando a denominação 'princípio da equivalência material das prestações' Paulo Luiz Netto Lôbo esclarece que ao direito contratual não interessa mais a exigência cega de cumprimento da avença, mas se sua execução não acarreta vantagem ou desvantagem excessivas a uma das partes[24].

Diante da nova realidade em que está inserida a figura do contrato, Flávio Tartuce advoga pela manutenção do princípio da obrigatoriedade das convenções no ordenamento jurídico, mas não mais como regra geral. Para o autor, a força obrigatória passa a ser exceção à regra geral da socialidade, secundária à função social do contrato, princípio que impera no direito privado contemporâneo. O princípio da obrigatoriedade das convenções encontra-se, portanto, mitigado ou relativizado[25].

1.2.4. Princípio do consensualismo

Segundo Carlos Roberto Gonçalves, de acordo com o princípio do consensualismo, para o aperfeiçoamento do contrato basta o acordo de vontades, contrapondo-se ao formalismo e simbolismo que vigoravam em tempos primitivos: o contrato resulta, portanto, do consenso, do acordo de vontades[26].

---

[22] *Ibidem*, p. 51.
[23] Art. 478: "Nos contratos de execução continuada ou diferida, se a prestação de uma das partes se tornar excessivamente onerosa, com extrema vantagem para a outra, em virtude de acontecimentos extraordinários e imprevisíveis, poderá o devedor pedir a resolução do contrato. Os efeitos da sentença que a decretar retroagirão à data da citação".
Art. 479: "A resolução poderá ser evitada, oferecendo-se o réu a modificar equitativamente as condições do contrato".
Art. 480: "Se no contrato as obrigações couberem a apenas uma das partes, poderá ela pleitear que a sua prestação seja reduzida, ou alterado o modo de executá-la, a fim de evitar a onerosidade excessiva".
[24] LÔBO, Paulo Luiz Netto. Teoria geral das obrigações. *Op. cit.*, p. 11.
[25] TARTUCE, Flávio. Direito civil. Teoria geral dos contratos e contratos em espécie. São Paulo: Método, 2007, p. 100.
[26] GONÇALVES, Carlos Roberto. Direito civil brasileiro. Contratos e atos unilaterais. *Op. cit.*, p. 46-47.

No direito brasileiro, para a contratação a forma é, em regra, livre. As partes podem celebrar o contrato por escrito, público ou particular, ou verbalmente, exceto nos casos em que a lei exija a forma escrita. Em regra, portanto, vigora o consensualismo e o formalismo é exceção.

1.2.5. Princípio da supremacia da ordem pública

Na lição de Washington de Barros Monteiro, o princípio da supremacia da ordem pública estabelece o limite no campo da atividade individual. Segundo o autor, esse princípio proíbe estipulações contrárias à moral, à ordem pública e aos bons costumes, que não podem ser derrogados pelas partes[27].

No mesmo sentido, Carlos Roberto Gonçalves esclarece que a liberdade contratual encontra limite na ideia de ordem pública: o interesse da sociedade deve prevalecer quando em colisão com o interesse individual[28].

O princípio da supremacia da ordem pública é consagrado pela legislação brasileira. O Código Civil em seu artigo 2.035, parágrafo único, estabelece que: "Nenhuma convenção prevalecerá se contrariar preceitos de ordem pública, tais como os estabelecidos por este Código para assegurar a função social da propriedade e dos contratos". A ordem pública também é cláusula geral, regra de direito internacional privado que, no artigo 17 da Lei de Introdução às Normas do Direito Brasileiro dispõe: "As leis, atos e sentenças de outro país, bem como quaisquer declarações de vontade, não terão eficácia no Brasil, quando ofenderem a soberania nacional, a ordem pública e os bons costumes".

1.2.6. Princípio da função social do contrato

Com a entrada em vigor da Constituição Federal de 1988 o ordenamento jurídico passou pelo fenômeno denominado constitucionalização do direito. O direito civil, em particular, passou por esse processo que teve, como uma de suas implicações, a inserção de dispositivos constitucionais no corpo do Código Civil, princípios norteadores de uma nova realidade

---

[27] BARROS, Washington Monteiro de; MALUF, Carlos Alberto Dabus; SILVA, Regina Beatriz Tavares da. *Op. cit.*, p.24.
[28] GONÇALVES, Carlos Roberto. Direito civil brasileiro. Contratos e atos unilaterais. *Op. cit.*, p. 43.

contratual. O artigo 421 deste diploma legal estabelece que "a liberdade de contratar será exercida em razão e nos limites da função social do contrato".

Na lição de José Miguel Garcia Medina e Renata Paccola Mesquita, os princípios constitucionais passaram a gerir a legislação civilista na busca pela justiça contratual. Segundo os autores, contrato justo é aquele que exerce uma função diante da sociedade e se mostra equilibrado, honesto e de boa-fé[29].

Conforme explica Claudio Luiz Bueno de Godoy, a Constituição Federal fixou objetivos a serem promovidos pelo ordenamento jurídico, diante dos quais o contrato deve ser funcionalizado: o solidarismo e a dignidade da pessoa humana. E, porque são esses os objetivos perseguidos, é possível separar duas funções para o contrato: uma social, de integração social e uma individual, que garanta condições de desenvolvimento pessoal dos indivíduos[30].

O direito contratual contemporâneo presa pela harmonização dos interesses privados das partes contratantes com os de toda a coletividade. Gustavo Tepedino explica que o princípio da função social do contrato exerce o papel de atribuir aos contratantes o dever de perseguir, não apenas os interesses pessoais, mas também os extracontratuais socialmente relevantes relacionados ao ajuste e que são dignos de tutela pelo ordenamento jurídico[31]. Arnold Wald aponta que o contrato continua sendo um instrumento de liberdade individual e de eficiência econômica, mas a liberdade é qualificada inspirando-se na lealdade e na confiança: a função social busca conciliar economia e moral, garantindo, assim, a segurança jurídica sem a qual um país não consegue progredir[32].

Na lição de Nelson Rosenvald, a função social não coíbe a liberdade de contratar, mas a legitima. A liberdade contratual é plena, porém o ordena-

---

[29] MEDINA, José Miguel Garcia; MESQUITA, Renata Paccola. A responsabilidade contratual sob os princípios da nova teoria do contrato. Revista dos Tribunais, vol. 896, jun. 2010, p. 37.

[30] GODOY, Claudio Luiz Bueno de. Função social do contrato. 3ª ed. São Paulo: Saraiva, 2009, p. 118

[31] TEPEDINO, Gustavo. Temas de direito civil. Tomo III. Rio de Janeiro: Renovar, 2009, p. 155.

[32] WALD, Arnold. A dupla função econômica e social do contrato. Revista Trimestral de Direito Civil, ano 5, vol. 17, jan.-mar. 2004, p.5.

mento submete a composição do conteúdo do contrato a um controle de merecimento levando em consideração as finalidades eleitas pelos valores que estruturam a ordem constitucional[33].

A função social do contrato manifesta-se em dois níveis: entre as partes (intrínseco ou interno[34]) e em face da coletividade (extrínseco ou externo). Na perspectiva intrínseca, o princípio impõe um tratamento idôneo às partes, respeito à lealdade negocial e a busca pela equivalência material. Diz respeito à indispensável relação de cooperação entre as partes durante toda a relação contratual[35]. No segundo nível, o contrato é considerado instrumento de desenvolvimento social: é um princípio que impõe limites à liberdade de contratar em prol do bem comum[36]. Ele harmoniza interesses econômicos e sociais que emanam do contrato. Como explica Nelson Rosenvald, é sabido que os contratos interessam à sociedade: os maus e os bons contratos repercutem socialmente. Estes promovem a confiança nas relações sociais. Aqueles desprestigiam os fundamentos da boa-fé e representam a quebra da solidariedade social[37].

Definir o exato sentido e alcance da função social não é, porém, tarefa fácil. Isso porque, como elucidam José Miguel Garcia Medina e Renata Paccola Mesquita a função social do contrato é cláusula aberta, adaptável a cada momento histórico pelo qual passa a sociedade[38]. Para sua interpretação, forçosa a análise de cada caso concreto, portanto, os exemplos práticos auxiliam na visualização das possibilidades de aplicação do princípio, firmando uma imagem mais concreta do mesmo[39].

---

[33] ROSENVALD, Nelson. *In:* PELUZO, Cezar (Coord.) Código Civil comentado. Doutrina e jurisprudência. 5ª ed. Barueri: Manole, 2011, p. 485.

[34] Nesse sentido, o enunciado 360 da IV Jornada de Direito Civil: "O princípio da função social dos contratos também pode ter eficácia interna entre as partes contratantes".

[35] ROSENVALD, Nelson. *In:* PELUZO, Cezar (Coord.). *Op. cit.*, p. 485.

[36] GAGLIANO, Pablo Stolze; FILHO, Rodolfo Pamplona. *Op. cit.*, p. 53-55.

[37] ROSENVALD, Nelson. *In:* PELUZO, Cezar (Coord.). *Op. cit.*, p. 485.

[38] MEDINA, José Miguel Garcia; MESQUITA, Renata Paccola. *Op. cit.*, p. 47.

[39] Seguem colacionadas algumas decisões do STJ nas quais a Corte aplicou o princípio da função social do contrato como fundamento decisório:
– "Civil e processo civil. Contratos. Distribuição. Celebração verbal. Possibilidade. Limites. Rescisão imotivada. Boa-fé objetiva, função social do contrato e responsabilidade pós-contratual. Violação. Indenização. Cabimento. Danos morais e honorários advocatícios. Revisão. Possibilidade, desde que fixados em valor irrisório ou exorbitante. Sucumbência. Distribuição. Critérios(...) A rescisão imotivada do contrato, em especial quando efetivada por meio

Como explica Caio Mário da Silva Pereira, a função social do contrato é um princípio moderno que veio se agregar aos demais princípios do contrato, mas, como princípio novo, ele não se limita a se justapor aos demais, mas vem desafiá-los e, em certas circunstâncias, até limitar sua aplicação, diante de um interesse social maior[40].

1.2.7. Princípio da boa-fé objetiva

Conforme explica Carlos Roberto Gonçalves, a boa-fé se biparte em boa--fé subjetiva (concepção psicológica da boa-fé) e boa-fé objetiva (concepção ética da boa-fé)[41].

---

de conduta desleal e abusiva – violadora dos princípios da boa-fé objetiva, da função social do contrato e da responsabilidade pós-contratual – confere à parte prejudicada o direito à indenização por danos materiais e morais" (STJ, REsp. 1255315-SP, relatora Ministra Nancy Andrighi, j. 13.09.2011);
– "Processo civil. Direito das obrigações. Novação. Possibilidade de análise do negócio jurídico antecedente. Mitigação do princípio pacta sunt servanda. Súmula 286 do STJ. Violação do art. 535 do CPC configurada. Retorno dos autos ao Tribunal de origem. (...)A novação, conquanto modalidade de extinção de obrigação em virtude da constituição de nova obrigação substitutiva da originária, não tem o condão de impedir a revisão dos negócios jurídicos antecedentes, máxime diante da relativização do princípio do pacta sunt servanda, engendrada pela nova concepção do Direito Civil, que impõe o diálogo entre a autonomia privada, a boa-fé e a função social do contrato. Inteligência da Súmula 286 do STJ" (STJ, REsp. 866343-MT, relator Ministro Luis Felipe Salomão, j. 02.06.2011); e,
– "Recurso Especial. Execução hipotecária. Adjudicação do bem pelo agente financeiro. Direito à devolução ao executado da diferença entre o saldo devedor e o valor do bem adjudicado. Interpretação sistemática do art. 7º da Lei 5.741/71. Concreção dos princípios da vedação do enriquecimento sem causa e da função social do contrato. 1. Execução hipotecária em que valor da avaliação do imóvel superou o montante do saldo devedor remanescente. 2. Correta a determinação pelo juízo à instituição financeira adjudicante de restituição aos mutuários da diferença. 3. Interpretação da regra do art. 7º da Lei 5.741/71 à luz dos princípios da vedação do enriquecimento sem causa e da função social do contrato. 4. Doutrina e jurisprudência desta Corte acerca do tema controvertido. 5. Recurso Especial desprovido" (STJ, REsp. 1124362-SP, relator Ministro Paulo de Tarso Sanseverino, j. 15.12.2011).
Cite-se, ainda, a título exemplificativo, os seguintes julgados do Tribunal da Cidadania sobre o tema: AgRg no Ag 1394166-SC, AgRg no REsp 1272995-RS, AgRg no Ag 1383974-SC, AgRg no AREsp 32884-SC, REsp 1256703-SP, REsp 1051270-RS e REsp 1192609-SP).

[40] PEREIRA, Caio Mário da Silva. Instituições de direito civil. Contratos. 15ª ed. *Op. cit.*, p. 13.
[41] GONÇALVES, Carlos Roberto. Direito civil brasileiro. Contratos e atos unilaterais. *Op. cit.*, p. 55.

O conceito de boa-fé subjetiva diz respeito ao estado anímico do agente. É a crença deste na probidade de seus atos, o que inclui a ausência de vontade de lesar, de tirar proveito indevido e o desconhecimento de eventual vício que atinja o negócio. A boa-fé objetiva, por sua vez, se traduz em uma regra de comportamento probo e leal imposto às partes. Calcada na teoria da confiança e visando à proteção das legítimas expectativas das partes envolvidas, a boa-fé objetiva impõe um padrão de conduta normativo, construído a partir das especificidades sociais e econômicas do caso concreto. Na configuração da boa-fé objetiva é irrelevante a boa ou má intenção do indivíduo.

Em síntese, conforme explica Judith Martins Costa, a boa-fé subjetiva denota estado de consciência, convencimento individual de atuar em conformidade ao direito aplicável. Ela se contrapõe à má-fé, a intenção de lesar outrem. Já a boa-fé objetiva é modelo de conduta social, arquétipo ou standard jurídico, que impõe uma atuação baseada na honestidade, lealdade e probidade[42].

São, portanto, conceitos diversos, boa-fé subjetiva e objetiva: o primeiro encerra um estado psicológico e o segundo um princípio, de especial influência nas relações contratuais[43].

A boa-fé objetiva constitui inovação do Código Civil de 2002 e causou intensa alteração no direito contratual clássico. O direito contratual passou por um processo de repersonalização que reconduziu o patrimônio para um segundo plano e evidenciou a pessoa humana como centro da relação. Essa mudança teve como diretrizes a socialidade, a equidade e a eticidade.

Conforme esclarece Cláudio Luiz Bueno de Godoy, a boa-fé objetiva expandiu-se como uma exigência de eticização das relações jurídicas, diante da complexidade e dinamicidade dessas relações nas quais as partes não mais se vinculam apenas à prestação principal, mas também a deveres instrumentais à sua melhor consecução[44].

Segundo José Fernando Simão, a boa-fé objetiva é uma regra ética de conduta. Tem um caráter normativo e se relaciona com o dever de guar-

---

[42] COSTA, Judith Martins. A boa-fé no Direito Privado. 1ª ed. São Paulo: Revista dos Tribunais, 2000, p. 411.
[43] GODOY, Claudio Luiz Bueno de. *Op. cit.*, p. 73.
[44] *Ibidem*, p. 74-75.

dar fidelidade à palavra dada. É chamada pelos alemães de boa-fé lealdade *(Treu und Glauben)*. É a ideia de não defraudar a confiança ou abusar da confiança alheia[45].

Para Sérgio Cavalieri Filho a boa fé objetiva deve ser entendida como um padrão de conduta adequada, correta, leal e honesta que as pessoas devem empregar em todas as relações sociais[46].

Já Judith Martins Costa esclarece que o princípio da boa-fé objetiva indica "uma norma de conduta que impõe aos participantes do tráfego negocial uma atuação pautada pela colaboração intersubjetiva, pela lealdade, correção e consideração aos interesses do outro". Segundo a autora, para se estudar o princípio é necessário perspectivá-lo em sua dimensão histórica já que este muda de feição e significado de acordo com as possibilidades de compreensão prevalecentes em cada momento espaço-temporalmente considerado[47].

A boa-fé objetiva vem prevista no novo Código Civil como regra de interpretação (artigo 113: "Os negócios jurídicos devem ser interpretados conforme a boa-fé e os usos do lugar de sua celebração") e com relação aos contratos (artigo 422: "Os contratantes são obrigados a guardar, assim na conclusão do contrato, como em sua execução, os princípios de probidade e boa-fé"). O artigo 187 do Código Civil ainda dispõe: "Também comete ato ilícito o titular de um direito que, ao exercê-lo, excede manifestamente os limites impostos pelo seu fim econômico ou social, pela boa-fé ou pelos bons costumes".

O Código de Defesa do Consumidor também traz em seu texto a ideia de boa-fé objetiva. A regra prevista no artigo 4º, inciso III da lei consumerista cuida da boa-fé como norma de conduta. O referido artigo trata dos princípios da Política Nacional das Relações de Consumo, entre eles: "harmonização dos interesses dos participantes das relações de consumo e compatibilização da proteção do consumidor com a necessidade de desenvolvimento econômico e tecnológico, de modo a viabilizar os princípios nos quais se funda a ordem econômica (artigo 170, da Constituição Fede-

---

[45] SIMÃO, José Fernando. A boa-fé e o novo Código Civil. Disponível em: <www.professorsimao.com.br>. Acesso em: 01.07.2012.

[46] CAVALIERI FILHO, Sérgio. Programa de responsabilidade civil. 5ª ed. São Paulo: Malheiros, 2003, p. 168.

[47] COSTA, Judith Martins. Ação indenizatória. Dever de informar do fabricante sobre os riscos do tabagismo. Revista dos Tribunais, vol. 812, jun. 2003, p. 78.

ral), sempre com base na boa-fé e equilíbrio nas relações entre consumidores e fornecedores".

José Fernando Simão leciona que a boa-fé objetiva estabelece alguns deveres entre as partes, dentre eles: dever de lealdade, de cooperação, de informação e de segurança. O dever de lealdade é aquele segundo o qual uma das partes não pode agir de maneira a causar prejuízo imotivado à outra parte. Trata-se, em geral, de uma abstenção que evita causar danos desnecessários ao outro contratante. O dever de cooperação é aquele que exige das partes certas condutas necessárias para que o contrato atinja seu fim, sendo que, em certos casos, essa conduta só beneficia a outra parte contratante. O dever de informação é extremamente importante e é também disciplinado no Código de Defesa do Consumidor, com rígidas punições ao fornecedor que o descumprir (regras sobre a publicidade enganosa). O contratante detentor de informações ignoradas ou imperfeitamente conhecidas pelo outro contratante deve fornecê-las, mesmo que tais informações lhe sejam prejudiciais. O último dos deveres é o de segurança. Trata-se do dever de garantir a integridade dos bens e direitos do outro contratante em situações contratuais que possam oferecer perigo[48].

Além da criação de deveres jurídicos, acima delineada, Judith Martins Costa aponta outras funções da boa-fé objetiva, quais sejam: a de cânone hermenêutico-integrativo do contrato e a de norma limitadora ao exercício de direitos subjetivos[49].

Como cânone hermenêutico-integrativo, a boa-fé objetiva serve para preenchimento de lacunas, já que durante a relação contratual eventos, situações, fenômenos podem acontecer e que não foram previstos pelos contratantes[50].

A boa-fé objetiva também serve de norma limitadora ao exercício de direitos subjetivos: ao mesmo tempo em que o princípio cria deveres, ele limita direitos: não admite condutas que contrariem o mandamento de agir com probidade. Nesse campo, autora cita três hipóteses: a teoria do adimplemento substancial, em matéria de resolução do contrato; a invocação do *tu quoque*, em matéria de oposição da exceção de contrato não cumprido

---

[48] SIMÃO, José Fernando. A boa-fé e o novo Código Civil. Disponível em: <www.professorsimao.com.br>. Acesso em: 01.07.2012.
[49] COSTA, Judith Martins. A boa-fé no Direito Privado. *Op. cit.*, p. 427-428.
[50] *Ibidem*, p. 428.

e o *venire contra factum proprium*. A teoria do adimplemento substancial demonstra, por exemplo, que o direito à resolução do contrato pode ser limitado pela boa-fé no caso das obrigações terem sido substancialmente adimplidas. A boa-fé também impede que a parte que tenha violado deveres contratuais exija o cumprimento pela outra parte ou valha-se do seu próprio incumprimento para beneficiar-se de disposição contratual ou legal. Por fim, a boa-fé, como limitadora de direitos subjetivos, proíbe o comportamento contraditório, mas, como ressalta Judith Martins Costa, não é toda conduta contraditória que fica proibida, mas aquela que mine a relação de confiança recíproca necessária para o bom desenvolvimento da relação contratual[51] [52].

Sobre o tema da boa-fé objetiva, as Jornadas de Direito Civil realizadas pelo Centro de Estudos Judiciários do Conselho da Justiça Federal aprovaram diversos enunciados tais como os de número 24, 25, 26, 27, 139, 162, 168, 169, 170, 361, 371, 409, 412, 413 e 432[53].

---

[51] *Ibidem*, p. 455-472.

[52] Os Tribunais pátrios já aplicam o *venire contra factum proprium* há bastante tempo, como demonstra a seguinte decisão do STJ, datada de 1996:
"Promessa de compra e venda. Consentimento da mulher. Atos posteriores. "Venire Contra Factum Proprium". Boa-fé. A mulher que deixa de assinar o contrato de promessa de compra e venda juntamente com o marido, mas depois disso, em juízo, expressamente admite a existência e validade do contrato, fundamento para a denunciação de outra lide, e nada impugna contra a execução do contrato durante mais de 17 anos, tempo em que os promissários compradores exerceram pacificamente a posse sobre o imóvel, não pode depois se opor ao pedido de fornecimento de escritura definitiva. Doutrina dos atos próprios. Art. 132 do CC. Recurso conhecido e provido" (STJ, REsp. 95539-SP, relator Ministro Ruy Rosado de Aguiar, j. 03.09.1996).

[53] Enunciado 24: "Em virtude do princípio da boa-fé, positivado no art. 422 do novo Código Civil, a violação dos deveres anexos constitui espécie de inadimplemento, independentemente de culpa";
Enunciado 25: "O art. 422 do Código Civil não inviabiliza a aplicação pelo julgador do princípio da boa-fé nas fases pré-contratual e pós-contratual";
Enunciado 26: "A cláusula geral contida no art. 422 do novo Código Civil impõe ao juiz interpretar e, quando necessário, suprir e corrigir o contrato segundo a boa-fé objetiva, entendida como a exigência de comportamento leal dos contratantes";
Enunciado 27: "Na interpretação da cláusula geral da boa-fé, deve-se levar em conta o sistema do Código Civil e as conexões sistemáticas com outros estatutos normativos e fatores metajurídicos";

O CONTRATO

Esses foram os princípios que regem a relação contratual. O contrato e a responsabilidade civil decorrente de seu descumprimento devem ser analisados à luz desses princípios da teoria contratual. E, conforme ensinam Pablo Stolze Gagliano e Rodolfo Pamplona Filho, paira por sobre todos os princípios citados e lhes dá dimensão constitucional, o princípio da dignidade da pessoa humana[54].

Enunciado 139: "Os direitos da personalidade podem sofrer limitações, ainda que não especificamente previstas em lei, não podendo ser exercidos com abuso de direito de seu titular, contrariamente à boa-fé objetiva e aos bons costumes";
Enunciado 162: "A inutilidade da prestação que autoriza a recusa da prestação por parte do credor deverá ser aferida objetivamente, consoante o princípio da boa-fé e a manutenção do sinalagma, e não de acordo com o mero interesse subjetivo do credor";
Enunciado 168: "O princípio da boa-fé objetiva importa no reconhecimento de um direito a cumprir em favor do titular passivo da obrigação";
Enunciado 169: "O princípio da boa-fé objetiva deve levar o credor a evitar o agravamento do próprio prejuízo";
Enunciado170: "A boa-fé objetiva deve ser observada pelas partes na fase de negociações preliminares e após a execução do contrato, quando tal exigência decorrer da natureza do contrato;
Enunciado 361: "O adimplemento substancial decorre dos princípios gerais contratuais, de modo a fazer preponderar a função social do contrato e o princípio da boa-fé objetiva, balizando a aplicação do art. 475";
Enunciado 371: "A mora do segurado, sendo de escassa importância, não autoriza a resolução do contrato, por atentar ao princípio da boa-fé objetiva";
Enunciado 409: "Os negócios jurídicos devem ser interpretados não só conforme a boa-fé e os usos do lugar de sua celebração, mas também de acordo com as práticas habitualmente adotadas entre as partes";
Enunciado 412: "As diversas hipóteses de exercício inadmissível de uma situação jurídica subjetiva, tais como supressio, tu quoque, surrectio e venire contra factum proprium, são concreções da boa-fé objetiva";
Enunciado 413: "Os bons costumes previstos no art. 187 do CC possuem natureza subjetiva, destinada ao controle da moralidade social de determinada época, e objetiva, para permitir a sindicância da violação dos negócios jurídicos em questões não abrangidas pela função social e pela boa-fé objetiva"; e,
Enunciado 432: "Em contratos de financiamento bancário, são abusivas cláusulas contratuais de repasse de custos administrativos (como análise do crédito, abertura de cadastro, emissão de fichas de compensação bancária, etc.), seja por estarem intrinsecamente vinculadas ao exercício da atividade econômica, seja por violarem o princípio da boa-fé objetiva".

[54] GAGLIANO, Pablo Stolze; FILHO, Rodolfo Pamplona. *Op. cit.*, p. 32.

1.3. O inadimplemento contratual e suas consequências

Para o estudo do tema proposto, qual seja, o dano moral decorrente do descumprimento do contrato, de início se faz necessário abordar as consequências clássicas do inadimplemento do contrato, apontadas pela doutrina.

1.3.1. O inadimplemento e a mora

De acordo com Paulo Luiz Netto Lôbo, denomina-se inadimplemento o não cumprimento da obrigação nos devidos tempo, lugar e forma. O inadimplemento é ato ou omissão imputável ao devedor, a depender da espécie de obrigação. Se a obrigação é de dar ou de fazer, as omissões que retratam o inadimplemento são o não dar e o não fazer. Já se a obrigação é de não fazer, o inadimplemento ocorre quando o devedor realiza o ato que se obrigou a abster-se. Existem, ainda, o dar ou fazer incompletos ou insatisfatórios, espécies de inadimplemento: é insatisfatório o adimplemento realizado fora do tempo fixado, lugar indicado, em quantidade ou qualidade inferior ao convencionado. O autor aponta, ainda, que o inadimplemento também existe por infração ao dever absoluto de não causar dano, campo da responsabilidade civil[55].

Segundo Maria Helena Diniz, o inadimplemento da obrigação ocorre quando o devedor não cumprir, voluntária ou involuntariamente, a prestação devida. Se o descumprimento da obrigação for oriundo de fato imputável ao devedor, tem-se o que a autora denomina de inexecução voluntária. Se o descumprimento decorrer de evento estranho à vontade do devedor, será involuntário. O inadimplemento voluntário pode ser absoluto ou relativo. Será absoluto quando a obrigação não foi cumprida total ou parcialmente, nem poderá ser. Será relativo quando a obrigação não foi cumprida no tempo, lugar e forma devidos, porém poderá ser cumprida ainda com proveito para o credor, hipótese em que se terá a mora[56].

Na definição legal "Considera-se em mora o devedor que não efetuar o pagamento e o credor que não quiser recebê-lo no tempo, lugar e forma que a lei ou a convenção estabelecer" (art. 394 do CC).

---

[55] LÔBO, Paulo Luiz Netto. Teoria geral das obrigações. *Op. cit.*, p. 260.
[56] DINIZ, Maria Helena. Curso de direito civil brasileiro. Responsabilidade civil. 20ª ed. São Paulo: Saraiva, 2006, p. 252-271.

Para Orlando Gomes, pelas infrações relativas ao lugar e à forma responde o devedor, mas, tecnicamente, não configuram mora. Segundo o autor, mora é o atraso, a impontualidade na efetivação do pagamento. Não raro a obrigação é viável, porém o devedor deixa de cumpri-la no vencimento. O autor cita como pressupostos da mora: o vencimento da dívida, a culpa do devedor e a viabilidade do cumprimento tardio[57].

1.3.2. Efeitos do inadimplemento e da mora
Como mencionado, a mora distingue-se do inadimplemento absoluto. Neste, a obrigação não é mais possível de ser cumprida, naquela, essa possibilidade existe.

De acordo com o artigo 389 do Código Civil, "Não cumprida a obrigação, responde o devedor por perdas e danos, mais juros e atualização monetária segundo índices oficiais regularmente estabelecidos, e honorários de advogado".

Quando o inadimplemento voluntário é absoluto, independentemente de ser total ou parcial, a consequência é a mesma: o devedor responde por perdas e danos para recompor o patrimônio do credor lesado pelo descumprimento da obrigação. Orlando Gomes esclarece que a indenização deve ser completa, abrangendo o dano emergente (diminuição patrimonial) e o lucro cessante (o que a parte razoavelmente deixou de lucrar) e ressalva que a indenização das perdas e danos limita-se às que forem consequências direta e imediata da inexecução: não se indenizam danos indiretos (princípio da causalidade imediata)[58].

Pertinente a lição de Paulo Luis Netto Lôbo o qual esclarece que nem sempre a reparação das perdas e danos derivadas do inadimplemento satisfaz o credor e o direito contemporâneo tem procurado medidas que ampliem o seu grau de satisfatoriedade. No campo das obrigações de fazer, por exemplo, a reparação pecuniária dá lugar a outras cominações ao devedor que podem ser de maior interesse ao credor, como a imposição de multa pecuniária ou outra medida judicial que assegure o resultado prático equivalente ao adimplemento (artigo 461 do Código de Processo Civil)[59]. Porém, como esclarece Orlando Gomes, se o cumprimento espe-

---

[57] GOMES, Orlando. Obrigações. 16ª ed. Rio de Janeiro: Forense, 2005, p. 197-199.
[58] *Ibidem,* p. 183.
[59] LÔBO, Paulo Luiz Netto. Teoria geral das obrigações. *Op. cit.,* p. 262.

cífico é impossível ou uma execução tardia venha a ser inútil para o credor, o conteúdo do direito de crédito se altera convertendo-se em pretensão de indenização[60].

Quando há mora, o principal efeito jurídico atribuído pela lei é a responsabilização pelos prejuízos causados com ela. Segundo Orlando Gomes, nessa responsabilidade incluem-se: a-) o dever de indenizar o lucro cessante, ou seja, aquilo que a parte deixou de ganhar em decorrência da mora; b-) a obrigação de reembolsar as despesas efetuadas em consequência da mora. O autor explica, ainda, que outro efeito da mora é de que o devedor, durante esse período, responde pelo caso fortuito, ou seja, se na pendência da mora se destruir a coisa que se obrigou a entregar ou restituir, o devedor fica obrigado a pagar a correspondente indenização[61].

Esses são, em síntese, os efeitos do descumprimento do contrato. Não são os únicos. Nesse estudo será discutida a possibilidade de o dano moral ser outra consequência do descumprimento de obrigações contratuais e quais os casos em que isso ocorre.

---

[60] GOMES, Orlando. *Op. cit.*, p. 184.
[61] *Ibidem,* p. 202-203.

Capítulo 2
O Dano Moral

2.1. Dano moral e a evolução legislativa de seu tratamento no Brasil
A reparação do dano extrapatrimonial foi fruto da evolução da sociedade, conquista gradativa do ordenamento jurídico, de modo que uma digressão histórica demonstra uma evolução na aceitação da doutrina de reparação dos danos morais no país.

O primeiro marco dessa evolução foi o Decreto 2.681 de 7 de junho de 1912[62] que regulava a responsabilidade civil das estradas de ferro e, em seu artigo 21, determinava:

"No caso de lesão corpórea ou deformidade, à vista da natureza da mesma e de outras circunstâncias, especialmente a invalidade para o trabalho ou profissão habitual, além das despesas com o tratamento e os lucros cessantes, deverá pelo juiz ser arbitrada uma indenização conveniente".

Ao estabelecer 'indenização conveniente' que ia além das despesas materiais, fala-se que o dispositivo serviu de entrada ao dano moral no ordenamento jurídico nacional.

Em seguida, veio a promulgação do Código Civil de 1916. Em seu artigo 76, o Código dispunha que, para propor ou contestar uma ação, seria necessário legítimo interesse econômico ou moral. Alguns autores sustentavam que tal dispositivo trazia a aceitação generalizante do dano moral, no

---

[62] Disponível em: <http://www.planalto.gov.br/ccivil_03/decreto/D2681_1912.htm>. Acesso em: 06.09.2013.

entanto, tal entendimento tinha pouca aprovação nos Tribunais e parte da doutrina entendia que a norma tinha caráter meramente processual.

Segundo Caio Mário da Silva Pereira, o Código de 1916 assentava hipóteses casuísticas de danos morais reparáveis como a do artigo 1.538: ofensa corpórea que deixasse lesão ou deformidade[63]. Já os artigos 1.547 e 1.548 traziam a possibilidade de indenização por ofensa à honra de alguém.

Para o jurista, porém, apesar de não haver uma norma genérica de cabimento do dano moral, a interpretação sistemática do Código levava a essa conclusão. O autor esclarece, ainda, que o artigo 159 do CC de 1916 não limitava a indenização ao prejuízo material[64]. Era o que entendia a doutrina majoritária: que o artigo 159, ao abordar a responsabilidade aquiliana e dispor sobre a reparação de qualquer dano, estaria aí incluído o dano moral, mas os Tribunais ainda se mostravam reticentes.

O Código Brasileiro de Telecomunicações também é norma importante para o estudo do dano moral no Brasil. A Lei 4.117 de 27 de agosto de 1962[65] autorizava a indenização por danos morais oriundos de crimes contra a honra praticados pelos meios de comunicação social.

Gradualmente, doutrina e jurisprudência vieram reconhecer a possibilidade de dano moral impingido à pessoa. Ainda que de forma tímida, começou-se a diferenciar o dano material do dano moral, criando-se um entendimento de que as hipóteses de cabimento de um poderiam ser diferentes da do outro.

Por muito tempo se verificou o entendimento dos Tribunais no sentido de que não seria possível reparar a dor moral com uma indenização em dinheiro, como se ambos fossem incompatíveis. Em especial antes da Constituição Federal de 1988, a principal justificativa daqueles que não aceitavam a reparabilidade do dano moral era a de ser impossível a reparação material de um bem moral. Agostinho Alvim, à época, explicava que as duas principais objeções levantadas contra a indenização por danos extra-

---

[63] PEREIRA, Caio Mário da Silva. Instituições de direito civil. Teoria geral das obrigações. 8ª ed. Rio de Janeiro: Forense, 1986, p.321-322.

[64] *Idem*. O artigo 159 do CC de 1916 ditava que: "Aquele que, por ação ou omissão voluntária, negligência, ou imprudência, violar direito, ou causar prejuízo a outrem, fica obrigado a reparar o dano".

[65] Disponível em: < http://www.planalto.gov.br/ccivil_03/leis/l4117.htm>. Acesso em: 06.09.2013.

patrimoniais eram: não se dever cogitar indenizar o sofrimento e não ser possível encontrar equivalência entre a dor e o dinheiro[66].

Com o advento da Constituição em 1988 e a previsão expressa do dano moral, dissiparam-se as dúvidas[67]. A Constituição traz a possibilidade da reparação por danos morais no seu artigo 5º, incisos V e X. O inciso V traz que "é assegurado o direito de resposta, proporcional ao agravo, além da indenização por dano material, moral ou à imagem". Já o inciso X traz que "são invioláveis a intimidade, a vida privada, a honra e a imagem das pessoas, assegurado o direito a indenização pelo dano material e moral decorrente de sua violação". Assim, o dano moral tornou-se uma pretensão efetiva e real para todas as possíveis vítimas desse tipo de lesão. Além disso, parece claro que a compensação por dano moral decorre da proteção especial dada pela Constituição à dignidade da pessoa humana. Como explica Anderson Schreiber, a consagração da dignidade nas Constituições, associada à aplicação dos preceitos constitucionais às relações privadas, veio exigir a reparabilidade do dano extrapatrimonial[68].

O Código Civil de 2002 adotou expressamente a ressarcibilidade do dano moral no seu artigo 186 que dispõe: "aquele que, por ação ou omissão voluntária, negligência ou imprudência, violar direito e causar dano a outrem, ainda que exclusivamente moral, comete ato ilícito". Já o artigo 927 estabelece que "aquele que, por ato ilícito, causar dano a outrem, fica obrigado a repará-lo". Esse mesmo artigo, em seu parágrafo único, prevê a possibilidade de reparação do dano, independentemente de culpa, nos casos especificados em lei (como, por exemplo, no Código de Defesa do Consumidor) e nas atividades que naturalmente causam riscos.

Yussef Said Cahali ensina que o tema da reparação por danos morais já superou as antigas antinomias e atinge agora sua maturidade, previsto em texto constitucional e enunciado sumular e que o preconceito de que a dor moral não pode ser compensada por dinheiro foi superado[69]. A Súmula a que faz referência o jurista é a de número 37 do STJ que dispõe: "São cumuláveis as indenizações por dano material e moral oriundos do mesmo fato".

---

[66] ALVIM, Agostinho. Da inexecução das obrigações e suas consequências. São Paulo: Saraiva, 1949, p. 208.
[67] THEODORO JÚNIOR, Humberto. Dano moral. 7ª ed. Belo Horizonte: Del Rey, 2010, p. 5.
[68] SCHREIBER, Anderson. Novos paradigmas da responsabilidade civil: da erosão dos filtros da reparação à diluição dos danos. 3ª ed. São Paulo: Atlas, 2011, p. 89.
[69] CAHALI, Yussef Said. Dano moral. 4ª ed. São Paulo: Revista dos Tribunais, 2011, p. 17.

De fato, não prevalece mais a antiga ideia de que o dano moral não pode ser compensado através de indenização pecuniária. Em que pese não ser tecnicamente uma indenização, já que 'indenizar' provém do latim *in dene* que significa devolver ao estado anterior (eliminar o prejuízo e as consequências)[70], e isso não parece ser possível nos casos de bens extrapatrimoniais, o montante atribuído a título de danos morais é uma forma de compensação. Apesar de não ser possível falar-se em retorno ao *status quo ante*, esse fato não pode servir de justificativa para que aquele que causa dano a outrem simplesmente não responda por ele. Assim, ainda que seja uma forma de minimizar o sofrimento da vítima, o arbitramento de compensação para esse tipo de dano é medida necessária, posicionamento pacificado na doutrina e jurisprudência.

2.2. Conceito de dano moral. Leitura constitucional dos danos morais: o dano moral como lesão à dignidade

Henri Lalou define o dano moral como o atentado aos direitos extrapatrimoniais: os direitos políticos, os direitos inerentes à personalidade e os direitos de família[71].

Yussef Said Cahali entende que tudo o que molesta gravemente a alma humana, ferindo os valores inerentes à personalidade do sujeito ou reconhecidos pela sociedade que ele se insere, qualifica-se como dano moral[72].

Comumente, o dano moral é associado a estados anímicos da vítima, tais como 'dor', 'espanto', 'aflição espiritual', 'vergonha' e 'perturbação' (modelo do abalo psíquico). Segundo André Gustavo C. de Andrade, a associação do dano moral a sensações de dor ou sofrimento ou demais sentimentos como tristeza, mágoa, vexame, vergonha deixa descobertas várias possíveis lesões a direitos de personalidade, que não geram processos psicológicos dessa natureza[73].

Para Maria Celina Bodin de Moraes, definir dano moral através de termos ligados ao sentimento humano leva à confusão de dano com sua even-

---

[70] MORAES, Maria Celina Bodin de. Danos à pessoa humana. Uma leitura civil-constitucional dos danos morais. Rio de Janeiro: Renovar, 2003, p. 145.

[71] LALOU, Henri. La responsabilité civile: principes élémentaires et applications pratiques. 2ª ed. Paris: Dalloz, 1932, p. 219-220.

[72] CAHALI, Yussef Said. *Op. cit.*, p. 20.

[73] ANDRADE, André Gustavo C. de. A evolução do conceito de dano moral. Revista Forense, vol. 375, set.-out. 2004, p. 16.

tual consequência[74]. É o que esclarece Anderson Schreiber: segundo ele, dessa confusão conceitual daqueles que atrelam dano moral ao sofrimento físico ou psicológico surgem múltiplos problemas, a começar pela dificuldade de aferição do dano moral com esse sentido, já que os conceitos de dor e sofrimento são absolutamente subjetivos. O autor sustenta que "a toda evidência, a dor não representa elemento ontológico do dano moral, mas puro reflexo consequencialístico, que pode se manifestar ou não, sem que isto elimine o fato da lesão a um interesse extrapatrimonial"[75].

Diogo Naves Mendonça explica que a teoria 'sentimentalista' dos danos morais não possui qualquer fundamento teórico e, na jurisprudência, gera resultados desastrosos. Em última análise, privilegia-se o absoluto subjetivismo[76].

Na verdade, existe certa confusão na doutrina e na jurisprudência. Dano moral é dor, causa dor ou a dor é indiferente para sua configuração? Aqueles que entendem que dano moral é dor, se dividem em duas vertentes: os que exigem a prova da dor[77] e aqueles que exigem a prova do fato que ensejou a dor[78]. Já para aqueles que acreditam que dano moral causa dor também são divididos em duas categorias: os que exigem a prova da consequência (dor) e os que a dispensam. Há também aqueles, como Maria Celina Bodin de Moraes, para os quais a constatação da dor é indiferente: ela explica que dano moral é a violação jurídica subjetiva extrapatrimonial e se ela acarreta ou não um sentimento ruim não é coisa que o direito possa ou deva averiguar[79].

---

[74] MORAES, Maria Celina Bodin de. Danos à pessoa humana. Uma leitura civil-constitucional dos danos morais. *Op. cit.*, p. 131.

[75] SCHREIBER, Anderson. Novos paradigmas da responsabilidade civil: da erosão dos filtros da reparação à diluição dos danos. *Op. cit.*, p. 130-131.

[76] MENDONÇA, Diogo Naves. Análise econômica da responsabilidade civil. O dano e a sua quantificação. São Paulo: Atlas, 2012, p. 77-78.

[77] "Danos morais. Furto de veículo. Ausência de lesão à personalidade do apelante. Não comprovação da dor moral. Não cabimento de indenização. Recurso parcialmente provido". (TJ-SP, Apel. 0000627-61.2011.8.26.0505, relator Desembargador João Batista Vilhena, j. 02.07.2013).

[78] "Agravo Regimental. Dano Moral. Prova. Desnecessidade. Decisão agravada. Manutenção. A jurisprudência desta Corte firmou entendimento de que não há falar em prova do dano moral, mas, sim, na prova do fato que gerou a dor, o sofrimento, sentimentos íntimos que o ensejam" (STJ – AgRg no REsp 1181205-RS, relator Ministro Sidnei Beneti, j. 28.06.2011).

[79] MORAES, Maria Celina Bodin de. Danos à pessoa humana. Uma leitura civil-constitucional dos danos morais. *Op. cit.*, p. 131.

É esse o entendimento que será adotado no presente estudo e que vai ao encontro do enunciado 445 da V Jornada de Direito Civil cujo conteúdo adiante se colaciona: "O dano moral indenizável não pressupõe a verificação de sentimentos humanos desagradáveis, tais como dor ou sofrimento, constituindo-se no comprometimento de uma finalidade não patrimonial cuja concretização se visa garantir por meio da proteção da dignidade da pessoa humana"[80].

Conforme explica Daniel de Andrade Levy, somente na última década, no Brasil, a associação dos danos morais com o abalo psíquico perdeu força: progressivamente, doutrina e jurisprudência vem distanciando-se de uma compreensão materialista do dano moral e acolhendo uma concepção mais jurídica[81].

---

[80] O autor do enunciado transcrito, Felipe Teixeira Neto, ofereceu a seguinte justificativa: "A delimitação dos contornos do conceito de dano moral indenizável talvez seja uma das mais árduas tarefas à hodierna ciência jurídica. Várias foram as tentativas, desde a consagração do seu amplo reconhecimento, de traçar os seus elementos constituidores, tudo na tentativa de dar um conteúdo dogmático mais sólido à figura em causa e, desta feita, contribuir para a segurança da prestação jurisdicional. Superada a hegemonia de uma tendência negativa de delimitação de conteúdo (dano moral é todo dano que não tiver natureza patrimonial) – tendência esta, aliás, ainda muito usual em diversos ordenamentos jurídicos estrangeiros –, tem sido possível recolher da jurisprudência uma série de precedentes que atrelam a sua ocorrência à constatação de sentimentos humanos desagradáveis, tais como dor, vexame, humilhação ou sofrimento. Ocorre que esta linha de entendimento, além de agregar uma noção demasiado subjetiva à figura, pois a ocorrência de tais sentimentos pode variar de pessoa para pessoa, incorre em um equívoco ainda maior, uma vez que confunde o dano em si com as suas eventuais consequências. Em razão disso, dita forma de delimitação não se mostra adequada, merecendo ser substituída por outra que associe o conceito geral de dano – perda de uma vantagem tutelada pelo direito – aos objetivos que restam comprometidos com a lesão a interesses de natureza pessoa. Seguindo essa tendência é que tem sido frequente, tanto na doutrina quanto na jurisprudência, afirmar que o dano moral pode ser considerado como violação ao direito à dignidade humana. Note-se que a proposição, a par de se alicerçar em conceito jurídico indeterminado, socorre-se de toda a construção jurídica erigida em torno do conteúdo normativo do princípio da dignidade da pessoa humana que, neste particular, agrega à delimitação do dano moral indenizável sólida formulação dogmática". Disponível em: <http://www.cjf.jus.br/cjf/CEJ-Coedi/jornadas-cej/enunciados-aprovados-da-i-iii-iv-e--v-jornada-de-direito-civil/jornadas-cej/v-jornada-direito-civil/VJornadadireitocivil2012.pdf>. Acesso em: 12.10.2013.

[81] LEVY, Daniel de Andrade. A reparação do dano e as funções da responsabilidade civil no século XXI: por uma sistematização metodológica da disciplina. Dissertação de mestrado. Faculdade de Direito da Universidade de São Paulo, 2011, p. 103.

Diogo Novaes Mendonça esclarece que é importante recuperar o conceito de dano como lesão a interesse juridicamente protegido, porém, é preciso delimitar tais interesses e, para isso, ele recorre a princípios constitucionais, especialmente à dignidade da pessoa humana[82].

É o que faz Maria Celina Bodin de Moraes ao defender uma leitura constitucional dos danos extrapatrimoniais; para ela, o dano moral é causado pela violação injusta a uma situação jurídica subjetiva extrapatrimonial, protegida pelo ordenamento jurídico através de cláusula geral de tutela da personalidade que foi instituída pela Constituição Federal, em especial o princípio da dignidade da pessoa humana. O que se pretende com essa leitura constitucional do dano moral é oferecer proteção à pessoa humana nas situações de sua vida em que algum aspecto de sua personalidade esteja sujeito a lesão[83].

No mesmo sentido, Sérgio Cavalieri Filho sustenta que todos os conceitos tradicionais de dano moral terão que ser revistos após a promulgação da Constituição Federal de 1988. À luz da Constituição vigente, dano moral nada mais é que a violação do direito à dignidade[84].

Maria Celina Bodin de Moraes explica que a tutela causadora do dano injusto refere-se diretamente ao bem jurídico tutelado, ao interesse ou direito da pessoa humana, merecedor de proteção. Ela sustenta, ainda, que o dano moral não pode ser reduzido à 'lesão a um direito da personalidade', nem tampouco ao 'efeito extrapatrimonial da lesão a um direito subjetivo, patrimonial ou extrapatrimonial' como costuma definir grande parte da doutrina. Para a jurista, dano moral trata-se sempre de violação da cláusula geral de tutela da pessoa humana, seja causando-lhe um prejuízo material, seja violando direito extrapatrimonial, praticando, com relação à dignidade, algum ato de perturbação, ainda que não seja reconhecido como parte de uma categoria jurídica[85].

A importância do conceito acima delineado, ou seja, do dano moral como lesão à dignidade humana, está nas consequências que gera: de pronto, toda circunstância que atinja o ser humano em sua dignidade será

---

[82] MENDONÇA, Diogo Naves. *Op. cit.*, p. 77-78.
[83] MORAES, Maria Celina Bodin de. Danos à pessoa humana. Uma leitura civil-constitucional dos danos morais. *Op. cit.*, p. 132-133.
[84] CAVALIERI FILHO, Sérgio. Programa de responsabilidade civil. 5ª ed. *Op. cit.*, p. 93-94.
[85] MORAES, Maria Celina Bodin de. Danos à pessoa humana. Uma leitura civil-constitucional dos danos morais. *Op. cit.*, p. 181-184.

automaticamente considerada como causadora de dano moral a ser reparado[86]. Como a tutela da dignidade constitucionalmente prevista se limita à proteção das pessoas humanas, a autora esclarece que, para as pessoas jurídicas, se poderia delinear outro tipo de prejuízo que ela denominou de 'dano institucional'[87].

Diogo Naves Mendonça, ao analisar o conceito de dano moral oferecido por Maria Celina Bodin de Moraes, reconhece sua fluidez, mas explica que ela pode ser neutralizada através de técnicas de ponderação, que permitem que se vá além da mera alusão à dignidade da pessoa humana. Segundo o autor, um exemplo disso é o da comparação entre os interesses tutelados pelo sistema normativo. O dano apresenta um caráter recíproco: é preciso atentar-se para o fato de que impor o dever de indenizar significa, ao mesmo tempo, impor o dever de evitar o dano e atribuir a outrem o direito correlato de não sofrê-lo[88].

Na verdade, o conceito de dano moral, trazido por Maria Celina Bodin de Morais, demonstra a tentativa de abranger novas realidades apresentadas no campo dos danos extrapatrimoniais à definição de dano moral. Como explica Francisco Milton Araújo Júnior, os riscos aos direitos da personalidade são cada vez mais acentuados diante das plúrimas e dinâmicas relações verificadas na atual sociedade, potencializando a ocorrência de lesões extrapatrimoniais[89].

À medida que a sociedade vai se tornando mais complexa e as violações às pessoas se proliferam, novas situações demandam da doutrina e da jurisprudência a adoção de posicionamentos que objetivem a proteção da vítima.

Aqueles que tratam o dano moral como lesão a direito de personalidade, ressaltam o fenômeno da expansão desses direitos, sustentando que,

---

[86] *Ibidem*, p. 188.
[87] *Ibidem*, p. 328. O enunciado 286 aprovado na IV Jornada de Direito Civil se coaduna com o posicionamento da autora: "Os direitos da personalidade são direitos inerentes e essenciais à pessoa humana, decorrentes de sua dignidade, não sendo as pessoas jurídicas titulares de tais direitos".
[88] MENDONÇA, Diogo Naves. *Op. cit.*, p. 78-80.
[89] ARAÚJO JÚNIOR, Francisco Milton. A expansão da responsabilização civil pela via objetiva como meio de promoção dos direitos da personalidade. Revista da ESMAPE, vol. 12, nº 26, jul.-dez. 2007, p. 61-62.

na verdade, existe uma série aberta de direitos que ultrapassa os previstos no artigo 5º da Constituição Federal e nos artigos 11 a 21 do Código Civil.

Outros entendem que o que ocorre é o surgimento de novos danos extrapatrimoniais, ao lado dos danos dessa natureza tradicionalmente reconhecidos no direito brasileiro (dano moral e dano estético). Paulo de Tarso Sanseverino cita alguns desses novos prejuízos: prejuízo de lazer, prejuízo sexual, prejuízo juvenil[90].

Existem, ainda, aqueles que dão ao dano moral um conceito mais amplo, como a já mencionada definição de Maria Celina Bodin de Moraes, do dano moral como lesão à dignidade humana: através desse conceito, todas as situações que causarem lesão à dignidade, estariam abarcadas na definição de dano moral.

Tipificar novos direitos da personalidade, novos danos extrapatrimoniais ou dar ao já tipificado dano moral um conceito mais largo. Mais importante que a adoção de um desses entendimentos é compreender que os operadores do direito buscam respostas a uma nova realidade mais complexa, mais causadora de danos, mas também mais empenhada em repará-los.

2.3. Distinção entre dano moral e material

A doutrina distingue o dano moral do material. Silvio Neves Baptista explica que, conforme a natureza do direito ofendido o dano pode ser classificado em dano patrimonial ou moral. Segundo o autor, é patrimonial ou material, o dano que atinge bens integrantes do patrimônio de uma pessoa, ou seja, bens suscetíveis de apreciação econômica. É extrapatrimonial ou moral quando a lesão atinge bens imateriais, insuscetíveis de avaliação monetária[91]. Essa classificação parte do entendimento generalizado de que

---

[90] O prejuízo de lazer é o dano da lesão grave e permanente que impede a pessoa de desfrutar certos prazeres existenciais. Cite-se o exemplo da vítima de lesão corporal que ficou paraplégica. Não há dúvida de que essa pessoa sofrerá limitações para desfrutar alguns prazeres como dançar, praticar esportes, brincar com os filhos, etc. O prejuízo sexual decorre de lesões corporais que deixam sequelas na função sexual propriamente dita ou na esterilidade da vítima. Por fim, o prejuízo juvenil seria aquele que sofre a criança ou adolescente que, em decorrência da lesão corporal sofrida, deixa de realizar as atividades típicas dessa fase da vida. SANSEVERINO, Paulo de Tarso Vieira. Princípio da reparação integral. Indenização no Código Civil. São Paulo: Saraiva, 2010, p. 303-305.

[91] BAPTISTA, Silvio Neves. Teoria geral do dano. São Paulo: Atlas, 2003, p. 78.

somente integram a noção de patrimônio os bens sujeitos a uma avaliação econômica. Há aqueles que dão ao conceito de patrimônio um conteúdo mais amplo, integrando bens ou direitos materiais ou imateriais. Para esses, se o dano causado é a bem fundamental ao homem (vida, saúde, integridade física, honra, reputação, liberdade) o dano seria de natureza moral.

A reparação do dano moral também se diferencia da reparação do dano patrimonial. Neste, conforme ensina Yussef Said Cahali, o que se busca é a recomposição em espécie ou em valor do dano, indenizando plenamente aquele que fora ofendido, como se nunca tivesse sofrido com a ocorrência do dano. A reparação do dano moral, por sua vez, segundo o jurista, não é tecnicamente uma indenização já que esta significa eliminação dos prejuízos e isso não é possível em casos de danos extrapatrimoniais. O que se faz, na verdade, é uma compensação, o que o autor chama de reparação satisfativa[92].

No mesmo sentido, Humberto Theodoro Júnior esclarece: quando se trata de dano patrimonial, a sanção imposta ao culpado é a responsabilidade pela recomposição do patrimônio, no entanto, no dano moral não há essa possibilidade já a esfera íntima da pessoa humana não comporta esse tipo de recomposição. Segundo o jurista, a reparação no dano moral assume um caráter sancionatório à conduta do causador da lesão moral e reparatório, mas que apenas atenua o sofrimento injusto do lesado[93].

Costuma-se, ainda, subdividir o dano moral em dano moral puro, quando não traz nenhuma consequência de ordem patrimonial e em dano moral de eficácia patrimonial, quando, além da conduta causar danos a valores morais, ela traz consequências de ordem patrimonial[94].

2.4. A problemática da quantificação dos danos morais

Outro tópico objeto de bastante discussão é o que diz respeito à valoração econômica do dano moral. A dificuldade na fixação de um *quantum* indenizatório já foi argumento para a não concessão da indenização por dano moral, mas hoje esse entendimento se encontra ultrapassado. Isso não significa dizer que ainda não existam debates a respeito dos critérios utilizados para a fixação do valor a ser recomposto ao lesado.

---

[92] CAHALI, Yussef Said. *Op. cit.*, p. 38.
[93] THEODORO JÚNIOR, Humberto. *Op. cit.*, p. 2-3.
[94] BAPTISTA, Silvio Neves. *Op. cit.*, p. 81.

Quando se trata de dano patrimonial, o valor a ser indenizado é calculado com base no desfalque material experimentado, a indenização consistirá no seu exato montante. No entanto, nos casos de dano moral, a fixação da indenização é, sem dúvida, um trabalho muito mais complexo, tendo em vista que o bem lesado não tem dimensão econômica.

Segundo Humberto Theodoro Júnior, como a dor não se mede monetariamente, o valor a ser pago se submeterá a certa discricionariedade do juiz, no entanto, este deve agir com um prudente arbítrio[95].

Caio Mário da Silva Pereira, tendo em vista a dificuldade de medir-se em dinheiro um dano moral, recomenda um jogo duplo de noções: de um lado, a ideia de punição do infrator, que não pode ofender em vão a esfera jurídica alheia e, de outro, proporcionar à vítima uma compensação pelo dano suportado[96].

Nehemias Domingos de Melo advoga pelo que chama de 'teoria da exemplaridade' para quantificação do dano moral, com caráter predominantemente punitivo. Segundo o jurista, o caráter exemplar da condenação serve como medida educativa para a sociedade que, ciente de que determinados comportamentos são reprimidos de forma eficaz pelo Judiciário, passaria a ter mais respeito pelos direitos personalíssimos do sujeito. O autor defende o acréscimo de componente à verba indenizatória como uma advertência e que, para evitar o enriquecimento sem causa, esse *plus* deveria ser destinado, não à vítima, mas às entidades que defendam o interesse público ou coletivo gratuitamente[97].

Anderson Schreiber defende que, para casos em que se verifica uma conduta sistemática e maliciosa do ofensor, paralelamente à indenização civil, podem ser aplicadas punições administrativas. Esse tipo de sanção

---

[95] THEODORO JÚNIOR, Humberto. *Op. cit.*, p. 41.
[96] PEREIRA, Caio Mário da Silva. Instituições de direito civil. Teoria geral das obrigações. 8ª ed. *Op. cit.*, p. 235.
[97] MELO, Nehemias Domingos de. Por uma teoria renovada para quantificação da indenização por dano moral (teoria da exemplaridade). Revista Síntese Direito Civil e Processual Civil, nº 79, set-out 2012, p. 63. O autor sugere o acréscimo de um parágrafo ao artigo 944 do Código Civil, com a seguinte redação: "Nas ações de reparação por dano moral, poderá o juiz de ofício, sopesando o grau de culpa ou dolo do infrator e seu potencial econômico, fixar, além da justa indenização para a vítima, uma multa civil cujo valor será destinado a entidades de benemerência ou ao Fundo Estadual de Interesses Difusos". *Ibidem*, p. 66.

tem a vantagem de ser mais célere, evita o enriquecimento sem causa e pode ser, muitas vezes, mais eficiente[98].

A legislação brasileira não traz critérios para a fixação do dano moral. O artigo 953 do Código Civil, ao tratar da indenização por injúria, calúnia ou difamação estabelece, em seu parágrafo único, somente que "se o ofendido não puder provar prejuízo material, caberá ao juiz fixar, equitativamente, o valor da indenização".

Quando a lei não trata de especificar os parâmetros para o arbitramento do dano moral, evidentemente que se criam certos problemas para a sua mensuração. Conforme aponta Américo Luís Martins da Silva, a omissão legal dá azo à ocorrência de fixação dos montantes compensatórios refletindo, ora a generosidade descomedida do juiz, ora a sua avareza[99]. Isso não significa, porém, que o ofendido deva ficar sem a devida compensação dos danos morais sofridos.

2.4.1. Os critérios para quantificação do dano moral

Não é tarefa fácil reparar o irreparável. O dano moral, como já mencionado, não comporta indenização, mas compensação e a avaliação econômica de prejuízo não econômico suscita inúmeras discussões. A figura do dano moral vem apresentando uma expansão expressiva, levantando vozes discordantes quanto à sua conceituação, delimitação e, especialmente, quanto à sua quantificação. Doutrina e jurisprudência oferecem diversos critérios, sobre os quais o estudo passa a se debruçar.

2.4.1.1. Critérios matemáticos

Apesar de cada vez mais raro, ainda se verifica a utilização de critérios matemáticos para fixação do *quantum* indenizatório, em casos em que danos morais são concedidos. Na busca por objetivar a questão, fixado o dever de indenizar, fixa-se o montante indenizatório através de uma equação previamente definida.

Dos critérios matemáticos, destacam-se: o que vincula o valor do dano moral ao do dano material, o que atrela o valor do dano moral à pena cri-

---

[98] SCHREIBER, Anderson. Arbitramento do dano moral no novo Código Civil. Revista Trimestral de Direito Civil, vol. 12, out.-dez. 2002, p. 21-22.
[99] SILVA, Américo Luís Martins da. *Op. cit.*, p. 424-425.

minal e aquele que liga, em caso de protesto indevido de título, o dano moral ao valor do título protestado[100].

O primeiro critério destacado é aquele que estabelece uma ligação direta entre o valor arbitrado a título de danos materiais e o montante estabelecido para compensar danos morais[101].

Jovi Vieira Barboza explica que essa forma de efetuar o cálculo tem um fundamento importante que deve ser considerado. Ele esclarece que todas as relações jurídicas possuem um valor, assim, toda pessoa envolvida em uma operação, em especial quando esta torna-se litigiosa, tem consciência que um determinado valor envolve aquela situação. Dessa forma, qualquer erro, negligência, consequência advinda desse negócio deve ser medida em percentual que envolva a operação. Para o autor, os demais critérios oferecidos pela doutrina para quantificação do dano moral serviriam para encontrar o fator multiplicador envolvido no estabelecimento do montante indenizatório[102].

Esse método, porém, é alvo constante de críticas: dano moral e material são totalmente desvinculados, por vezes sequer está presente o dano material quando verificado um dano imaterial, ou o dano material é ínfimo, impossibilitando justo arbitramento do *quantum* indenizatório a título de danos morais.

---

[100] BERNARDO, Wesley de Oliveira Louzada. Dano moral: critérios de fixação de valor. Rio de Janeiro: Renovar, 2005, p.119-120.
[101] Nesse sentido, a recente decisão do Tribunal de Justiça de São Paulo: "Responsabilidade civil. Dano material e moral Saques indevidos em conta-poupança Relação de consumo Defeito na prestação de serviço. Danos configurados, na medida em que os saques só foram possíveis por ter o Banco emitido novas senhas a quem não era responsável pelas contas. Embora se tratasse da avó das menores, não se pode ignorar que o saque ocorreu à revelia do responsável pelas contas. Banco, pois, que fica condenado a restituir apenas o valor de R$ 500,00, com os acréscimos legais, considerando que os outros R$ 900,00 já foram confessadamente restituídos aos autores. Danos morais que também se encontram configurados. Indenização arbitrada em R$ 2.500,00, que representa cinco vezes o valor do dano material. Valor que se mostra adequado à recomposição do dano, que punirá o Banco pelo mau serviço prestado e que será incapaz de ocasionar enriquecimento indevido dos autores. Súmula 362/STJ que deve ser observada. Sentença reformada, para julgar parcialmente procedente a ação, invertidos os ônus da sucumbência. Recurso parcialmente provido" (TJ-SP, Apel. 0017253-73.2009.8.26.0361, relator Desembargador Jacob Valente, j. 13.03.2013).
[102] BARBOZA, Jovi Vieira. Dano moral: o problema do *quantum debeatur* nas indenizações por dano moral. Curitiba: Juruá, 2006, p. 239.

Outro critério utilizado é aquele que, nos casos de condenação criminal ao pagamento de prestação pecuniária, atrela o valor arbitrado na condenação ao montante do dano moral. Por esse critério, utiliza-se a pena de prestação pecuniária como referencial na liquidação das obrigações decorrentes de ato ilícito.

No entanto, novamente, o critério é alvo de críticas por se tratarem, dano moral e pena pecuniária criminal, de institutos independentes. O dano moral é autônomo, sendo sem sentido sua associação à pena de prestação pecuniária.

Sobre o tema, importante a referência à alteração legislativa trazida pela Lei 11.719/2008 que modificou o disposto no artigo 387 do Código de Processo Penal e incluiu no inciso IV o dever de o juiz, na sentença condenatória, fixar o valor mínimo para reparação dos danos causados pela infração, considerando os prejuízos sofridos pela vítima. Dessa forma, nos termos do artigo 63, parágrafo único do CPP, também alterado pela supramencionada lei, os legitimados do *caput* do artigo (o ofendido, seu representante legal, ou seus herdeiros) poderão executar, desde logo, no juízo cível, a parcela reparatória constante do artigo 387, IV, do CPP, sem prejuízo de prosseguir na apuração do montante efetivamente devido.

A fixação de mínimo indenizatório por danos (incluindo os de natureza imaterial) na condenação criminal não encontra qualquer empecilho, mas a vinculação do dano moral à pena pecuniária criminal deve ser, de fato, abandonada.

Por fim, nos casos de protesto indevido de título, algumas decisões costumam fixar múltiplo do valor constante no título indevidamente protestado como montante indenizatório[103]. Yussef Said Cahali advoga pela aplicação, nesses casos, por analogia, da sanção prevista no artigo 940 do

---

[103] "Apelação com revisão. Indenização por danos materiais e morais. Duplicata levada a protesto. Ilegalidade reconhecida. Obrigação quitada. Inclusão indevida em cadastro de inadimplentes. Dano moral configurado. Não incidência da Súmula 385 do C. STJ. Compensação devida. Critério da razoabilidade e proporcionalidade não observado. Redução. Recurso parcialmente provido. I- Quitada a obrigação em data anterior à emissão da duplicata e seu encaminhamento a protesto, de rigor o reconhecimento de sua impertinência; II- Não havendo anterior anotação em cadastro de inadimplentes, inaplicável o teor da Súmula 385 do STJ; III- O arbitramento da compensação pelo dano moral deve obedecer os critérios da proporcionalidade e razoabilidade; IV- Considerando-se os critérios norteadores do arbitramento por dano moral, a compensação deve ser arbitrada em 20 vezes o valor do título" (TJ-SP, Apel. 0015315-35.2009.8.26.0590, relator Desembargador Paulo Ayrosa, j. 08.10.2013).

CC e no artigo 42, parágrafo único, do CDC, estabelecendo a indenização pelo dano moral no dobro do valor do título indevidamente protestado. Para o autor, essa limitação coibiria o uso abusivo do poder discricionário do juiz[104]. A crítica que se faz à aplicação de tal critério é, mais uma vez, a utilização do dano material como referencial do dano moral, o que pode gerar situações de extrema injustiça.

2.4.1.2. O tabelamento
2.4.1.2.1. O tabelamento legal

Alguns autores advogam pela necessidade de previsão legal detalhada de critérios rígidos de mensuração, fixação e qualificação da reparação do dano moral. Existem projetos de leis, inclusive, que tabelam valores para certos tipos de danos morais. Um exemplo é o Projeto de Lei do Senado 334/2008 que pretende tabelar as indenizações por dano moral. Os valores são trazidos em intervalos. Alguns exemplos:

DANO	VALOR
Morte	De R$ 41.500,00 (quarenta e um mil e quinhentos reais) a R$249.000,00 (duzentos e quarenta e nove mil reais).
Lesão corporal	De R$ 4.150,00 (quatro mil, cento e cinquenta reais) a R$ 124.500,00 (cento e vinte e quatro mil e quinhentos reais).
Ofensa à liberdade	De R$ 8.300,00 (oito mil e trezentos reais) a R$ 124.500,00 (cento e vinte e quatro mil e quinhentos reais).
Ofensa à honra	a) por abalo de crédito: de R$ 8.300,00 (oito mil e trezentos reais) a R$ 83.000,00 (oitenta e três mil reais). b) de outras espécies: de R$ 8.300,00 (oito mil e trezentos reais) a R$ 124.500,00 (cento e vinte e quatro mil e quinhentos reais).
Descumprimento de contrato	De R$ 4.150,00 (quatro mil, cento e cinquenta reais) a R$ 83.000,00 (oitenta e três mil reais).

[104] CAHALI, Yussef Said. *Op. cit.*, p. 362.

Para a fixação dentro desses intervalos o projeto prevê os seguintes critérios:

I – o bem jurídico ofendido;
II – a posição socioeconômica da vítima;
III – a repercussão social e pessoal do dano;
IV – a possibilidade de superação psicológica do dano, quando a vítima for pessoa física, e de recomposição da imagem econômica ou comercial, quando pessoa jurídica;
V – a extensão da ofensa e a duração dos seus efeitos;
VI – o potencial inibitório do valor estabelecido.

Wesley de Oliveira Louzada Bernardo questiona: no que diz respeito à quantificação do dano moral, a quem cabe proceder tal avaliação: ao juiz ou ao legislador? E oferece sua resposta: o juiz é muito mais capaz de exercer essa tarefa. O legislador cria normas genéricas que devem ser respeitadas por todos, já o juiz as concretiza, avaliando o caso a caso: é ele quem tem acesso às provas, às questões objetivas e subjetivas que estão envolvidas na situação concreta, podendo aplicar um juízo de valor mais apropriado[105].

O tabelamento legal de indenizações não parece a melhor forma de se encontrar montantes indenizatórios justos. As peculiaridades do caso são de grande importância e uma tabela não leva isso em consideração, ainda que possua intervalos de valores. Segundo Maria Celina Bodin de Moraes, diante da tutela geral estabelecida em nível constitucional, a reparação do dano moral não poderá ser limitada com a imposição de tetos por legislação infraconstitucional que, se já existente, deverá ser considerada não recepcionada e, caso posterior, inconstitucional[106]. No mesmo sentido, Anderson Schreiber esclarece que esse tipo de tabelamento não é apenas o oposto da tendência de proteção integral à pessoa, mas também é inconstitucional: a Constituição Federal assegura a ampla compensação dos danos morais, sem limitações[107].

---

[105] BERNARDO, Wesley de Oliveira Louzada. *Op. cit.*, p. 135-136.
[106] MORAES, Maria Celina Bodin de. Danos à pessoa humana. Uma leitura civil-constitucional dos danos morais. *Op. cit.*, p. 190.
[107] SCHREIBER, Anderson. Arbitramento do dano moral no novo Código Civil. *Op. cit.*, p. 23.

2.4.1.2.2. O 'tabelamento judicial'

Os Tribunais pátrios muito divergem no momento da fixação do *quantum* indenizatório até para situações semelhantes. O STJ tem tentado uniformizar essas decisões, porém, com a apreensão de que os valores sejam muito díspares e com receio do enriquecimento sem causa, a Corte acaba adotando um tabelamento implícito de indenizações.

Em notícia publicada no endereço eletrônico do STJ, de 13.09.2009, o Tribunal veiculou uma tabela em que constam alguns precedentes da Corte sobre casos que geraram dano moral, bem como os valores arbitrados na segunda instância e no STJ[108].

Segue, abaixo, a supramencinada tabela:

Evento	2º grau	STJ	Processo
Recusa em cobrir tratamento médico-hospitalar (sem dano à saúde)	R$ 5 mil	R$ 20 mil	Resp 986947
Recusa em fornecer medicamento (sem dano à saúde)	R$ 100 mil	10 SM	Resp 801181
Cancelamento injustificado de voo	100 SM	R$ 8 mil	Resp 740968
Compra de veículo com defeito de fabricação; problema resolvido dentro da garantia	R$ 15 mil	não há dano	Resp 750735
Inscrição indevida em cadastro de inadimplente	500 SM	R$ 10 mil	Resp 1105974
Revista íntima abusiva	não há dano	50 SM	Resp 856360
Omissão da esposa ao marido sobre a verdadeira paternidade biológica das filhas	R$ 200 mil	mantida	Resp 742137
Morte após cirurgia de amígdalas	R$ 400 mil	R$ 200 mil	Resp 1074251
Paciente em estado vegetativo por erro médico	R$ 360 mil	mantida	Resp 853854
Estupro em prédio público	R$ 52 mil	mantida	Resp 1060856
Publicação de notícia inverídica	R$ 90 mil	R$ 22.500	Resp 401358
Preso erroneamente	não há dano	R$ 100 mil	Resp 872630

---

[108] Disponível em:<http://www.stj.jus.br/portal_stj/publicacao/engine.wsp?tmp.area=398&tmp.texto=93679>. Acesso em: 23.12.13.

Esse tipo de tabelamento também não é aceitável. As particularidades do caso concreto são extremamente relevantes no momento da fixação do *quantum* indenizatório. Pertinente a lição de Wesley de Oliveira Louzada Bernardo, segundo o qual o estabelecimento de critério único para casos-tipo pelo Superior Tribunal de Justiça criaria uma espécie de 'indústria das decisões', com valores reproduzidos em série, que poderiam até mesmo ser definidos por um programa de computador: se o que se busca é a reparação integral, aquela que tutela a dignidade da pessoa humana, completamente inadequada a redução de situações jurídicas existenciais à produção em série de indenizações[109].

Sobre o tema, na VI Jornada de Direito Civil fora aprovado o enunciado nº 550 com o seguinte conteúdo: "A quantificação da reparação por danos extrapatrimoniais não deve estar sujeita a tabelamento ou a valores fixos". A justificativa apresentada para a elaboração do enunciado é bastante esclarecedora[110].

2.4.1.3. Arbitramento judicial

Na lição de Flávia Viveiros de Castro, "o magistrado, esta pessoa comum que exerce profissão invulgar, firma o conteúdo da norma, dialoga com ela,

---

[109] BERNARDO, Wesley de Oliveira Louzada. *Op, cit.*, p. 160-161.
[110] ""Cada caso é um caso". Essa frase, comumente aplicada na medicina para explicar que o que está descrito nos livros pode diferir da aplicação prática, deve ser trazida para o âmbito jurídico, no tocante aos danos morais. Há três anos, o STJ buscou parâmetros para uniformizar os valores dos danos morais com base em jurisprudências e fixou alguns valores, por exemplo, para os casos de morte de filho no parto (250 salários) e paraplegia (600 salários). Da análise desse fato, devemos lembrar que a linha entre a indenização ínfima e o enriquecimento sem causa é muito tênue; entretanto, a análise do caso concreto deve ser sempre priorizada. Caso contrário, corremos o risco de voltar ao tempo da Lei das XII Tábuas, em que um osso quebrado tinha um valor e a violência moral, outro. Quando um julgador posiciona-se acerca de um dano moral, deve atentar para alguns pontos, entre os quais a gravidade do fato, a extensão do dano, a posição social e profissional do ofendido, a condição financeira do agressor e do agredido, baseando-se nos princípios da razoabilidade, equidade e proporcionalidade, além da teoria do desestímulo. Dessa forma, a chance de resultados finais serem idênticos é praticamente nula. O juiz não pode eximir-se do seu dever de analisar, calcular e arbitrar a indenização dentro daquilo que é pretendido entre as partes. Assim, considerando o que temos exposto, conclui-se que não deve existir limitação prévia de valores, sob o risco de fomentarmos a diabólica indústria do dano moral". Disponível em: <http://www.cjf.jus.br/cjf/CEJ-Coedi/jornadas-cej/enunciados-aprovados-da-i-iii-iv-e-v-jornada-de-direito-civil/jornadas-de-direito-civil-enunciados aprovados>. Acesso em: 10.12.13.

muitas vezes movido, como na hipótese dos danos morais, pela existência de lacunas que o legislador deliberadamente deixou"[111].

Sérgio Cavalieri Filho esclarece: não há outro meio mais eficiente para se fixar o dano moral a não ser pelo arbitramento judicial[112]. Induvidoso, porém, que o juiz deve se pautar por alguns critérios. Pertinente a lição de Humberto Theodoro Júnior, segundo o qual cabe ao prudente arbítrio do juiz e à força criativa da doutrina e jurisprudência, a instituição de parâmetros e critérios a fim de evitar que o ressarcimento seja expressão do puro arbítrio[113].

Como elucida Anderson Schreiber, diante da falta de critérios no Código Civil, doutrina e jurisprudência, baseadas em antigas leis especiais como o Código Brasileiro de Telecomunicações (Lei 4.117/62) e a Lei de Imprensa (Lei 5.250/67) empregam alguns critérios para arbitrar a indenização por danos morais, entre eles: a gravidade do dano, o grau de culpa do ofensor, a capacidade econômica da vítima e do ofensor[114].

A partir de agora serão tratados individualmente esses e outros critérios, os mais citados na doutrina e utilizados pela jurisprudência, que devem orientar o julgador na fixação do montante indenizatório a título de danos morais.

2.4.1.3.1. A extensão/gravidade do dano

O *quantum* indenizatório deve ser proporcional à extensão do dano experimentado, em conformidade com o que dita o artigo 944 do Código Civil[115]. Sérgio Cavalieri Filho esclarece que a indenização deve ser suficiente para reparar o dano, o mais completamente possível, e nada mais. O juiz deve ter em mente que a indenização por dano moral não deve ser fonte de lucro, qualquer quantia que ultrapasse a extensão do dano importaria em enriquecimento sem causa, causando novo dano[116].

Wesley de Oliveira Louzada Bernardo observa que não se busca uma equivalência exata entre dano e valor da indenização, mas compensar lesões

---

[111] CASTRO, Flávia Viveiros de. Danos à pessoa nas relações de consumo. Uma abordagem civil constitucional. Rio de Janeiro: Lumen Juris, 2006, p. 139.
[112] CAVALIERI FILHO, Sérgio. Programa de responsabilidade civil. 5ª ed. *Op. cit.*, p. 106.
[113] THEODORO JÚNIOR, Humberto. *Op. cit.*, p. 41.
[114] SCHREIBER, Anderson. Arbitramento do dano moral no novo Código Civil. *Op. cit.*, p. 10.
[115] Art. 944: "A indenização mede-se pela extensão do dano".
[116] CAVALIERI FILHO, Sérgio. Programa de responsabilidade civil. 5ª ed. *Op. cit.*, p. 108.

a bens não economicamente mensuráveis, assim, a equivalência absoluta, será uma quimera. O autor menciona alguns aspectos para se estabelecer a extensão dos danos. O primeiro deles é o aspecto da dignidade humana atingida, a gravidade da lesão. Evidente, por exemplo, que a extensão do dano de uma vítima de estupro (lesão à liberdade sexual) é maior que a da vítima de um título indevidamente protestado (lesão à honra). Um segundo aspecto que deverá ser levado em conta, de acordo com o jurista, é a dimensão temporal, ou seja, o período de tempo ao qual fora exposta a vítima do dano. Se este é definitivo, por exemplo, deve ser reparado de forma mais abrangente que um dano passageiro ou sujeito à correção[117]. Nesse mesmo sentido, esclarece Antônio Jeová Santos que a permanência da lesão no ofendido ou sua efemeridade deve guiar o julgador, porque se a lesão for permanente, o dano é mais intenso[118]. Por fim, Wesley de Oliveira Louzada Bernardo cita, como aspecto a ser levado em consideração para medir a extensão do dano, a repercussão dos fatos danosos e exemplifica: a ofensa irrogada em ambiente familiar repercutirá muito menos que aquela realizada em rede de televisão, de âmbito nacional[119].

2.4.1.3.2. O grau de culpa

Rubens Granja aponta para a necessidade de se avaliar o grau de culpa do agente na quantificação do dano. Segundo ele, a avaliação da culpa pode possuir dois papéis distintos, quais sejam: reduzir equitativamente o valor da indenização ou majorá-lo, atuando com caráter pedagógico. Em todos os casos, a análise da culpa é realizada no caso concreto[120].

O parágrafo único do artigo 944 do Código Civil permite que, se houver excessiva desproporção entre a gravidade da culpa e o dano, poderá o juiz reduzir, equitativamente, a indenização[121]. De acordo com Rubens

---

[117] BERNARDO, Wesley de Oliveira Louzada. *Op. cit.*, p. 165-168.
[118] SANTOS, Antônio Jeová. O dano moral na internet. São Paulo: Método, 2001, p. 272.
[119] BERNARDO, Wesley de Oliveira Louzada. *Op. cit.*, p. 165-168.
[120] GRANJA, Rubens. A culpa como critério para quantificação do dano. Dissertação de mestrado. Faculdade de Direito da Universidade de São Paulo, 2013, p. 42.
[121] O artigo em questão foi objeto do enunciado nº 46 da I Jornada de Direito Civil: "Art. 944: A possibilidade de redução do montante da indenização em face do grau de culpa do agente, estabelecida no parágrafo único do art. 944 do novo Código Civil, deve ser interpretada restritivamente, por representar uma exceção ao princípio da reparação integral do dano, não se aplicando às hipóteses de responsabilidade objetiva".

Granja, não basta a desproporcionalidade entre dano e culpa, a situação deve indicar uma necessidade de aplicação do juízo de equidade a ponto de se minimizar um dos princípios basilares da responsabilidade civil que é o princípio da reparação integral[122].

Sérgio Cavalieri Filho esclarece que o supramencionado dispositivo transfere para o juiz uma grande responsabilidade; o julgador, nesses casos, deverá se valer do bom senso, da razoabilidade para que não deixe desamparada a vítima, mas também não leve à insolvência o ofensor[123].

A culpa vem perdendo lugar como pressuposto da responsabilidade civil diante do papel de destaque assumido pela responsabilidade objetiva no ordenamento jurídico (movimento de objetivação da responsabilidade civil nos séculos XIX e XX). Porém, o instituto é, sem dúvida alguma, instrumento relevante que pode, inclusive, ser critério para quantificação do montante indenizatório. Isso não significa o regresso da culpa aos requisitos configuradores da responsabilidade civil, mas utilizar o instituto como critério no momento da fixação da indenização, uma vez estabelecido o dever de indenizar objetiva ou subjetivamente. A função preventiva do direito é privilegiada quando se utiliza a culpa do ofensor como critério de quantificação do dano.

A questão não é pacífica e vozes se levantam contra a utilização de tal critério para arbitramento da indenização por danos morais. Uma delas é a de Anderson Schreiber que sustenta: "o dano moral sofrido pela vítima permanece idêntico, independentemente de ter sido causado com culpa leve, culpa grave ou dolo"[124].

2.4.1.3.3. Condições socioeconômicas do ofensor e da vítima

Américo Luís Martins da Silva aponta para a necessidade de se analisar a realidade econômica do ofensor no momento da fixação da montante indenizatório. Segundo o autor, esse elemento é fundamental e deve ser o primeiro que se deve tomar por base para a aferição do *quantum*. O autor aponta que o julgador deve visar a eficácia no cumprimento da condenação, não devendo condenar o ofensor em verbas acima de sua capacidade de pagamento já que, caso assim o faça, fatalmente não haverá cumpri-

---

[122] GRANJA, Rubens. *Op. cit.*, p. 45.
[123] CAVALIERI FILHO, Sérgio. Programa de responsabilidade civil. 5ª ed. *Op. cit.*, p. 125.
[124] SCHREIBER, Anderson. Arbitramento do dano moral no novo Código Civil. *Op. cit.*, p. 12.

mento da obrigação: o ofendido fica sem receber e o Poder Judiciário desmoralizado[125].

Quanto à análise da condição socioeconômica da vítima, a matéria é controvertida. Paulo de Tarso Vieira Sanseverino, por exemplo, defende que tal avaliação deve ser feita com cautela para que se evite discriminação socioeconômica ensejando que pessoas atingidas pelo mesmo evento danoso recebam indenizações diferentes com base nesse fundamento[126]. Para Anderson Schreiber, a repercussão da lesão à personalidade de uma pessoa não pode ser considerada menor, por mais reduzida que seja sua capacidade econômica. Para o autor, é grave a violação resultante de tal critério ao princípio da isonomia, previsto na Constituição Federal, em seu artigo 5º[127]. No mesmo sentido, Wesley de Oliveira Louzada Bernardo esclarece: considerado o dano moral como lesão à dignidade da pessoa humana, diferenciar vítimas em razão de suas condições econômicas seria o mesmo que reconhecer maior dignidade aos mais abastados e menor aos menos[128].

Na jurisprudência, a condição econômica da vítima ainda é, em regra, citada como critério de quantificação do dano[129], com algumas decisões repudiando tal método[130].

---

[125] SILVA, Américo Luís da. *Op. cit.*, p. 386-387.
[126] SANSEVERINO, Paulo de Tarso Vieira. *Op. cit.*, p. 285.
[127] SCHREIBER, Anderson. Arbitramento do dano moral no novo Código Civil. *Op. cit.*, p. 12.
[128] BERNARDO, Wesley de Oliveira Louzada.*Op. cit.*, p.183.
[129] A exemplo dos seguintes julgados do Tribunal de Justiça de São Paulo:
– "Ação de indenização por danos materiais e morais. Responsabilidade da requerida comprovada. Ataque de cão da raça "pitbull". Desídia da dona. Nexo de causalidade evidenciado. Indenização devida, mas reduzida ante a condição econômica da vítima e gravidade do dano. Recurso parcialmente provido" (TJ-SP, Apel. 0001871-43.2009.8.26.0457, relator Desembargador Caetano Lagrasta, j. 06.02.2013);e,
– "Protesto. Cheque. Realização após o prazo de prescrição. Impossibilidade. Danos morais que não exigem a prova de sua ocorrência, bastando a conduta indevida de levar indevidamente o título a protesto. Condenação mantida no montante fixado pela r. sentença em valor equivalente a R$ 500,00 (quinhentos reais), conforme dispôs a r. sentença, por ser valor que não representa enriquecimento sem causa à autora e nem sanção inócua ao réu, além de levar em consideração o grau da lesão sofrida e a condição econômica da vítima. Recurso da autora e do réu não providos" (TJ-SP, Apel. 0004360-77.2010.8.26.0664, relator Desembargador Tersio Negrato, j. 28.01.2011).
[130] "Responsabilidade civil. Acidente de trânsito. Atropelamento e morte de menor por veículo de transporte coletivo. Dano moral. Quantificação. Condição econômica da vítima e de sua família. Fator irrelevante. Descabida, preconceituosa e discriminatória a tese de que a

2.4.1.3.4. Equidade, razoabilidade e proporcionalidade

De acordo com Paulo de Tarso Vieira Sanseverino, no Brasil, embora não se tenha uma norma geral para o arbitramento de indenização por dano extrapatrimonial, tem-se a regra específica do artigo 953, parágrafo único, do Código Civil, a qual estabelece que, nos casos de indenização por injúria, difamação ou calúnia, se o ofendido não puder provar prejuízo material, caberá ao juiz fixar, equitativamente, o valor da indenização. Na falta de norma expressa, o jurista defende a aplicação, por analogia, de tal regra às demais hipóteses de prejuízos imateriais (art. 4º da Lei de Introdução às Normas do Direito Brasileiro). Para o autor, o melhor critério para quantificação da indenização por danos morais é o arbitramento pelo juiz, de forma equitativa, com fundamento no postulado da razoabilidade[131].

Para Sérgio Cavalieri Filho razoável é aquilo que é sensato, comedido, moderado. A razoabilidade é o critério que permite cotejar meios e fins, causas e consequências, de modo a aferir a lógica da decisão. O autor esclarece que para que uma decisão seja razoável necessário que a conclusão nela estabelecida seja adequada aos motivos que a determinaram, que os meios escolhidos sejam compatíveis com os fins visados[132].

No país, ainda não há um posicionamento unânime acerca da correta definição, delimitação e aplicação dos princípios da razoabilidade e da proporcionalidade. Muitos doutrinadores defendem a tese de que se tratam de meros sinônimos, outros apontam diferenças.

Segundo Eros Grau: "(...) nada há de novo, repito, na proporcionalidade e na razoabilidade, postulados que desde há muito, e independentemente da formulação dessas duas noções, vem o poder Judiciário exercitando na interpretação/aplicação do Direito. Antes os denominavam simplesmente de equidade (...)"[133].

---

verba indenizatória do dano moral deve guardar proporcionalidade ou correspondência com o padrão de vida ou a condição econômica da vítima e de sua família. Encampá-la importaria no absurdo de admitir que a morte de um filho causa lesão anímica mais aguda numa família abastada do que em sua congênere pobre" (TJ-SC, Apel. 2004.029709-0, relator Desembargador Newton Janke, j. 21.02.2008).

[131] SANSEVERINO, Paulo de Tarso Vieira. *Op. cit.*, p. 280-281.
[132] CAVALIERI FILHO, Sérgio. Programa de responsabilidade civil. 5ª ed. *Op. cit.*, p. 108.
[133] GRAU, Eros Roberto. Equidade, razoabilidade, proporcionalidade. Revista do Advogado, nº 78, set. 2004 *apud* CASTRO, Flávia Viveiros de. *Op. cit.*, p. 152.

De fato, independentemente da discussão acerca da natureza jurídica da equidade, da razoabilidade e da proporcionalidade (se princípios, postulados ou regras de direito), parece serem conceitos que, se não sinônimos, se misturam.

Para alguns autores, porém, há distinção clara entre o princípio da razoabilidade e o da proporcionalidade. O primeiro teria origem constitucional e o segundo surge no Direito Administrativo. O primeiro está relacionado à questão da transparência da decisão, representando uma limitação ao arbítrio do juiz e o segundo diz respeito à proibição de excesso e vinculação à adequação dos fins aos meios[134].

Luis Virgilio Afonso da Silva é um desses doutrinadores. Para o jurista: "a regra da proporcionalidade no controle das leis restritivas de direitos fundamentais surgiu por desenvolvimento jurisprudencial do Tribunal Constitucional alemão e não é uma simples pauta que, vagamente, sugere que os atos estatais devem ser razoáveis, nem uma simples análise da relação meio-fim. Na forma desenvolvida pela jurisprudência constitucional alemã, tem ela uma estrutura racionalmente definida, com sub-elementos independentes – a análise da adequação, da necessidade e da proporcionalidade em sentido estrito – que são aplicados em uma ordem pré-definida, e que conferem à regra da proporcionalidade a individualidade que a diferencia, claramente, da mera exigência de razoabilidade"[135].

Não se trata de questão pacífica e, na maioria das decisões, os princípios da razoabilidade e proporcionalidade vêm associados, norteando o arbitramento da indenização por danos morais.

Esses foram os critérios mais citados pela doutrina. Não são os únicos. Muitos autores oferecem seus próprios métodos para quantificação do dano moral, alguns novos, outros apenas com denominação diversa da já apresentada, mas com o mesmo conteúdo de significado. Passa-se à abordagem de alguns desses autores e de suas posições acerca dos métodos de quantificação do dano moral.

---

[134] CASTRO, Flávia Viveiros de. *Op. cit.*, p. 155.
[135] SILVA, Luis Virgilio Afonso da. O proporcional e o razoável. Revista dos Tribunais, nº 798, abr. 2002, p. 30.

2.4.1.3.5. Outros critérios oferecidos pela doutrina para quantificação do dano moral

Antônio Jeová Santos oferece algumas bases para que se evite a estimação arbitrária dos danos morais. São elas: não aceitar indenização simbólica; evitar o enriquecimento injusto; evitar a porcentagem do dano patrimonial; não atender apenas ao mero prudente arbítrio do juiz; observar a gravidade do caso; verificação das peculiaridades do caso visando tanto a vítima como seu ofensor (se houve dolo ou culpa do agente causador do dano, a situação econômica e social da vítima e do ofensor, entre outras características do caso); harmonização da indenização em casos semelhantes; atender aos prazeres compensatórios[136].

Paulo de Tarso Vieira Sanseverino, por sua vez, defende que as principais circunstâncias que devem ser consideradas na valoração do dano são: a gravidade do fato em si e as consequências para a vítima; a intensidade do dolo ou o grau de culpa do agente; eventual participação culposa do ofendido; a condição econômica do ofensor; as condições pessoais da vítima (posição política, social e econômica)[137]. Interessante a referência feita pelo autor à participação culposa da vítima como critério de quantificação do dano moral: verificada a culpa concorrente do ofendido, incide o artigo 945 do CC[138], reduzindo o montante da indenização, uma vez que a própria vítima colaborou para o agravamento da lesão extrapatrimonial que sofreu[139].

Segundo Maria Celina Bodin de Moraes, adotando o conceito de dignidade da pessoa como fundamento do dano moral, ficam desde logo excluídos os critérios que tenham como parâmetro as condições econômicas ou nível social da vítima, pois fatores patrimoniais não se coadunam com a noção de dignidade, essencialmente extrapatrimonial. A autora defende que, para que haja uma verdadeira reparação dos danos morais causados, as condições pessoais da vítima que revelem aspectos do seu patrimônio moral é que devem ser priorizadas no momento da fixação do montante indenizatório, devendo ser cuidadosamente sopesadas. Essa perspectiva

---

[136] SANTOS, Antônio Jeová. O dano moral na internet. *Op. cit.*, p. 276-280.
[137] SANSEVERINO, Paulo de Tarso Vieira. *Op. cit.*, p. 283.
[138] Art. 945: "Se a vítima tiver concorrido culposamente para o evento danoso, a sua indenização será fixada tendo-se em conta a gravidade de sua culpa em confronto com a do autor do dano".
[139] SANSEVERINO, Paulo de Tarso Vieira. *Op. cit.*, p. 285.

considera ao máximo as singularidades do ofendido, permitindo o ressarcimento mais justo e adequado do dano. A jurista, por fim, exemplifica: no caso de o dano ser causado ao ouvido de um mergulhador ou ao dedo de um pianista a compensação deverá ser maior[140].

Ademir Buitoni reconhece a reparabilidade do dano moral, mas defende que essa reparação seja feita, não através de dinheiro, mas, quando possível, por meios não pecuniários. Nesses casos, não haveria que se falar em quantificação dos danos morais, reconhecendo-se que os danos morais devem ser ressarcidos por meios morais. O autor fundamenta seu posicionamento com exemplos: se uma pessoa fica traumatizada em parque de diversões por não ter sido informada de brincadeira assustadora, o autor do dano deve proporcionar um tratamento psicológico à vítima; se alguém sofre danos morais pela veiculação de notícia inverídica em meio de comunicação, o ofensor deve oferecer retratação na mídia, se tem um título indevidamente protestado, o erro deve ser informado ao público, ao mercado e assim por diante. Por derradeiro, conclui sustentando que o uso de meios morais para reparar danos extrapatrimoniais é a forma mais equitativa de resolver a questão, eliminando a imoral conversão da moral em dinheiro[141].

2.5. As funções do dano moral

A reparação por dano moral, como mencionado, não tem a função de refazer o patrimônio da vítima, mas de conferir àquele que sofreu um dano dessa natureza, uma satisfação que lhe é de direito, atenuando os efeitos da lesão sofrida[142]. Para parte dos autores, a indenização por dano moral não tem, porém, apenas esse caráter compensatório, mas também tem uma função preventiva e de caráter pedagógico, buscando evitar que novas condutas danosas se repitam. Os agentes causadores do dano devem se sentir desestimulados e desencorajados a perpetrarem novas condutas atentatórias a direitos alheios.

---

[140] MORAES, Maria Celina Bodin de. Dano moral: conceito, função, valoração. Revista Forense, vol. 413, jan.-jun. 2011, p. 376-377.
[141] BUITONI, Ademir. Reparar os danos morais pelos meios morais. Revista de Direito Privado, nº 16, out.-dez. 2003, p. 44-45.
[142] REIS, Clayton. Dano moral, 5ª ed. Rio de Janeiro: Forense, 2010, p. 162.

Os diversos Tribunais do país, não raro, consagram esse critério na fixação do valor a ser compensado[143]. E o STJ tem reafirmado em seus julgados a função punitiva das indenizações por dano moral[144].

Paulo de Tarso Vieira Sanseverino explica as funções da indenização por prejuízos extrapatrimoniais. Segundo o autor, a primeira é a satisfatória, também chamada de ressarcitória ou compensatória. Ele explica que, apesar de os danos morais não possuírem dimensão patrimonial, a sua indenização ainda possui essa primordial função, reparadora, compensatória[145]. O autor menciona, ainda, a função punitiva e preventiva do dano moral[146].

Sobre o tema, Antônio Jeová dos Santos ensina que a indenização por dano moral possui caráter ressarcitório, mas deve servir, também, como sanção exemplar. Segundo o jurista, a verba indenizatória, quando fixada, deve levar em consideração a gravidade do dano, mas também deve servir para que o agente se evada de novas práticas danosas, novas indenizações. Conjuga-se a teoria da sanção exemplar a do caráter ressarcitório, no momento da fixação do montante indenizatório[147].

---

[143] "Responsabilidade Civil. Dano moral. Negativação indevida em órgãos de proteção ao crédito. Ação procedente. Atraso nos pagamentos não comprovados – Razoabilidade do valor indenitário fixado, como fator de desestímulo. Recurso improvido" (TJ-SP, Apel.158.587-4/0-00, relator Desembargador Luiz Ambra, j. 18.05.2006). Nesse acórdão o Desembargador remete-se à sentença proferida em primeira instância ao afirmar que "o dano moral deve englobar valor de desestímulo, ou de inibição, para que se abstenha o lesante de novas práticas do gênero, servindo a condenação como aviso à sociedade; assim se oferecendo uma como que satisfação à sociedade, a lhe mostrar que certos comportamentos, porque contrários a ditames morais, recebem a repulsa do direito". Nesse mesmo sentido: "Dano Moral. Reparação. A indenização por dano moral deve reparar (ou compensar, conforme seja o ponto de vista) o sofrimento padecido pela vítima e, ao mesmo tempo, desestimular a prática do ofensor, devendo o Juiz estabelecê-lo com critérios de proporcionalidade e razoabilidade, sem deixar de atender a esses objetivos, todavia evitando o enriquecimento sem causa do ofendido, ou provocando injusto desfalque do patrimônio do ofensor" (TJ-SP, Apel. 994.01.025934-1, relator Desembargador João Carlos Saletti, j. 05.10.2010).

[144] "Administrativo. Responsabilidade Civil. Dano Moral. Valor da indenização. O valor do dano moral tem sido enfrentado no STJ com o escopo de atender a sua dupla função: reparar o dano buscando minimizar a dor da vítima e punir o ofensor, para que não volte a reincidir" (STJ, REsp. 604.801, relatora Ministra Eliana Calmon, j. 23.03.2004).

[145] SANSEVERINO, Paulo de Tarso Vieira. *Op.cit.*, p. 271.

[146] *Ibidem*, p. 272-275.

[147] SANTOS, Antônio Jeová. Dano moral indenizável. São Paulo: Lejus, 1997, p. 58.

Segundo Anderson Schreiber, a defesa da função punitiva da indenização por danos morais no Brasil tem como objetivo subjacente majorar os montantes indenizatórios que, normalmente, em casos graves, são insuficientes para compensar a lesão sofrida. Para o autor, porém, as baixas indenizações derivam da desatenção dos Tribunais pátrios com a efetiva repercussão do dano sobre a vítima. O jurista defende que a ampla tutela da vítima em seus aspectos existenciais já aumentaria o valor das indenizações, afastando a necessidade de se socorrer aos *punitive damages*, instituto que, para ele, causa mais problemas que soluções[148].

Paulo de Tarso Sanseverino menciona que o aspecto preventivo da indenização por danos morais está intimamente ligado à função punitiva ou sancionatória. O autor explica que essa função tem aparecido especialmente para que as grandes empresas adotem medidas de prevenção, evitando que novos danos dessa natureza sejam causados[149].

2.5.1. *Punitive damages*: função do dano moral, indenização independente, ou ambas? Utilização como ferramenta de prevenção de danos, hipóteses de configuração e destinação da verba arbitrada a título de indenização punitiva

Conforme mencionado no item anterior, boa parte da doutrina entende que a indenização por danos morais possui uma função compensatória e outra preventiva, com caráter pedagógico/punitivo.

É importante esclarecer, porém, que diversos autores se posicionam no sentido de serem, indenização por dano moral e indenização punitiva, institutos independentes. A indenização por danos morais volta-se para a vítima buscando compensá-la dos danos sofridos, já a punitiva é focada na figura do ofensor, buscando puni-lo e dissuadi-lo de repetir práticas reprováveis.

No STJ, permanece, ainda, a noção de que é a indenização por danos morais que deve ser pautada pelo binômio compensação/dissuasão. A Corte fornece ao instituto do dano moral, um conceito elástico, com dúplice função.

Parece, porém, que são diferentes, função punitiva do dano moral e indenização punitiva. Na verdade, o entendimento mais correto aparenta

---

[148] SCHREIBER, Anderson. Arbitramento do dano moral no novo Código Civil. *Op. cit.*, p. 21.
[149] SANSEVERINO, Paulo de Tarso Vieira. *Op. cit.*, p. 272-275.

ser o de que a indenização por dano moral possui, de fato, uma função dúplice, função esta que é própria da responsabilidade civil, qual seja: a de compensar o dano sofrido e a de prevenir que outros ocorram. Ao ter que pagar qualquer indenização, o ofensor fica desestimulado a reiterar práticas lesivas. Porém, nem sempre a indenização por danos materiais e morais é suficiente, já que esse montante apenas repara/compensa os danos causados. Então, o arbitramento de valor a título de indenização punitiva, verba independente daquela destinada à reparação do dano, se faz necessário diante da dimensão que pode atingir o dano, inclusive social.

Quanto à indenização punitiva, existem os defensores e aqueles avessos à sua adoção no ordenamento jurídico brasileiro. Diogo Naves Mendonça esclarece que, adotando-se perspectiva funcional da responsabilidade civil, a indenização punitiva representa uma importante ferramenta. Ainda que considerada após a ocorrência dos fatos, essa ferramenta influencia variáveis anteriores a eles. Ou seja, as indenizações extraordinárias são excelentes instrumentos para redução dos eventos danosos[150]. Ocorre que, como explica o autor, o que seria uma excelente ferramenta, acaba exercendo papel de um expediente ordinariamente invocado, sem sistematicidade e que sequer tem repercussão nos montantes indenizatórios[151].

Maria Celina Bodin de Moraes, por sua vez, defende a não admissibilidade genérica da indenização com caráter punitivo. As principais razões levantadas pela autora são: evitar a chamada loteria forense, impedir ou diminuir a insegurança e a imprevisibilidade das decisões judiciais, inibir a tendência da mercantilização das relações existenciais[152]. A autora, porém, admite uma figura semelhante ao dano punitivo, com caráter de exemplaridade, quando for necessário dar uma resposta à sociedade diante de uma conduta particularmente ultrajante, insultuosa, ou para situações potencialmente causadoras de danos a uma grande quantidade de pessoas, mas adverte: é necessário que o legislador delineie as extremas do instituto, estabelecendo as garantias processuais respectivas, já que se trata de um juízo de punição[153].

---

[150] MENDONÇA, Diogo Naves. *Op. cit.*, p. 110-111.
[151] *Ibidem*, p. 108-109.
[152] MORAES, Maria Celina Bodin de. Danos à pessoa humana. Uma leitura civil-constitucional dos danos morais. *Op. cit.*, p. 328.
[153] *Ibidem*, p. 263.

Comunga-se com o entendimento externado por Diogo Naves Mendonça segundo o qual a responsabilidade civil deve servir de instrumento para a consecução de fins socialmente desejáveis e, partindo dessa premissa, indenizações extraordinárias e mesmo subordinárias são recomendáveis. O autor explica que é comum a responsabilidade civil vir atrelada à ideia de retorno do ofendido ao *status quo ante*, porém, a quantificação da indenização deve fazer com que não apenas a vítima retorne ao estado anterior, mas também o ofensor. Nesse contexto, as indenizações punitivas são instrumentos que servem para punir condutas lesivas através da retirada de qualquer benefício que o lesante objetivava obter com sua ação[154]. São os chamados ilícitos lucrativos: com a conduta ilícita, os lucros auferidos são superiores aos prejuízos que eventualmente o ofensor terá que ressarcir. Daniel de Andrade Levy explica: o ofensor, ciente da concepção tradicional da responsabilidade civil baseada no princípio da reparação integral, se sente livre para calcular o custo da eventual indenização e usá-lo como variável da equação que, ao final, resultará em lucro[155]. As indenizações com cunho punitivo, quando bem aplicadas, desestimulam o uso da racionalidade econômica para violação do direito, equilibrando a fórmula utilizada pelo ofensor quando opta pela lesão, por ela ser lucrativa[156].

O autor chama atenção, ainda, para outras situações em que as indenizações punitivas tem sua utilidade reforçada: nas microlesões, nos danos coletivos de excepcional gravidade e nos ilícitos cometidos com dolo ou culpa grave. Quanto às microlesões, estas representam comportamentos que, analisados isoladamente, possuem um grau de ilicitude brando a ponto de desestimular a vítima a tomar alguma medida judicial. Enxergando além da relação linear entre ofensor e ofendido, essas condutas, reiteradas, podem atingir um número expressivo de pessoas que acabam não acionando o Judiciário[157]: práticas do tipo devem ser desestimuladas e as indenizações

---

[154] MENDONÇA, Diogo Naves. Análise Econômica da Responsabilidade Civil. Entrevista para Carta Forense. Disponível em: <http://www.cartaforense.com.br/conteudo/entrevistas/analise-economica-da-responsabilidade-civil/11269>. Acesso em: 20.10.2013.
[155] LEVY, Daniel de Andrade. *Op. cit.*, p. 215.
[156] Daniel de Andrade Levy esclarece que, ou se amplia o conceito de restituição integral, abrangendo o lucro obtido pelo agente de forma ilícita, ou se estabelece uma indenização punitiva que utilizará como critério para quantificação o lucro auferido. *Ibidem*, p. 217.
[157] *Ibidem*, p. 210-215. O autor cita o exemplo do péssimo atendimento prestado por operadoras de telefonia quando o cliente tenta cancelar algum tipo de produto/serviço. Analisada

concedidas teriam caráter punitivo. Com relação aos danos coletivos de excepcional gravidade, esclarece o autor, que são, em sua maioria, casos de danos ao meio ambiente e à saúde, em que a mera reparação de cada uma das vítimas não é suficiente diante da dimensão maior que atinge o dano, com um aspecto social marcante[158]. Por fim, Daniel Levy esclarece que algumas situações não se enquadram nos ilícitos lucrativos, microlesões, nem danos coletivos, mas podem gerar indenização punitiva: nos casos comuns de responsabilidade civil, nas relações entre autor e vítima, desde que configurado dolo ou culpa grave do ofensor[159].

No debate envolvendo a indenização punitiva, outra questão relevante é a que diz respeito à destinação da verba eventualmente deferida. Na doutrina existe quem defenda que o montante arbitrado a título de indenização punitiva deve ser destinado à própria vítima, outros advogam pela destinação aos fundos ou associações que trabalhem com lesões relacionadas à demanda. Existem, ainda, aqueles que sustentam que o melhor destino dessa verba seria a divisão entre ofendido e fundos ou associações.

Entre os adeptos da primeira corrente pode-se citar Edgardo López Herrera[160] e, da segunda, Maria Celina Bodin de Moraes[161]. Daniel Levy, adepto da terceira corrente, advoga pela repartição do montante sancionatório entre autor da demanda e Tesouro Público, não de forma genérica, mas aos fundos públicos que poderão garantir as reparações das vítimas e, na sua ausência, às associações dos direitos lesados[162].

No mesmo sentido, Rubens Granja esclarece que um sistema misto, em que a verba é dividida entre vítima e fundos ou associações é o mais adequado pois, ao mesmo tempo, garante uma imposição de sanção ao causador do dano, remunera a vítima que atua como defensor de um interesse

---

de maneira isolada, essa conduta dificilmente fará com que o consumidor venha acionar o Judiciário, mas, como se sabe, essa é uma prática comum, lesando milhões de consumidores. Trata-se de um dano coletivo: cabe aos órgãos de defesa do consumidor, associações, Ministério Público e Defensorias pleitearem indenizações que terão, necessariamente, caráter punitivo.

[158] *Ibidem*, p. 224.
[159] *Ibidem*, p. 226.
[160] Edgardo López Herrera. Los daños punitivos. 1ª ed. Buenos Aires: Abeledo Perrot, 2008, p. 310.
[161] Moraes, Maria Celina Bodin. Danos à pessoa humana. Uma leitura civil-constitucional dos danos morais. *Op. cit.*, p. 263.
[162] Levy, Daniel de Andrade. *Op. cit.*, p. 227.

público, destina parte da verba, por meio dos fundos e associações, à sociedade (verdadeira lesada) e ainda evita ganhos exagerados pela vítima[163].

Reconhece-se que faltam, hoje, critérios para a aplicação das chamadas indenizações punitivas e até para a destinação dessa verba, mas não se duvida da utilidade que ela pode ter, afinal, o cenário que o ordenamento jurídico deve buscar não é apenas aquele no qual os danos são reparados, mas sim aquele em que eles sejam, ao máximo, evitados, mesmo porque, a reparação do dano, como citado, nem sempre retira o caráter lucrativo da lesão. O cenário em que essas lesões (microlesões, lesões lucrativas, danos coletivos, entre outras) são evitadas somente será atingido por meio de uma regulação preventiva de condutas ofensivas. A indenização punitiva, como ferramenta independente é, sem dúvida, instrumento de prevenção de danos.

---

[163] GRANJA, Rubens. *Op.cit.*, p. 150.

Capítulo 3
O Dano Moral Contratual

3.1. Responsabilidade civil. Responsabilidade contratual e extracontratual

A responsabilidade civil surge da transgressão de uma norma jurídica preexistente que causa dano a outrem e impõe, ao causador, o dever de indenizar/compensar a lesão gerada. Nada mais é, portanto, que o dever de reparar danos. Segundo René Savatier, responsabilidade civil é a obrigação que incumbe a uma pessoa de reparar os danos causados a terceiros por seu próprio ato ou pelo ato de pessoas ou coisas[164]. Luiz Edson Fachin sintetiza: a responsabilidade civil ambiciona emitir a última palavra acerca dos danos reparáveis ou compensáveis[165].

A responsabilidade comporta diferentes classificações, nesse momento, porém, é pertinente aquela que a qualifica, quanto à sua origem, em responsabilidade contratual e extracontratual.

Na responsabilidade contratual existe, estabelecido entre as partes, um contrato, cuja violação resulta em responsabilidade. Preexistente, portanto, uma relação jurídica que liga as partes, um pacto, com regras esta-

---

[164] SAVATIER, René. Traité de la responsabilité civile en droit français. Tome I. Paris: Librairie Générale de Droit et de Jurisprudence, 1939, p. 1.
[165] FACHIN, Luiz Edson. Contratos e responsabilidade civil: duas funcionalizações e seus traços. Revista dos Tribunais, vol. 903, jan. 2011, p. 37.

belecidas pelos próprios contratantes, criando a expectativa de que o que foi ajustado será adimplido.

São pressupostos da responsabilidade contratual: o contrato válido, seu descumprimento, o dano e o nexo causal. Presentes esses requisitos, está caracterizado o ilícito contratual, que gera o dever de indenizar.

Quando a responsabilidade não deriva do contrato, fala-se que ela é extracontratual[166]. A responsabilidade extracontratual não tem origem no contrato, mas na inobservância do dever genérico de não lesar. Segundo Carlos Roberto Gonçalves, na responsabilidade extracontratual, o agente infringe um dever legal, já na contratual, ele descumpre o que fora ajustado, tornando-se inadimplente, do que surge o dever de indenizar. Ele explica que na responsabilidade extracontratual não existe nenhum vínculo jurídico entre a vítima e o causador do dano quando o ato ilícito é praticado, já na contratual, existe uma convenção prévia que é descumprida[167]. René Savatier explica que a responsabilidade contratual se funda na autonomia das vontades, já a extracontratual é independente[168].

A doutrina, em geral, esclarece que o Código Civil disciplinou as duas espécies de responsabilidade, tratando da responsabilidade extracontratual, nos artigos 186 a 188 e 927 a 954 e, da contratual, nos artigos 389 e seguintes e 395 e seguintes.

Silvio Rodrigues advoga pela manutenção da distinção entre as espécies de responsabilidade, ao menos para efeito didático e de melhor entendimento, mas esclarece que muitos defendem que as duas responsabilidades são de igual natureza e aborda os principais argumentos dos que assim pensam: a responsabilidade se funda na culpa e surge da infração de uma obrigação preexistente, não haveria, portanto, razão para distinguir a responsabilidade que surge da violação de obrigação contratual daquela que deriva da violação de outra fonte; ademais, as chamadas perdas e danos, consequência do descumprimento contratual, não são equivalentes à obrigação descumprida, mas ao prejuízo decorrente da inexecução, assim como na responsabilidade extracontratual[169].

---

[166] GONÇALVES, Carlos Roberto. Direito civil brasileiro. Responsabilidade civil. 5ªed. São Paulo: Saraiva, 2010, p. 44.

[167] *Idem.*

[168] SAVATIER, René. *Op. cit*, p. 141.

[169] RODRIGUES, Silvio. Direito civil. Responsabilidade civil. 19ª ed. São Paulo: Saraiva, 2002, p. 9-10.

Carlos Roberto Gonçalves explica que as codificações modernas tendem a aproximar o tratamento dessas espécies de responsabilidade e cita os Códigos alemão e português que incluíram disposições de caráter geral sobre a obrigação de indenizar, ao lado de regras específicas de cada espécie de responsabilidade[170].

Segundo Paulo Nalin, existe, entre as variantes de responsabilidade, uma unidade genérica e diferenças específicas[171].

As diferenças clássicas citadas pela doutrina dizem respeito ao ônus da prova e capacidade. Quanto ao *onus probandi*, na responsabilidade contratual, o credor tem que provar, apenas, o descumprimento do contrato. Cabe ao devedor o ônus de provar a ocorrência de uma das excludentes de responsabilidade. Na responsabilidade extracontratual, porém, cabe à vítima demonstrar a culpa do causador do dano. Já quanto à capacidade, ela sofre limitações no plano da responsabilidade contratual (art. 180 do CC[172]) e é mais ampla no da responsabilidade extracontratual (art. 928 do CC[173]).

Outras diferenças são citadas, mas o que este estudo pretende esclarecer é se existe diferença entre essas duas variantes de responsabilidade quanto a uma consequência da conduta do agente. Não se duvida que na responsabilidade extracontratual, a conduta do agente pode causar danos de natureza patrimonial e/ou moral, mesmo porque o artigo do Código Civil que trata desse tipo de responsabilidade (art. 186) é claro ao mencionar que comete ato ilícito aquele que causar dano a alguém, ainda que

---

[170] GONÇALVES, Carlos Roberto. Direito civil brasileiro. Responsabilidade civil. *Op. cit.*, p. 46.

[171] NALIN, Paulo. Apontamentos críticos sobre o dano moral contratual. Enfoque a partir da jurisprudência predominante do Superior Tribunal de Justiça. *In*: TEPEDINO, Gustavo; FACHIN, Luiz Edson (Coord.). O direito e o tempo: Embates jurídicos e utopias contemporâneas. Estudos em homenagem ao Professor Ricardo Pereira Lira. São Paulo: Renovar, 2008, p. 922.

[172] O menor que celebra contrato só se responsabilizará se estiver representado ou assistido por seu representante legal, salvo na hipótese do artigo 180 do CC, que dita: "O menor, entre dezesseis e dezoito anos, não pode, para eximir-se de uma obrigação, invocar a sua idade se dolosamente a ocultou quando inquirido pela outra parte, ou se, no ato de obrigar-se, declarou-se maior".

[173] O artigo 928 que trata da responsabilidade extracontratual amplia a responsabilidade dos incapazes, estabelecendo que "o incapaz responde pelos prejuízos que causar, se as pessoas por ele responsáveis não tiverem obrigação de fazê-lo ou não dispuserem de meios suficientes".

exclusivamente moral. O artigo 927, por sua vez, esclarece que o causador do dano deve repará-lo. Não tão evidente é a possibilidade de o ilícito contratual ter como consequência a reparabilidade do dano moral causado.

Quando entre as partes existe um contrato, uma relação jurídica preexistente, presume-se que as consequências do inadimplemento e da mora já estariam reguladas no instrumento contratual. Por isso, encontra-se posicionamento, em especial na jurisprudência, no sentido de que, em regra, o descumprimento contratual não pode embasar pedido de indenização por danos morais. Do mero descumprimento do ajuste não surgiria o dever de indenizar danos imateriais. O presente estudo pretende demonstrar que a formulação de tal regra não é aceitável.

3.2. O dano moral contratual: a posição da doutrina

Contratos são firmados para que sejam cumpridos. Nas palavras de Agostinho Alvim, "as obrigações assumidas devem ser fielmente executadas[174]". Porém, comumente, não o são. As consequências desse descumprimento são apontadas, em regra, como prejuízos de ordem material. No entanto, proliferam-se ações de responsabilidade civil que objetivam a reparação dos danos morais decorrentes da quebra contratual.

A doutrina nacional, em sua maioria, inclina-se pela aceitação da possibilidade de o descumprimento contratual gerar danos de natureza extrapatrimonial. Porém, conforme explica Mauro Ferrandin, apesar de parecer claro não existirem motivos para resistir à ideia de dano moral contratual, a questão não é simples, nem unânime e uma análise do cenário nacional demonstra a instabilidade do instituto[175].

De acordo com Paulo Nalin, "o entendimento mais amplo da doutrina nacional se arrima, substancialmente, na crença de que inexiste razão legal para se proceder à distinção entre culpa contratual e culpa aquiliana e, de igual sorte, não se verificar em nossas fontes positivas exclusão do dano moral contratual, tanto quanto inexiste dispositivo de lei específico favorável à compensação do dano sob enfoque" [176].

---

[174] ALVIM, Agostinho. *Op.cit.*, p. 13.
[175] FERRANDIN, Mauro. Dano moral contratual. Jurisprudência Catarinense, ano XXXII, nº110, 1º trimestre 2006, p.194.
[176] NALIN, Paulo. *Op. cit.*, p. 909.

Essa lacuna legal possibilita a existência de posicionamentos diversos sobre o tema abordado.

Sérgio Cavalieri Filho esclarece que o mero inadimplemento contratual, mora ou prejuízo econômico, não configuram, por si sós, dano moral, porque não agridem a dignidade humana. Segundo o autor, os aborrecimentos decorrentes do não cumprimento contratual ficam subsumidos pelo dano material salvo se os efeitos do inadimplemento ultrapassarem o aborrecimento normalmente decorrente de uma perda patrimonial e repercutirem, também, na esfera da dignidade da vítima [177].

Rodrigo Xavier Leonardo explica que é entendimento comum no direito comparado e, até certo ponto, adotado pela jurisprudência do STJ e dos Estados brasileiros que, em regra, não se indenizam danos extrapatrimoniais provenientes de uma relação contratual, já que o dever de indenizar na responsabilidade contratual estaria estrito àquilo que o credor "efetivamente perdeu" ou "razoavelmente deixou de lucrar" (art. 402 do CC)[178].

Flávia Viveiros de Castro esclarece que na doutrina e jurisprudência estrangeiras a concepção para a reparação de danos, em regra, é diferente, caso tenham eles origem no contrato ou não. O tratamento distinto dado à responsabilidade aquiliana daquele conferido à responsabilidade contratual decorre da ideia de que, na primeira, há uma questão de justiça que impõe ao julgador condenar a parte pelos danos morais causados, já a responsabilidade contratual se funda na ideia de equidade, razão que tornaria facultativo ao julgador condenar ou não à indenização por danos de natureza moral. A autora explica, ainda, que uma segunda corrente entende haver dois níveis diferentes de gravidade, considerando o fato ilícito: o ordenamento jurídico deve oferecer uma resposta mais severa para casos de responsabilidade aquiliana do que aquela que oferece na responsabilidade contratual isso porque, no primeiro caso, viola-se a ordem pública e social e, na segunda hipótese, um interesse privado que é violado. Para a jurista, porém, essa dicotomia parece inadequada à realidade contratual

---

[177] CAVALIERI FILHO, Sérgio. Programa de responsabilidade civil. 8ª ed. São Paulo: Atlas, 2008, p. 84.

[178] LEONARDO, Rodrigo Xavier. Responsabilidade civil contratual e extracontratual: primeiras anotações em face do novo Código Civil brasileiro. Revista de Direito Privado, nº 19, jul.-set. 2004, p. 397-398.

moderna: o fato ilícito, independentemente de sua origem, gera consequências idênticas e merece igual reação do ordenamento jurídico e do aplicador da lei[179].

Na lição do jurista português Rui Soares Pereira, não existem razões para negar a admissibilidade de reparação de danos não patrimoniais derivados do incumprimento das obrigações. Constata-se, segundo o autor, que existem interesses não patrimoniais relevantes em diversos vínculos obrigacionais[180].

Segundo Sidney Hartung Buarque, a ideia de dano moral nos contratos se baseia no constrangimento, abalo emocional e insegurança gerados por aquele que se comprometeu a adimplir determinada prestação de cunho econômico, mas quedou-se inerte, abalando a outra parte contratante não apenas no campo patrimonial, mas atingindo também a sua personalidade[181]. Para o jurista, porém, o inadimplemento em si não enseja indenização por dano moral. Ele entende que o dano moral decorre da frustração pelo inadimplemento e não do próprio inadimplemento e defende uma análise casuística para se verificar a possibilidade ou não de se conferir danos morais decorrentes da quebra de contrato[182].

Já Ricardo Luis Lorenzetti traz diferentes critérios para a verificação do dano moral nos contratos. Segundo o autor, se o fato gerador do dano moral é o descumprimento contratual, tem-se entendido que não há reparação do dano moral, pois se trata de um risco habitual de qualquer contingência negocial. Já se for um descumprimento malicioso, há possibilidade da fixação de danos morais[183].

Rui Stoco explica que a responsabilidade por atos danosos, seja contratual ou extracontratual, é una e tem como consequência o dever de reparar o dano. Segundo o autor é esse dano que se bifurca em dano patrimonial e moral. Ele esclarece que na responsabilidade contratual, em razão do inadimplemento de cláusula ou da avença como um todo, o inadimplente

---

[179] CASTRO, Flávia Viveiros de. *Op. cit.*, p. 92-93.

[180] PEREIRA, Rui Soares. A responsabilidade por danos não patrimoniais do incumprimento das obrigações no direito civil português. Coimbra: Coimbra, 2009, p. 332.

[181] BUARQUE, Sidney Hartung. Da demanda por dano moral na inexecução das obrigações. 2ª ed. Rio de Janeiro: Lumen Juris, 2007, p. 3-4.

[182] *Ibidem*, p. 154.

[183] LORENZETTI, Ricardo Luis. Tratado de los contratos. Parte general. Buenos Aires: Rubinzal-Culzoni, 2004, p 631-632.

será obrigado a reparar o dano patrimonial e, eventualmente, indenizar a parte lesada pelo dano moral causado[184].

No mesmo sentido, Angel Cristóbal Montes, segundo o qual, admitido que na responsabilidade que contrai quem causa dano injusto a outro deve incluir-se o ressarcimento do dano moral causado, não há motivo para que não se faça semelhante extensão à reparabilidade do dano que tenha surgido de incumprimento de uma prévia relação obrigacional[185].

Humberto Theodoro Júnior esclarece que a concessão ou não de indenização por dano moral decorrente do contrato depende do objeto desse ajuste. Se o objeto é puramente patrimonial, o dano que pode advir da quebra contratual deverá ser exclusivamente material, no entanto, caso o contrato tenha prestação que incida sobre pessoa, pode, no caso de descumprimento, acarretar danos que ultrapassam a esfera material[186].

Para André Fernando Reusing Namorato não há como se afastar a responsabilidade por danos morais advindos do não cumprimento do contrato. Segundo o jurista, o inadimplemento contratual pode ocasionar certos danos para os quais as penas patrimoniais não são suficientes[187], posicionamento que vai ao encontro do de Mauro Ferrandin segundo o qual, rompido o contrato, nasce a obrigação de indenizar, porém, ao lado do patrimônio corpóreo, cuja indenização não encontra qualquer resistência, verifica-se o aumento do campo de incidência do ressarcimento pelo prejuízo incorpóreo[188].

Paulo Nalin esclarece que o dano moral, enquanto gênero de danos extrapatrimoniais, poderá ser experimentado pela vítima tanto na responsabilidade de origem contratual como na aquiliana. O jurista entende que o artigo 186 do CC é a grande cláusula geral da responsabilidade civil e que, nesse dispositivo, não se nota qualquer traço distintivo entre respon-

---

[184] STOCO, Rui. Tratado de responsabilidade civil. Doutrina e jurisprudência. 7ª ed. São Paulo: Revista dos Tribunais, 2007, p. 1678-1679.

[185] MONTES, Angel Cristóbal. El daño moral contractual. Revista de Derecho Privado, Madrid, jan.1990, p. 6.

[186] THEODORO JÚNIOR, Humberto. *Op. cit.*, p. 138. O autor dá como exemplo o contrato de fornecimento de bens e serviços de uma festa de casamento.

[187] NAMORATO, André Fernando Reusing. Inadimplemento do contrato e dano moral. *In:* GUILHERME, Luiz Fernando do Vale de Almeida (Org.). Responsabilidade civil. São Palo: Rideel, 2011, p. 18.

[188] FERRANDIN, Mauro. *Op. cit.*, p. 193-194.

sabilidade aquiliana e contratual, inclusive quanto aos danos morais. Em síntese, de acordo com o jurista, não existe diferença entre o dano moral aquiliano e dano moral contratual[189].

Nesse mesmo sentido, esclarece Yussef Said Cahali que, embora ainda exista alguma controvérsia acerca do tema, ela tende a desaparecer com o reconhecimento de que o dano subjetivo se dá tanto na responsabilidade extracontratual como na contratual. Induvidoso que o dano moral apresenta maior constância no âmbito dos ilícitos em geral, mas isso não exclui a possibilidade de sua ocorrência em sede de responsabilidade contratual[190].

Segundo André Gustavo C. de Andrade nenhuma estranheza deve causar a ideia de dano moral associado ao descumprimento do contrato: desde que se constate a lesão a atributo da personalidade não tem relevância a causa remota desse dano[191].

Agostinho Alvim, em 1949, já se posicionava nesse mesmo sentido. Ressalvando sua opinião, na época, de não ser indenizável o dano moral puro em face do direito brasileiro, ele esclarecia parecer sem razão a distinção entre dano oriundo da culpa aquiliana e da culpa extracontratual. Segundo o jurista, ao indenizar-se o dano moral, tanto fazia que a sua procedência fosse a violação de contrato ou culpa extracontratual[192]. Da mesma forma, Wilson Melo da Silva esclarece que o descumprimento de obrigações contratuais pode, perfeitamente, em determinadas circunstâncias, ao mesmo tempo em que causar prejuízos materiais, motivar danos morais indenizáveis, por via da lógica. Segundo o autor, as limitações da reparabilidade do dano moral não têm razão de ser: o dano moral não deixa de sê-lo tal apenas porque provenha dessa ou daquela fonte[193].

3.3. Da extrapatrimonialidade do interesse na execução do contrato
No contexto em que se insere o presente estudo, fundamental é a distinção entre patrimonialidade da prestação e a extrapatrimonialidade do

---

[189] NALIN, Paulo. *Op. cit.*, p. 922-925.
[190] CAHALI, Yussef Said. *Op. cit.*, p. 428.
[191] ANDRADE, André Gustavo C. de. *Op. cit.*, p. 25.
[192] ALVIM, Agostinho. *Op. cit.*, p. 213.
[193] SILVA, Wilson Melo da. O dano moral e sua reparação. 2ª ed. Rio de Janeiro: Forense, 1969, p. 491-492.

interesse do credor ou dos bens afetados feita por Ramón Daniel Pizarro. Embora a prestação tenha conteúdo patrimonial, o interesse do credor nela pode, conforme as circunstâncias, apresentar um caráter extrapatrimonial, porque ligado à sua saúde ou de pessoas de sua família, ao seu lazer, à sua comodidade, ao seu bem-estar, à sua educação, aos seus projetos intelectuais[194].

De fato, o contrato tem caráter patrimonial, mas o interesse do credor não necessariamente é dessa natureza, apenas. Tome-se como exemplo a compra e venda de pacote turístico. Para a empresa que comercializa o produto, ele possui determinado valor e é somente mais um de muitos que a companhia oferece e vende. No entanto, para a família que compra esse pacote, a viagem pode ser um momento único de convivência, de diversão, de descanso. Se esse contrato é frustrado ou o serviço é mal prestado, o dano patrimonial existe e é evidente: o preço do pacote, parece simples restaurar o patrimônio lesado. Porém, essa família sofreu danos que vão além do dano ao patrimônio, são danos subjetivos extrapatrimoniais que persistem apesar da recomposição material. Outros exemplos: o paciente submetido à cirurgia estética; o contratante de serviço de bufê para festa, ou de fotógrafo para uma celebração. Em todos os casos, existe um interesse de natureza extrapatrimonial no cumprimento escorreito do contratado.

Angel Cristóbal Montes também utiliza o interesse do credor para embasar sua posição favorável à possibilidade de danos morais surgirem do descumprimento contratual. Segundo o jurista, apesar de o interesse do credor ser, ordinariamente, patrimonial, pode ser também não patrimonial. Ele explica ser evidente que o descumprimento da relação obrigacional por impossibilidade derivada de causa imputável ao devedor determinará, em todo caso, um dano patrimonial. No entanto, ao mesmo tempo, pode gerar outro dano, moral, derivado do fato de o credor não ter satisfeito esse outro interesse, não patrimonial, que possuía na execução da prestação devida[195].

Luis Ricardo Lorenzetti utiliza a expressão 'interesse de afeição'. Se o contrato possuir um interesse extrapatrimonial, a lesão a este interesse

---

[194] PIZARRO, Ramón Daniel. Daño moral. Prevención. Reparación. Punición. Buenos Aires: Hammurabi, 2000, p. 144
[195] MONTES, Angel Cristóbal. *Op. cit.*, p. 7.

pode dar lugar ao ressarcimento por dano moral[196].Conforme explica Pedro Marcos Nunes Barbosa, alguns negócios jurídicos podem envolver e afetar valores não patrimoniais e essenciais, razão pela qual a tutela poderá variar[197].

O Código Civil italiano traz, em seu artigo 1174 que:

> "La prestazione che forma oggetto dell'obbligazione deve essere suscettibile di valutazione economica e deve corrispondere a un interesse, anche non patrimoniale, del creditore"[198].

Alessio Liberati esclarece que a supracitada norma enfatiza que o interesse que o credor deduz na obrigação pode ser de natureza não patrimonial. Segundo o autor, o contratante pode realizar o negócio para satisfação de interesses não quantificáveis em dinheiro[199].

Em diversos tipos de relação contratual, portanto, pode haver interesse subjacente de natureza não patrimonial, interesse de fundo não econômico[200] que, quando lesado, enseja reparação por danos morais.

3.4. O dano moral por descumprimento do contrato: a perspectiva civil-constitucional e apontamentos conclusivos

Conforme explica Teresa Negreiros, o direito civil passou por uma série de transformações, uma evolução na busca de uma efetiva proteção e de um permanente desenvolvimento da pessoa humana. A tutela da pessoa humana e de sua dignidade se tornou determinante para as inovações do direito civil. E, assim, se apresenta a perspectiva civil-constitucional que vem articular os destroços do direito civil individualista, com base em uma

---

[196] LORENZETTI, Ricardo Luis. Tratado de los contratos. Parte General. *Op. cit.*, p. 631-632.

[197] BARBOSA, Pedro Marcos Nunes. A autonomia negocial nos contratos e impactos de natureza existencial: alguns tópicos polêmicos. Revista da Escola da Magistratura Regional Federal/Escola da Magistratura Regional Federal, Tribunal Regional Federal da 2ª Região. Rio de Janeiro, vol. 14, nº 1, nov. 2010, p. 185.

[198] Tradução livre: "A prestação, objeto da obrigação deve ser suscetível de valorização econômica e deve corresponder a um interesse, incluindo o não patrimonial, do credor".

[199] LIBERATI, Alessio. Il danno non patrimoniale da inadimplemento. Padova: Cedam, 2004, p. 84.

[200] GOMIDE, Eduardo Teixeira; CORTEZ, Luis Francisco Aguilar (Org./ Coord.). Dano moral decorrente do inadimplemento contratual. Violação da boa-fé objetiva e da função social do contrato. Revista de Direito e Legislação, vol. 3, 2005, p. 25.

renovada axiologia, estabelecida pela Constituição a partir da cláusula geral de tutela da dignidade da pessoa humana[201].

De acordo com Lucas Abreu Barroso, a constitucionalização do direito civil é corolário de uma revolução epistemológica nucleada pela esfera existencial que se agregou à civilística, por influência das Constituições democráticas dos Estados sociais avançados[202].

Plínio Melgaré admite a existência de um processo de constitucionalização do direito privado, de um modo geral e, particularmente, do direito civil. Advoga, porém, para além da constitucionalização, alegando que o direito civil passa por uma jus-humanização: esse fenômeno reconhece a pessoa humana como núcleo axiológico do direito[203]. Irradia-se sobre a normatividade jurídica uma ideia de despatrimonialização do direito civil[204].

No mesmo sentido, Francisco Milton Araújo Júnior fala em repersonalização do direito, processo que recolocou o foco do direito na pessoa humana: restaura-se com esse fenômeno a primazia da pessoa humana como condição de validade das decisões e o patrimonialismo dá lugar ao existencialismo[205].

Constitucionalização, jus-humanização ou repersonalização, o fato é que o ser humano passou a se destacar como eixo gravitacional do direito civil. Institutos desse ramo do direito como o contrato e a responsabilidade civil, tradicionalmente assentados na proteção do direito de propriedade e outros direitos patrimoniais, se projetam, atualmente, para a tutela da dignidade da pessoa humana e para o sistema jurídico centrado na vítima e no dever de ressarci-la[206].

Lucas Abreu Barroso esclarece que, com a renovada feição personalista do direito civil, surge a tendência de despatrimonialização de suas instituições. Mesmo as figuras marcadas por uma função exclusivamente eco-

---

[201] NEGREIROS, Teresa. Teoria do contrato: novos paradigmas. 2ª ed. Rio de Janeiro: Renovar, 2006, p. 59-60.

[202] BARROSO, Lucas Abreu. A teoria do contrato no paradigma constitucional. Revista de Direito do Consumidor, ano 21, vol. 84, out.-dez. 2012, p. 156.

[203] MELGARÉ, Plínio. A jus-humanização das relações privadas: para além da constitucionalização do Direito Privado. Revista Trimestral de Direito Civil, ano 5, vol. 19, jul.-set. 2004, p. 78-80.

[204] Ibidem, p. 88.

[205] ARAÚJO JÚNIOR, Francisco Milton. Op. cit., p. 50.

[206] FACHIN, Luiz Edson. Op. cit., p. 28.

nômica, como a propriedade e o contrato, adquiriram outras perspectivas funcionais, como a reguladora, a social e a ambiental. Despatrimonializar, segundo o autor, significa privilegiar a dimensão existencial na tutela das situações jurídicas[207].

A figura do contrato, como mencionado, também passou por esse processo. Conforme sustenta Gustavo Tepedino, na esteira da Constituição Federal, que atribui diversos deveres extrapatrimoniais nas relações privadas, objetivando a realização da personalidade e tutela da dignidade da pessoa humana, o legislador cada vez mais condiciona a proteção de situações contratuais ao cumprimento de deveres não patrimoniais[208].

Induvidoso que a liberdade de contratar já é, por si só, expressão da dignidade da pessoa humana. O ordenamento jurídico disponibiliza formas de tutelar e garantir o cumprimento dos contratos que a ele se submetem. O direito, portanto, dá aos contratantes meios para que a liberdade de contratar seja plena, buscando assegurar certa segurança de que o que fora contratado será adimplido. O cumprimento do acordado entre as partes é, de certa forma, tradução do respeito à dignidade da outra parte contratante, tutelada pelo texto constitucional.

Na evolução da principiologia contratual, com destaque para os princípios da função social do contrato e da boa-fé objetiva, também é possível perceber a constante relação que a interpretação do contrato passou a estabelecer com a Constituição Federal. A tutela do exercício funcionalizado dos negócios jurídicos passou a ser priorizada e a Constituição Federal oferece os princípios nos quais essa proteção deve se apoiar.

Existem, ademais, inúmeros elementos do contrato que podem dizer respeito a aspectos extrapatrimoniais daquele que firma o ajuste, ou seja, expressão da dignidade das partes. Quando o cumprimento do avençado não ocorrer ou ocorrer de forma defeituosa e atingir a dignidade do contratante (princípio basilar da Constituição Federal), consequências de diferentes naturezas podem surgir, não apenas materiais.

Na verdade, para esses tipos de contrato, com elementos morais, os moldes meramente patrimoniais são inadequados: os institutos tradicionalmente utilizados na seara patrimonial não são suficientes. Descumprido o contrato, a restituição dos valores nele consignados nem sempre

---

[207] BARROSO, Lucas Abreu. *Op. cit.*, p. 160-161.
[208] TEPEDINO, Gustavo. Temas de direito civil. Tomo II. Rio de Janeiro: Renovar, 2006, p. 32.

é o bastante. A depender do interesse no cumprimento desse pacto, que pode ser de natureza extrapatrimonial, lesões dessa natureza podem surgir, impondo ao contratante inadimplente o dever de repará-las.

Quando se está diante de lesão extrapatrimonial, o ordenamento jurídico deve responder, independentemente de onde advém esse dano, se de um contrato, ou não. Então, toda vez que uma lesão for provocada, ainda que de natureza moral, a reparação deve ser imposta ao seu causador, mesmo que seja apenas uma forma de compensação, de minoração do dano sofrido através do arbitramento de montante indenizatório. Logo, é cabível o arbitramento desse tipo de indenização nos casos de descumprimento de obrigação contratual, já que, como fora exposto, o inadimplemento pode atingir não apenas bens patrimoniais do contratante, mas seus bens imateriais. E quem causa dano a alguém, ainda que exclusivamente moral, deve repará-lo (art. 186 do CC).

Não se sustenta a ideia de restringir a reparação de danos morais, retirando a ressarcibilidade dos mesmos em casos de descumprimento contratual. Conforme leciona Ramón Daniel Pizarro, fazer isso pode, frequentemente, conduzir a resultados injustos. Segundo o autor argentino é certo que, muitas vezes, o descumprimento obrigacional não gera danos morais, mas esta realidade não pode projetar uma regra de interpretação restritiva, marcando uma distinção abrupta entre as órbitas da responsabilidade civil[209].

Se utilizada a definição de dano moral trazida por Maria Celina Bodin de Moraes e mencionada no capítulo II deste estudo (coerente com a perspectiva civil-constitucional acima delineada), ou seja, de dano moral como lesão à dignidade humana, fica ainda mais sem sentido a indagação de onde se origina o dano: se do descumprimento do contrato ou não. Como já mencionado, para o conceito dado pela jurista, toda circunstância que atinja o ser humano em sua dignidade será automaticamente considerada como causadora de dano moral reparável[210].

Do descumprimento contratual, portanto, também podem surgir danos de natureza extrapatrimonial e, as razões para tal conclusão são de diferentes ordens. De pronto, verifica-se a inexistência de vedação legal. O

---

[209] PIZARRO, Ramón Daniel. *Op. cit.*, p. 144.
[210] MORAES, Maria Celina Bodin de. Danos à pessoa humana. Uma leitura civil-constitucional dos danos morais. *Op. cit.*, p. 188.

ordenamento jurídico brasileiro, implicitamente, aceita a reparabilidade do dano moral advindo da inexecução do contrato. Ademais, o dano moral é uno. Comunga-se com o ensinamento de Paulo Nalin, segundo o qual o artigo 186 do CC consagrou a ampla proteção aos danos morais, sem distinção de origem[211].

O enunciado 411 da V Jornada de Direito Civil promovida pelo STJ, analisa o artigo 186 do Código Civil e estabelece que "O descumprimento de contrato pode gerar dano moral quando envolver valor fundamental protegido pela Constituição Federal de 1988"[212]. Esse entendimento parece o mais correto e coerente com o fenômeno da constitucionalização do direito civil, ocorrida a partir da entrada em vigor da Constituição Federal de 1988.

Não é possível concluir, porém, que a discussão é ultrapassada. Diante da constatação do dano extrapatrimonial, parece sem razão a indagação de sua origem para estabelecer se o mesmo é ou não indenizável, ainda mais se a questão é analisada sob a perspectiva civil-constitucional dos danos morais. Porém, como se verificou, a resposta a essa pergunta, não raro, motiva o indeferimento de indenizações do tipo.

---

[211] NALIN, Paulo. *Op. cit.*, p. 927.

[212] O autor do supramencionado enunciado, Flávio Tartuce, ofereceu a seguinte justificativa: "A jurisprudência do STJ em muito evoluiu com relação ao dano moral que decorre do descumprimento do contrato. Como é notório, prevalece o entendimento de que o mero inadimplemento não gera, em regra e por si só, o dano moral indenizável tratado pelo art. 186 do CC. Entretanto, aquele mesmo Tribunal Superior tem admitido danos morais presumidos ou *in re ipsa* decorrentes do inadimplemento, quando o negócio envolver valores fundamentais protegidos pela Constituição Federal. Destaque-se que as principais hipóteses envolvem a saúde e a moradia, amparadas pelo art. 6º do Texto Maior. A título ilustrativo cumpre colacionar duas decisões publicadas no recente Informativo n. 468 do STJ. A primeira, relativa à incorporação imobiliária, deduz que a entrega do imóvel muito tempo após o prazo acordado, extrapola o mero aborrecimento cotidiano A segunda decisão aplica a mesma premissa de reparação para o seguro-saúde, em que a seguradora, sem justo motivo, nega a cobertura ao segurado, fazendo com que o último tenha que buscar o Poder Judiciário a fim de obter o cumprimento do contrato". Os precedentes aos quais faz referência o autor são: REsp 617.077-RJ, rel. Min. Luis Felipe Salomão, j. 05.04.2011; AgRg no Ag 1.186.345-RS, DJe 02.12.2009; REsp. 257.036-RJ, DJ 12.02.2001; REsp. 721.647-SC, rel. Min. Maria Isabel Gallotti, j. 05.04.2011. A justificativa supracitada pode ser encontrada em: <http://www.cjf.jus.br/cjf/CEJ-Coedi/jornadas-cej/enunciados-aprovados-da-i-iii-iv-e-v-jornada-de-direito-civil/jornadas-cej/v-jornada-direito--civil/VJornadadireitocivil2012.pdf>. Acesso em: 12.10.2013.

3.5. Dano moral contratual: requisitos

Estabelecida a reparabilidade dos danos morais contratuais, passa-se à análise dos requisitos necessários para sua configuração.

3.5.1. O Contrato

O primeiro pressuposto do dano moral contratual é, evidentemente, a existência de um contrato entre as partes, de uma obrigação preexistente válida. Conforme explica Ramón Daniel Pizarro, é necessário que exista uma obrigação preexistente, emanada de um contrato válido[213].

3.5.2. O descumprimento do contrato: alcance da expressão

De acordo com Paulo Nalin, a doutrina reproduzida nos manuais brasileiros de Direito Civil continua afirmando que a inexecução do contrato se passa pelo circuito simplista entre o inadimplemento e mora. Para o autor, a atual perspectiva do direito contratual aponta para uma complexidade de potenciais violações contratuais não captadas pelo inadimplemento e pela mora[214].

Para o presente estudo, o alcance da expressão 'descumprimento do contrato' é mais amplo, incluindo o inadimplemento absoluto (que pode ser total ou parcial), a mora, o descumprimento de obrigações pré e pós--contratuais e dos princípios aplicados aos contratos. Potencialmente, todas essas situações podem embasar pedidos de indenização por danos morais.

Não se discute que o inadimplemento absoluto e a mora são espécies de descumprimento contratual. Porém, o desrespeito aos princípios que regem os contratos também pode configurar espécie de descumprimento do ajuste, ainda mais diante da nova principiologia contratual, de índole constitucional. Com relação à função social do contrato, por exemplo, leciona Luiz Edson Fachin que o desrespeito a esse princípio configura violação de dever jurídico específico, independentemente de afetar a prestação principal e que o descumprimento da função social pode corresponder a uma forma de inadimplemento ou inexecução do contrato[215]. Já no que diz respeito ao princípio da boa-fé, explica Paulo Nalin que, mesmo cumprida a obrigação principal, se inobservados os deveres de conduta

---

[213] PIZARRO, Ramón Daniel. *Op.cit.*, p. 152.
[214] NALIN, Paulo. *Op. cit.*, p. 915-916.
[215] FACHIN, Luiz Edson. *Op. cit.*, p. 33.

estabelecidos pelo princípio, "estar-se-á diante de inequívoco quadro de descumprimento contratual, a ensejar as correspondentes sanções reparatórias e compensatórias". Segundo o autor, a violação de *standard* ético-negocial, enseja a violação do contrato[216][217].

Assim, o descumprimento do contrato, no sentido amplo acima delineado, é o segundo pressuposto para a configuração do dano moral contratual.

3.5.3. O dano
É evidente que, para configuração do dano moral advindo do descumprimento contratual, é necessária a ocorrência de um dano de natureza extrapatrimonial. O conceito de dano moral já fora abordado no capítulo II deste estudo, assim como os requisitos para sua configuração.

3.5.4. Nexo de causalidade
Entre o dano moral e o descumprimento do contrato deve haver relação de causalidade. Trata-se de pressuposto geral da responsabilidade civil, seja contratual, ou extracontratual. Somente é ressarcível o dano que guarde um adequado nexo de causalidade com o descumprimento do contrato[218].

---

[216] NALIN, Paulo. *Op. cit.*, p. 917.

[217] Nesse sentido, os seguintes julgados da Corte Bandeirante que fundamentaram a condenação por danos morais na violação aos princípios da função social do contrato e/ou da boa-fé:

– "Seguro de vida em grupo. Indenização. Cerceamento de defesa. Inocorrência. Recusa injustificada de contratação por parte da seguradora. Impossibilidade. Prática abusiva. Função social do contrato c.c. artigo 39, II, do CDC. Dano moral configurado. Precedentes. Recurso provido" (TJ-SP, Apel. 0028696-60.2011.8.26.0196, relator Desembargador Walter Cesar Exner, j. 22.08.2013); e,

– "Responsabilidade civil. Danos morais. Seguro saúde. Ré que se recusou a autorizar a internação da filha da autora na Unidade de Terapia Intensiva (UTI). Alegação de inexistência de cobertura contratual para doenças preexistentes. Descabimento. Postura da ré que se revelou contraditória, tendo autorizado diversos procedimentos para, depois, recusar-se a dar cobertura em continuidade. Negativa de cobertura que se reputou abusiva. Violação aos princípios da boa-fé e da função social do contrato verificada. Dano moral. Indenização devida. Resistência da ré a prestar o serviço que se mostrou injustificável. Hipótese, entretanto, de redução do valor, evitando-se o enriquecimento sem causa. Recurso parcialmente provido" (TJ-SP, Apel. 0074339-87.2001.8.26.0100, relator Desembargador Luiz Antonio de Godoy, j. 24.08.2010).

[218] PIZARRO, Ramón Daniel. *Op.cit.*, p. 156.

Caio Mário da Silva Pereira, em capítulo de sua obra dedicado à análise do inadimplemento das obrigações, explica que o descumprimento que sujeita o devedor a ressarcir os prejuízos causados é o originário de uma falta sua. A falta do devedor, porém, pode se dar de maneira intencional e voluntária, ou não. Dolo é a infração cometida voluntariamente e na culpa encontra-se o fator inadimplemento despido da consciência da violação. O Código Civil de 2002 tem no dolo e na culpa os fundamentos da reparação, mas ele também permite a responsabilização objetiva, toda vez que a lei a preveja, ou quando o dano provém de risco criado em razão da atividade (art. 927 do CC)[219].

3.6. Dano moral contratual na legislação estrangeira

Com relação à legislação estrangeira, é possível estabelecer três grupos quanto à admissão da reparação por danos morais decorrentes do descumprimento contratual: os Códigos que preveem expressamente essa possibilidade, os que implicitamente admitem-na e aqueles que restringem a reparação por danos morais.

Fazem parte da primeira categoria os Códigos do Quebec, Peru e Argentina. Da segunda, os da França, Espanha, Suíça, Chile, Portugal, entre outros e, da última categoria, os da Alemanha e Itália os quais restringem a reparação por danos morais aos casos expressamente previstos em lei e a lei não prevê a reparação do dano moral contratual[220].

Entre os que admitem expressamente a reparação dos danos morais advindos do descumprimento contratual, o Código quebequense prevê, em seu artigo 1607, que o credor tem direito à indenização por danos corporais, materiais ou morais, que são consequência direta e imediata de inadimplência do devedor[221].

O Código Civil peruano, por sua vez, na seção em que trata dos efeitos das obrigações, traz, em seu artigo 1322, que um desses efeitos é o ressarcimento do dano moral, caso seja ele verificado[222].

---

[219] PEREIRA, Caio Mário da Silva. Instituições de direito civil. Teoria geral das obrigações. 24ª ed. Rio de Janeiro: Forense, 2011, p.309-314.
[220] PIZARRO, Ramón Daniel. *Op. cit.*, p. 149-150.
[221] "1607. The creditor is entitled to damages for bodily, moral or material injury which is an immediate and direct consequence of the debtor's default".
[222] "Artículo 1322.- Indemnización por daño moral. El daño moral, cuando él se hubiera irrogado, también es susceptible de resarcimiento".

Já o argentino, estabelece, em seu artigo 522, que nos casos de indenização por responsabilidade contratual, o juiz poderá condenar o responsável à reparação pelo dano moral que tiver causado de acordo com a natureza do evento gerador da responsabilidade e das circunstâncias do caso concreto[223].

Em Portugal, explica Mauro Ferrandin, o tema rende discussões acaloradas e, apesar de a jurisprudência ter firmado entendimento favorável à reparação do dano moral contratual, renomados doutrinadores ainda defendem posição contrária[224]. Segue colacionada, parte de decisão proferida pelo Tribunal da Relação de Coimbra:

"Embora estejamos no domínio da responsabilidade contratual, é entendimento maioritário da jurisprudência e da doutrina no sentido de que os danos não patrimoniais são ressarcíveis no âmbito de tal responsabilidade, uma vez que o disposto no nº 1 do artº 496º é aplicável a toda a responsabilidade civil, incluindo, portanto, também a responsabilidade contratual (cfr., entre outros, Acs. do S.T.J. de 17/01/1993, de 21/03/1995, e de 25/11/1997, da R.E. de 12/07/1984, da R.C. de 14/04/1993 e da R.L. de 17/06/1993, in, respectivamente, CJ, T1-61, T3-174, BMJ 445º-487, T3-140, T4-288, $26º-540 e T3-129, Prof. Vaz Serra, R.L.J. 108º-222; Prof. Almeida Costa, obra citada, pág. 523/524, Prof. Galvão Teles, Obrigações, 6ª ed., pág. 383, Prof. Menezes Leitão, Direito das Obrigações, vol. I, pág. 318, Prof. Calvão da Silva, Responsabilidade Civil do Produtor, pág. 688 e Prof. Pinto Monteiro, Cláusula Penal e Indemnização, pág. 31)" (Processo 4001/04, relator Monteiro Casimiro, data do acórdão: 19.04.2005[225]).

3.7. Os contratos morais

Assentada a ideia de dano moral contratual, verifica-se que o descumprimento de alguns tipos de contrato, com maior frequência, embasam pedidos de indenização por danos extrapatrimoniais.

---

[223] Art.522: "En los casos de indemnización por responsabilidad contractual el juez podrá condenar al responsable a La reparación del agravio moral que hubiere causado, de acuerdo con la índole del hecho generador de La responsabilidad y circunstancias del caso".
[224] FERRANDIN, Mauro. *Op. cit.*, p. 198-199.
[225] Disponível em: <http://www.trc.pt/>. Acesso em: 15.08.2012.

Após a análise de inúmeros casos concretos e de manifestações jurisprudenciais, foi possível estabelecer um ponto comum que une contratos cujo descumprimento pode gerar danos morais, um padrão que os identifica, possibilitando a criação da classe de contratos que agora se propõe: os contratos morais.

Tal denominação será utilizada para determinada categoria de contratos inseridos em um modelo obrigacional incorporador de elementos morais. Na verdade, todo contrato possui uma força moral de obrigações que transcendem a vida jurídica, contudo, nessa pesquisa, a expressão será utilizada em sentido mais restrito.

A proposta de criação dessa nova classe está inserida na perspectiva civil constitucional que sujeita as relações interprivadas aos ditames constitucionais[226] e está assentada no reconhecimento da influência de interesses não patrimoniais sobre as relações contratuais. Por isso, relevante distinguir os contratos em que esses interesses estão presentes daqueles em que as obrigações assumidas buscam satisfazer interesses meramente patrimoniais.

Utilizando expressão criada por Stéphane Darmaisin[227], o que o presente estudo pretendeu chamar de contrato moral é aquele ajuste com elementos dessa natureza, envolvendo, por exemplo, direitos da personalidade (nome, imagem, honra, intimidade, privacidade), direitos sociais (educação, a saúde, a alimentação, o trabalho, a moradia, o lazer, a segurança) ou outros direitos protegidos constitucionalmente.

Esses contratos não possuem como objeto bens morais, mesmo porque bens dessa natureza não podem ser negociados, mas elementos morais que os identificam e permitem sua reunião nesse grupo proposto.

Essa categoria abrange os contratos existenciais, denominação criada por Antonio Junqueira de Azevedo para definir aqueles ajustes que, de uma maneira geral, dizem respeito à subsistência da pessoa humana[228], mas é mais ampla. Do descumprimento de contratos voltados à satisfação das necessidades básicas, podem surgir danos de natureza extrapatrimonial, mas essa possibilidade não fica restrita aos contratos de cunho existencial[229].

---

[226] NEGREIROS, Teresa. *Op. cit.*, p. 61-62.
[227] DARMAISIN, Stéphane. Le contrat moral. Paris : LGDJ, 2000.
[228] AZEVEDO, Antônio Junqueira de. Novos estudos e pareceres de Direito Privado. São Paulo: Saraiva, 2009, p. 99-100.
[229] Teresa Negreiros faz uma interessante classificação dos bens de acordo com sua utilidade existencial, dividindo-os em bens essenciais, úteis e supérfluos. Trata-se, conforme explica

3.7.1. Contratos morais. Categorias

A partir desse momento, pretende-se adentrar no grupo batizado de 'contratos morais' e tratar de alguns contratos que assim podem ser denominados, separando-os em categorias próprias. Essa divisão também será feita em capítulo que analisará a jurisprudência do STJ acerca do tema, com oportuno aprofundamento. Por ora, serão abordadas as principais questões que envolvem essas categorias contratuais, com maior ou menor aprofundamento de acordo com o que será ou não objeto de análise em capítulo posterior.

Alessio Liberati em seu livro 'Il danno non patrimoniale da inadimplemento' faz divisão mais ampla da que aqui se pretende estabelecer, de todas as obrigações cujo inadimplemento pode causar danos não patrimoniais. São elas: obrigação alimentar, obrigação de vigilância e custódia, contratos do setor da saúde, no mundo do trabalho, no setor educacional, no lazer e esportes, locação de imóvel, contrato de serviço, contratos relativos a bem com valor existencial, contratos de transporte, contrato de obra intelectual, atividade artística e contratos com a Administração Pública[230]. Essa separação em categorias serviu de norte para o presente estudo que, porém, se restringiu a analisar os contratos cujo descumprimento pode embasar indenização por danos morais, em especial os de natureza civil e consumerista, com menção a outros contratos que, apesar da natureza diversa, amparam o entendimento aqui exposto.

3.7.1.1. Contratos que envolvam nome/imagem/voz/intimidade das partes

Alguns direitos da personalidade, como a imagem, o nome, a intimidade permeiam determinados contratos. Sem a pretensão de esgotar os casos concretos que envolvem o descumprimento de contratos enquadrados nesses moldes, passa-se à abordagem de alguns que exemplificam o que se pretende expor.

---

a autora, de classificação que avalia a utilidade representada pelo bem no que se refere à sua direta utilização pela pessoa e à satisfação das necessidades humanas (utilidade existencial). Segunda o jurista, aqueles contratos incidentes sobre bens essenciais deverão ser mais sensíveis a um regime intervencionista, por outro lado, os contratos incidentes sobre bens supérfluos deverão ser pautados por maior liberdade e autonomia. NEGREIROS, Teresa. *Op.cit.*, p. 514-518.

[230] LIBERATI, Alessio. *Op cit.*

Com relação ao nome, contratos envolvendo seu uso ou uso do apelido, utilização do nome para divulgação de produtos e serviços e outros fins comerciais, autorizações de uso do nome, são alguns exemplos de ajustes que podem gerar conflitos envolvendo tal direito[231].

Quanto à imagem, contratos de prestação de serviços para participação em obras publicitárias, uso da imagem para divulgação de produtos e serviços e outros fins comerciais[232].

Já no que respeita à voz, questões envolvendo captação, gravação, reprodução e transmissão da voz, uso de gravações preexistentes, prestação de serviços por narradores, locutores, dubladores, oradores, atores, cantores, autorização do uso da voz em publicidade, divulgação de produtos e serviços[233].

---

[231] "Responsabilidade Civil. Indenização por danos materiais e morais. Ação parcialmente procedente, afastados os danos patrimoniais. Uso indevido do nome de professor, em site da internet, meses após a rescisão do contrato, servindo como propaganda para a Universidade requerida. Eventual locupletamento ilícito. Direito personalíssimo. Desnecessidade de comprovação de dano. Aumento do valor da indenização. Provimento parcial ao recurso do autor, improvido o da requerida, com observação" (TJ-SP, Apel. 0091027-65.2003.8.26.0000, relator Desembargador Caetano Lagrasta, j. 05.11.2005).

[232] "Direito à imagem. Hipótese em que a autora permaneceu com a sua imagem atrelada à marca HOPE após o prazo contratualmente previsto. Direito autônomo e personalíssimo que estará violado pela sua mera utilização não consentida. Lídimo atributo da personalidade. Cerceamento de defesa que não se identifica na espécie. Apelo da ré desprovido, prejudicado o agravo retido. Danos morais e materiais. Dano moral in re ipsa. Súm. 403 do STJ. Indenização de R$ 5.000,00 que se encontra dentro dos critérios adotados com regularidade por esta Egrégia 7ª Câmara de Direito Privado. Precedente desta Corte. Multa contratual e novo cachê devidos, pena de enriquecimento sem causa. Correção monetária x juros de mora. Disciplina. Tutela cominatória. Prazo alargado, com redução das astreintes. Aumento dos honorários advocatícios. Apelo e recurso adesivo providos em parte" (TJ-SP, Apel. 9194951-60.2008.8.26.0000, relator Desembargador Ferreira da Cruz, j. 14.08.2013).

[233] "Indenização. Danos morais e materiais. Contrato de utilização da imagem e voz de cantor em campanha publicitária de cerveja. Quebra do contrato, com o debande do artista para empresa concorrente. Violação do contrato, com efetivação de danos materiais e morais. Provimento parcial a ambos os recursos. Danos materiais a serem apurados em liquidação de sentença por arbitramento, proporcionalmente ao efetivo cumprimento do contrato de prestação de serviços. Dano moral, considerando a condição das partes e o valor do contrato, na quantia de R$ 420.000,00" (TJ-SP, Apel. 9085298-60.2007.8.26.0000, relator Desembargador Pedro Ablas, j. 09.04.2008).

No que tange ao direito à intimidade, a discussão acerca das novas formas de contratação, como o comércio eletrônico e a proteção desse direito é bastante relevante. Busca-se garantir proteção à intimidade na realidade virtual, mas quando um contrato eletrônico é descumprido, pode ferir tal direito e ensejar a consequente reparação. A utilização do ambiente virtual aumenta constantemente, porém, muitas pessoas tem sua intimidade violada e, apesar da criação de mecanismos que buscam evitar tais ocorrências, eles nem sempre se mostram eficientes[234].

Outro contrato em que discussão acerca da possível violação do direito à intimidade é travada é aquele firmado entre participante de reality show e a emissora que transmite o programa. Indaga-se se o próprio programa, em si, não proporciona lesão à intimidade dos participantes, ou se, por exemplo, um participante poderia acionar a emissora pleiteando danos morais decorrentes de uma edição que lhe fora difamatória.

Prevalece o entendimento de que o exercício dos direitos da personalidade pode sofrer limitação voluntária, desde que não seja permanente nem geral e o programa, em si, não lesa o direito de personalidade. Pertinente a lição de Paulo Luiz Netto Lôbo segundo o qual não é o direito de personalidade que pode sofrer autolimitação, mas exclusivamente seu exercício, em tempo definido: não há extinção nem renúncia ao direito, mas suspensão provisória de seu exercício, que será restabelecido[235].

---

[234] "Responsabilidade civil. Declaração de inexistência de relação jurídica cumulada com danos morais – Contrato de mútuo (credito automático) feito junto a conta corrente da autora, e que posteriormente, via internet, foi transferido para outra conta não pertencente a correntista. Apelada, que não reconhece a operação realizada, tendo diligenciado junto a casa bancaria para a devida regularização (fls 22). Instituição financeira, que imputa a autora a culpa pelo evento, porquanto não teria esta guardado o devido sigilo em relação a seus dados pessoais que possuem caráter pessoal e intransferível. Não comprovação, ônus que incumbia a sociedade bancaria, que a autora tenha contribuído, ainda que de forma ínfima para o evento, bem como que seu sistema seja totalmente seguro. Afronta ao disposto no artigo 333, II, do CPC. Relação adstrita as normas consumeristas. Falha no serviço caracterizada. Responsabilidade civil configurada. Inteligência do artigo 14, do CDC. Reparação moral devida, porquanto, mesmo após o deferimento da liminar (fls. 42), continuou a sociedade bancária a enviar boletos de cobrança a autora (fls 87/89). Valor fixado que se mostrou apto a reparação almejada. Sentença mantida. Apelação não provida" (Apel. 9088671-65.2008.8.26.0000, relator Desembargador Maia da Rocha, j. 25.08.2008).

[235] LÔBO, Paulo Luiz Netto. Autolimitação do direito à privacidade. Revista Trimestral de Direito Civil, ano 9, vol. 34, abr.-jun. 2008, p. 103.

No caso das edições difamatórias da imagem, porém, pode-se cogitar a possibilidade de o lesado pleitear algum tipo de indenização pelos danos causados. Assim, se a imagem do participante for utilizada com finalidade diversa ou de forma a acarretar injustificado dano à dignidade humana, é possível que ele busque reparação por eventuais danos materiais e/ou morais[236].

3.7.1.2. Contratos da área da saúde

O estudo dos contratos envolvendo a área da saúde, sem dúvida, exigiria análise individualizada, no entanto, o que se pretende na presente pesquisa não é exaurir a matéria, mas eleger algumas discussões mais relevantes a respeito do tema e, principalmente, comprovar, através do que esclarecem doutrina e jurisprudência, que o descumprimento desse tipo de contrato pode ensejar indenização por danos morais.

De início, se faz relevante uma breve incursão no tema da responsabilidade civil na área da medicina. Desse assunto, abrolham incontáveis discussões, que podem ser separadas em duas grandes categorias: as referentes à atividade do médico exercida individualmente e aquelas que dizem respeito às atividades exercidas coletivamente.

Na atividade exercida pelo médico individualmente, discutiu-se, por algum tempo, se sua responsabilidade era contratual ou extracontratual, em especial pelo fato de que a regra especial que determinava ao profissional o dever de reparar o dano causado constava, no Código Civil de 1916, do capítulo relativo à liquidação das obrigações resultantes de atos ilícitos[237]. Essa discussão encontra-se hoje superada: o entendimento comum é o de que a responsabilidade dos médicos caracteriza-se, via de regra, como contratual[238], salvo algumas poucas exceções, como, por exemplo, nos atendimentos de urgência em caso de acidentes.

---

[236] GONÇALVES, André Luiz Mansilha. O Direito do entretenimento no Brasil: A revolução do ócio. Monografia. Universidade Federal do Rio de Janeiro, Rio de Janeiro, 2007. Disponível em: <http://monografias.brasilescola.com/direito/o-direito-entretenimento-no-brasil-revolucao--ocio.htm>. Acesso em: 30.08.2013.

[237] ANDRIGHI, Fátima Nancy. Responsabilidade civil na cirurgia estética. Palestra proferida na XIX Jornada Centro-Oeste de Cirurgia Plástica realizada em Brasília, em 16.03.2006, p. 1.

[238] KFOURI NETO, Responsabilidade civil do médico. 6ª ed. São Paulo: Revista dos Tribunais, 2007, p.71.

As obrigações a que os médicos se submetem são, em regra, de meio[239]: o consenso de doutrina e jurisprudência aponta no sentido de que o médico não possui o dever de curar o paciente, mas sim de esforçar-se para obter a cura[240], ou seja, não se pode exigir do profissional, pela própria natureza de suas intervenções, a garantia de determinado resultado prático. No entanto, como lembra Sálvio de Figueiredo Teixeira[241], há contratos na medicina que encerram obrigações de resultado, como a vacinação, transfusão de sangue, raio X, exames biológicos, exames laboratoriais de execução simples etc., já que o que se espera de tais procedimentos é, justamente, a sua execução.

Segundo Ricardo Lorenzetti, nos casos em que há uma finalidade curativa do paciente, a obrigação é de meio. Se a intervenção não se destina à cura, é de resultado[242].

Essa discussão toma maior grandeza quando em foco as cirurgias estéticas ou embelezadoras[243].

Para Carlos Roberto Gonçalves, por exemplo, a obrigação assumida pelos cirurgiões estéticos é de resultado porque, na maioria dos casos, os pacientes não se encontram doentes, mas pretendem corrigir um defeito. A única coisa que lhes interessa, portanto, é o resultado[244].

No entanto, considerar a obrigação do cirurgião estético como de resultado não torna a sua responsabilidade objetiva. A esse respeito, percebe-se que há certa confusão na doutrina e jurisprudência. Conforme adverte Sérgio Cavalieri Filho, a obrigação de resultado não tem o condão de transformar a responsabilidade contratual subjetiva do médico em objetiva. Haveria, pelo contrário, apenas a presunção de culpa na hipótese de insu-

---

[239] "A relação entre médico e paciente é contratual e encerra, de modo geral, obrigação de meio, salvo em casos de cirurgias plásticas de natureza exclusivamente estética" (STJ, REsp. 819008-PR, relator Ministro Raul Araújo, j. 04.10.2012).

[240] KFOURI NETO, Miguel. Op. cit., p. 71

[241] TEIXEIRA, Sálvio de Figueiredo. A responsabilidade civil do médico. In: Direito e medicina: aspectos jurídicos da medicina. Belo Horizonte: Del Rey, 2000, p. 188.

[242] LORENZETTI, Ricardo Luis. Responsabilidad civil de los médicos. Tomo I. Buenos Aires: Rubinzal- Culzoni, 1997, p. 479-482.

[243] Cumpre ressaltar apenas que, nos casos de cirurgia plástica reparadora, a obrigação assumida pelo médico será sempre de meios.

[244] GONÇALVES, Carlos Roberto. Direito civil brasileiro. Teoria geral das obrigações. 8ª ed. São Paulo: Saraiva, 2004, p. 175.

cesso, a qual poderia ser elidida pelo médico. Afirma ele que "o acidente derivado de fatores imponderáveis e imprevisíveis pela ciência médica será incapaz de acarretar a responsabilidade do médico"[245].

Vem ganhando força a corrente capitaneada pelo ex-Ministro Ruy Rosado de Aguiar Junior, o qual entende que o cirurgião estético está submetido a uma obrigação de meio.

Em texto publicado na Revista dos Tribunais número 718, de agosto de 1995, defendeu o jurista que o cirurgião estético assume uma obrigação de meio, já que o risco está presente em toda intervenção cirúrgica, sendo imprevisíveis as reações de cada organismo à agressão do ato cirúrgico[246].

Depois de traçada essa vertente, no julgamento do Recurso Especial 81.101-PR, em que pese ter prevalecido a tese da obrigação de resultado, o Ministro Carlos Alberto Menezes Direito apresentou entendimento de que, pela própria natureza do ato cirúrgico, cientificamente igual, pouco importando a sua subespecialidade, a relação entre o cirurgião e o paciente estaria subordinada a uma expectativa do melhor resultado possível, tal como em qualquer atuação terapêutica, muito embora haja possibilidade de bons e não muito bons resultados, mesmo na ausência de imperícia, imprudência e negligência, dependente de fatores alheios, assim, por exemplo, o próprio comportamento do paciente, a reação metabólica, ainda que cercado o ato cirúrgico de todas as cautelas possíveis, a saúde prévia do paciente, a sua vida pregressa, a sua atitude sômato-psíquica em relação ao ato cirúrgico. Esclareceu o Ministro que a literatura médica, no âmbito da cirurgia plástica, indica, com claridade, que não é possível alcançar 100% de êxito. Concluiu, então, que o contrato para melhorar a aparência física do paciente por meio de cirurgia não depende, exclusivamente, da perícia ou diligência do cirurgião, mas de fatores idênticos aos de qualquer outra cirurgia.

Essa discussão fez surgir um novo entendimento, que passou a dividir a doutrina. Embora prevaleça a tese de que a cirurgia estética encerra obrigação de resultado, um novo posicionamento foi traçado: o de que a

---

[245] CAVALIERI FILHO, Sérgio. Programa de responsabilidade civil. 6ª ed. São Paulo: Malheiros, 2005, p. 403.

[246] AGUIAR JUNIOR, Ruy Rosado. Responsabilidade civil do médico. Trabalho apresentado ao IV Congresso Internacional sobre Danos em Buenos Aires, Argentina, de 19 a 22 de abril de 1995. Revista dos Tribunais, vol. 718, ago. 1995, p. 39-40.

cirurgia embelezadora encerraria uma obrigação de meio, com o dever de informação excepcionalmente agravado.

Contudo, apesar da discussão acerca da modalidade de obrigação a que se submete o cirurgião estético, o fato é que, em qualquer caso, a responsabilidade do médico dependerá da aferição de sua culpa, especialmente diante do que dita o artigo 14, § 4º do CDC[247].

Quanto às modalidades de indenização que podem ser requeridas pela vítima de um erro médico, a regra norteadora é a do artigo 951[248] do Código Civil. Com efeito, os artigos 948, 949 e 950[249] trazem modalidades específicas de reparação da vítima ou de seus familiares, em casos de erro médico. Além dessas previsões específicas da lei, é possível também a reparação da vítima pelas demais perdas e danos, como a reparação pelos danos morais e estéticos eventualmente sofridos. Ainda, é possível que o paciente busque do médico o pagamento pela reexecução do serviço por outro profissional, nos termos do artigo 249 do CC.

Segundo ensina Miguel Kfouri Neto, a atividade do médico pode causar danos patrimoniais e extrapatrimoniais. O autor esclarece que os danos materiais, em sua maioria, são consequências dos danos físicos: lucros cessantes, despesas médico-hospitalares, medicamentos, viagens, contrata-

---

[247] "A responsabilidade pessoal dos profissionais liberais será apurada mediante a verificação de culpa".

[248] Art. 951: "O disposto nos arts. 948, 949 e 950 aplica-se ainda no caso de indenização devida por aquele que, no exercício de atividade profissional, por negligência, imprudência ou imperícia, causar a morte do paciente, agravar-lhe o mal, causar-lhe lesão, ou inabilitá-lo para o trabalho".

[249] Art. 948: "No caso de homicídio, a indenização consiste, sem excluir outras reparações:
I – no pagamento das despesas com o tratamento da vítima, seu funeral e o luto da família;
II – na prestação de alimentos às pessoas a quem o morto os devia, levando-se em conta a duração provável da vida da vítima".
Art. 949: "No caso de lesão ou outra ofensa à saúde, o ofensor indenizará o ofendido das despesas do tratamento e dos lucros cessantes até ao fim da convalescença, além de algum outro prejuízo que o ofendido prove haver sofrido".
Art. 950: "Se da ofensa resultar defeito pelo qual o ofendido não possa exercer o seu ofício ou profissão, ou se lhe diminua a capacidade de trabalho, a indenização, além das despesas do tratamento e lucros cessantes até ao fim da convalescença, incluirá pensão correspondente à importância do trabalho para que se inabilitou, ou da depreciação que ele sofreu".
Parágrafo único. "O prejudicado, se preferir, poderá exigir que a indenização seja arbitrada e paga de uma só vez".

ção de enfermeiros e, sobrevindo morte, pensão. No que diz respeito aos danos extrapatrimoniais, ele explica que a atividade médica pode causar dano moral e dano estético[250].

Teresa Ancona Lopez ensina que o dano estético é a "modificação duradoura ou permanente na aparência externa de uma pessoa, modificação esta que lhe acarreta um 'enfeiamento' e lhe causa humilhações e desgostos, dando origem, portanto, a uma dor moral"[251]. E continua, mais a frente: "O dano estético é a lesão a um direito da personalidade – o direito à integridade física, especialmente na sua aparência externa, na imagem que se apresenta. Como todo direito da personalidade, qualquer dano que o seu titular possa sofrer vai ter consequências patrimoniais e, principalmente, morais. Portanto, não podemos conceber prejuízo estético que não seja também prejuízo moral"[252].

A possibilidade de cumulação do dano moral com o estético já está pacificada e é objeto da Súmula 387 do Superior Tribunal de Justiça, que dispõe: "É lícita a cumulação das indenizações de dano estético e dano moral".

As causas que levam à responsabilização desses profissionais são de diferentes origens. Desde um erro de diagnóstico[253] até uma cirurgia mal sucedida que resulta em morte do paciente[254]. Provada a culpa do profis-

[250] KFOURI NETO, Miguel. *Op. cit.*, p. 102-103.
[251] LOPEZ, Teresa Ancona. O dano estético. 3ª ed. São Paulo: Revista dos Tribunais, 2004, p. 46.
[252] *Ibidem*, p. 64.
[253] "Agravo Regimental no Agravo de Instrumento. Ação de indenização. Erro médico. Diagnóstico de gestação gemelar. Existência de um único nascituro. Dano moral configurado. Exame. Obrigação de resultado. Responsabilidade objetiva. Agravo Regimental improvido. I – O exame ultrassonográfico para controle de gravidez implica em obrigação de resultado, caracterizada pela responsabilidade objetiva. II – O erro no diagnóstico de gestação gemelar, quando existente um único nascituro, resulta em danos morais passíveis de indenização. Agravo regimental improvido" (STJ AgRg no Ag 744181 / RN, relator Ministro Sidnei Beneti, j. 11.11.2008).
[254] "Responsabilidade civil. Danos morais. Erro Médico. Realização de procedimento cirúrgico eletivo para a retirada de útero, pelo primeiro médico, com sangramento, seguido de cirurgia corretiva realizada por um segundo médico. Outra cirurgia realizada, dias depois, por este último, para operar divertículo sigmóide perfurado de forma espontânea. Atos cirúrgicos distintos e que não possuem correlação. Inexistência de nexo causai entre a primeira e a segunda intervenção. Falhas verificadas apenas no terceiro ato cirúrgico e não nos anteriores. Prova nos autos suficiente a demonstrar a culpa do médico que realizou o terceiro ato operatório. Nova submissão da paciente a cirurgia corretiva, porém, infrutífera, seguindo-se sua morte. Inocorrência de culpa objetiva do hospital, pois apenas cedeu seu espaço físico,

sional da medicina, será ele responsabilizado pelos danos patrimoniais e extrapatrimoniais causados com o descumprimento/mau cumprimento do contrato de prestação de serviços médicos.

Com relação às atividades exercidas coletivamente, são as operadoras de plano de saúde as grandes responsáveis pelas discussões travadas nesse âmbito. Incalculáveis as demandas envolvendo os ajustes com elas firmados, ações que, normalmente, cumulam pedidos de indenização material e moral.

Diante do precário serviço médico oferecido pelo Estado, empresas mantenedoras de planos de saúde proliferaram-se no país. A Lei 9.656, de 3 de junho de 1998 dispõe sobre os planos e seguros privados de assistência à saúde e define como plano privado de assistência à saúde a "prestação continuada de serviços ou cobertura de custos assistenciais a preço pré ou pós estabelecido, por prazo indeterminado, com a finalidade de garantir, sem limite financeiro, a assistência à saúde, pela faculdade de acesso e atendimento por profissionais ou serviços de saúde, livremente escolhidos, integrantes ou não de rede credenciada, contratada ou referenciada, visando a assistência médica, hospitalar e odontológica, a ser paga integral ou parcialmente às expensas da operadora contratada, mediante reembolso ou pagamento direto ao prestador, por conta e ordem do consumidor".

Conforme explicam Carolina Souza Cordeiro e Hector Valverde Santana, com a contratação massificada dos planos privados de assistência à saúde, inúmeros problemas jurídicos surgiram em decorrência de práticas que frustram a legítima expectativa do consumidor de que será assistido em momento delicado da vida. Segundo os autores, reflexão mais detalhada sobre o tema é exigida diante das particularidades desse tipo de contrato, afinal, é notória a importância pessoal e familiar que essa contratação possui para o consumidor. E concluem: diante da abusiva recusa de cumprimento das obrigações contratuais por parte das operadores de plano de saúde, estariam caracterizados os requisitos configuradores do dano moral[255].

---

não possuindo vínculos empregatícios com o cirurgião responsabilizado. Culpa do médico que operou o divertículo, caracterizada. Apelo provido em parte" (TJ-SP, Apel. 0126384-04.2006.8.26.0000, relator Desembargador Rui Cascaldi, j. 14.09.2010).

[255] CORDEIRO, Carolina Souza; SANTANA, Hector Valverde. Dano moral decorrente de inadimplemento contratual de plano privado de assistência à saúde. Revista de Direito do Consumidor, vol. 80, out.-dez. 2011, p. 222-232.

Os casos práticos envolvendo operadoras de plano de saúde e as práticas lesivas capazes de gerar dano moral serão abordados com maior aprofundamento no capítulo dedicado à análise da jurisprudência do STJ acerca do tema. Por ora, adianta-se que o grande volume de processos em que figuram no polo passivo as mantenedoras de plano de saúde diz respeito à recusa de cobertura de algum tratamento, cirurgia ou prótese.

Os contratos da área da saúde não se limitam àqueles envolvendo a prestação de serviços médicos. As atividades desempenhadas por profissionais da saúde como dentistas, farmacêuticos e enfermeiros e demais profissionais com atuação conexa, exercidas autonomamente ou através de hospitais ou clínicas particulares, por intermédio ou não dos planos de saúde, também podem causar danos de natureza moral.

O trabalho do dentista se resume à prevenção, recuperação e conservação da saúde bucal e sua responsabilidade, assim como a do médico, é calcada na culpa[256][257].

Já o farmacêutico tem como obrigação principal o cumprimento de prescrições médicas, tendo responsabilidade pelo cumprimento inexato dessas prescrições, infração de normas profissionais, venda de substâncias controladas sem receita ou eventual troca de medicamentos, sugestão de medicamentos ou tratamentos[258].

---

[256] Kfouri Neto, Miguel. *Op. cit.*, p. 228.

[257] "Responsabilidade Civil. Cirurgião dentista. Equivocado tratamento ortodôntico por cinco anos envolvendo aspectos também estéticos. Resultado esperado e possível não alcançado. Necessidade de correção por outro profissional Recomposição patrimonial por todos os gastos com ambos os tratamentos mais danos morais. Recurso do réu desacolhido, atendido o da consumidora" (TJ-SP, Apel. 9049969-16.2009.8.26.0000, relator Desembargador Fábio Quadros, j. 20.06.2013).

[258] "Responsabilidade civil. Farmácia que vende remédio errado, entregando produto indicado para arritmia cardíaca para consumidor que buscava completar a receita médica passada para superação de herpes. Pretensão do autor de obter indenização por danos morais e materiais que se acolhe, em virtude de constituir a obrigação do farmacêutico de resultado, notadamente pela falha em orientar o doente quanto aos riscos do remédio entregue e contendo princípios ativos totalmente diversos. Risco à integridade física do consumidor e prejuízo decorrente da compra de produto errôneo. Recurso provido para condenar a farmácia a pagar indenização por danos morais de [R$ 3.000,00] e danos materiais [quantia paga pelo medicamento equivocado R$ 19,34]" (TJ-SP, Apel. 0047376-57.2009.8.26.0554, relator Desembargador Enio Zuliani, j. 03.02.2011).

Com relação à atividade da enfermagem, ela pode ser exercida por quatro tipos de profissionais: o enfermeiro, o técnico em enfermagem, o auxiliar de enfermagem e a parteira. O profissional da enfermagem pode ser responsabilizado quando falta com os deveres inerentes à sua profissão, em especial o dever de cuidado[259]. O enfermeiro, por sua vez, deve ser responsabilizado pelas decisões tomadas e pelos atos que pratiquem ou deleguem[260].

3.7.1.3. Contratos educacionais

Conforme explica Alessio Liberati, fundamental para a realização da pessoa é a atividade de formação. De acordo com o jurista italiano, a formação do indivíduo não é apenas uma oportunidade de acréscimo patrimonial, mas é, sobretudo, uma modalidade de afirmação da própria individualidade e de desenvolvimento da identidade cultural[261].

O direito à educação é inserido no campo dos direitos sociais, reveste-se de natureza constitucional[262] e é assunto que sempre originou discussões no âmbito da doutrina e da jurisprudência[263]. É dever do Estado oferecer e manter ensino público obrigatório e gratuito, mas a própria Constituição Federal prevê a coexistência da prestação desse serviço por instituições públicas e privadas[264].

Na educação privada, estabelece-se uma relação contratual entre o aluno ou seu representante legal e o estabelecimento de ensino[265] (sujeitos

---

[259] "Responsabilidade civil. Indenização por danos morais. Inadequado atendimento que culminou em queda com consequente corte no rosto do paciente. Enfermeira que deixou o apelado sozinho após ministrar o medicamento. Comprovação do nexo causal. Recurso do hospital contra a determinação e quantificação dessa responsabilidade, desprovido" (TJ-SP, Apel. 0031274-88.2009.8.26.0576, relator Desembargador Teixeira Leite, j. 04.04.2013).

[260] ARAUJO, Vaneska Donato de. A responsabilidade profissional e a reparação de danos. Dissertação de mestrado. Faculdade de Direito da Universidade de São Paulo, 2011, p. 220-222.

[261] LIBERATI, Alessio. *Op.cit.*, p. 165.

[262] Art. 205: "A educação, direito de todos e dever do Estado e da família, será promovida e incentivada com a colaboração da sociedade, visando ao pleno desenvolvimento da pessoa, seu preparo para o exercício da cidadania e sua qualificação para o trabalho".

[263] EILBERG, Ilana Finkielsztejn. O direito fundamental à educação e as relações de consumo. Revista de Direito do Consumidor, ano 19, n. 74, abr.-jun. 2010, p.155.

[264] É o artigo 206, III, da CF que prevê como princípio com base no qual o ensino será ministrado, a coexistência de instituições públicas e privadas de ensino.

[265] EILBERG, Ilana Finkielsztejn. *Op. cit.*, p. 155.

da relação contratual de ensino). Conforme explica Lívio Goellner Goron, o contrato de prestação de serviços educacionais consiste num ajuste cujo objeto é o processo de ensino-aprendizagem. É contrato bilateral, oneroso, comutativo, de longa duração e, segundo o mesmo autor, é perceptível, como fenômeno contemporâneo, a pluralidade de fontes normativas que regulam esse tipo de relação contratual[266]. A Constituição Federal, o Código de Defesa do Consumidor, a Lei 9.870/1999, que regula aspectos econômicos da prestação de serviços educacionais, a Lei 9.394/1996, que regula aspectos pedagógicos dessa prestação, são alguns exemplos dessa pluralidade de fontes.

No contrato de prestação de serviços educacionais, cabe ao aluno pagar as prestações contratadas e à instituição de ensino ministrar conhecimentos, informações, esclarecimentos voltados à formação do discente[267]. Não só. Anexas a essa obrigação principal, que é a de ensinar, formar, esclarecer, existem muitas outras. Diante do interesse envolvido em atividades educacionais, que não é unicamente patrimonial, a quebra de contratos que envolvam a formação do indivíduo (descumprimento tanto da obrigação principal, como das anexas a ela), pode ensejar reparação pelos danos morais causados. Passa-se à abordagem de alguns casos em que se pode vislumbrar a ocorrência de danos dessa dimensão decorrentes da quebra do contrato.

Regina Beatriz Tavares da Silva, ao tratar do tema da responsabilidade civil nas atividades de ensino privadas, menciona diversos casos em que a instituição de ensino pode ser responsabilizada por danos causados aos seus alunos[268].

Uma primeira e polêmica questão que envolve a prestação de serviços educacionais diz respeito à qualidade do serviço prestado. Como explica Lívio Goellner Goron, nesse tipo de contrato é mais simples apurar o inadimplemento contratual (a exemplo de um serviço prestado que não proporcione todo o conteúdo do currículo previsto para o curso) que o vício por impropriedade ou inadequação (artigo 20, caput e §2º, do CDC)[269].

---

[266] GORON, Lívio Goellner. Serviços educacionais e direito do consumidor. Revista de Direito do Consumidor, ano 20, vol. 77, jan.-mar. 2011, p.84-85.
[267] *Ibidem*, p.84.
[268] SILVA, Regina Beatriz Tavares da. Responsabilidade civil: responsabilidade civil e sua repercussão nos Tribunais. 2ª ed. São Paulo: Saraiva, 2009.
[269] GORON, Lívio Goellner. *Op. cit,* p. 90.

Regina Beatriz Tavares da Silva explica que a obrigação da instituição de ensino privada de que o aluno domine o conhecimento da matéria que cursa, não é de resultado, mas de meio. A jurista explica que a responsabilidade da instituição de ensino é subjetiva e deve ser provado que a mesma não utilizou todos os meios para que seus alunos obtivessem o domínio da matéria[270]. Um exemplo da jurisprudência: estudante de direito, não aprovada no exame da Ordem dos Advogados do Brasil, processa a universidade que frequentou, por danos materiais e morais[271].

Outro caso recorrente nos Tribunais pátrios é o do diploma sem reconhecimento. Não raro, instituições de ensino superior oferecem cursos não reconhecidos pelo Ministério da Educação. Nesses casos, em especial quando a condição precária do curso não é, de pronto, esclarecida ao consumidor, o dano moral é presumido, diante da situação a que são submetidos os alunos que, se formam, mas não podem exercer qualquer atividade correlata ao curso que frequentaram[272].

---

[270] SILVA, Regina Beatriz Tavares da. *Op. cit.*, p. 10.

[271] "Apelação. Indenização por danos morais e perdas e danos. Aluna reprovada no exame da Ordem dos Advogados. Ausência de nexo causal. Inexistente nos autos comprovação de que a sua reprovação ocorreu por culpa da instituição de ensino, onde frequentava o curso preparatório para o exame. Indenização descabida. Recurso provido" (TJ-SP, Apel. 9102009-14.2005.8.26.0000, relator Desembargador Sergio Gomes, j. 12.02.2008).

[272] "Direito civil. Indenização. Danos morais e materiais. Curso não autorizado pelo Ministério da Educação e Cultura. Não tendo a instituição de ensino alertado os alunos, entre eles as recorrentes, acerca do risco (depois concretizado) de impossibilidade de registro do diploma quando da conclusão do curso, o dano moral daí decorrente pode, e deve, ser presumido. Não há como negar o sentimento de frustração e engodo daquele que, após anos de dedicação, entremeado de muito estudo, privações, despesas etc., descobre que não poderá aspirar a emprego na profissão para a qual se preparou, tampouco realizar cursos de especialização, pós-graduação, mestrado ou doutorado, nem prestar concursos públicos; tudo porque o curso oferecido pela universidade não foi chancelado pelo MEC. Some-se a isso a sensação de incerteza e temor quanto ao futuro, fruto da possibilidade de jamais ter seu diploma validado. Há de se considerar, ainda, o ambiente de desconforto e desconfiança gerados no seio social: pais, parentes, amigos, conhecidos, enfim, todos aqueles que convivem com o aluno e têm como certa a diplomação. A demora, na hipótese superior a 02 (dois) anos, expõe ao ridículo o "pseudo-profissional", que conclui o curso mas vê-se impedido de exercer qualquer atividade a ele correlata. O Código Civil exige dano material efetivo como pressuposto do dever de indenizar, cuja existência deve ser demonstrada nos próprios autos e no curso da ação.Recurso especial parcialmente conhecido e, nessa parte, provido" (REsp. 631.204-RS, relatora Ministra Nancy Andrigui, j. 25.11.2008).

Concluído o curso, o diploma deve ser entregue. A demora no cumprimento de tal obrigação pode levar à condenação da instituição a reparar danos materiais e morais[273].

As entidades de ensino também devem realizar e terminar o curso oferecido. Trata-se de obrigação de resultado que, quando descumprida, pode ensejar reparação pelos danos causados, nas diferentes dimensões (material e moral)[274]. Regina Beatriz Tavares da Silva explica que esse dever de terminar o curso oferecido independe do número de alunos e da incompatibilidade desse número com o lucro almejado pela instituição e que só caberia o encerramento do curso nos casos de aplicação da teoria da imprevisão (art. 478 do Código Civil)[275].

Recorrentes, também, são os casos de inscrição indevida e manutenção do nome do aluno, mesmo após quitada a dívida, em cadastros de proteção ao crédito. Nessas situações, verificada a ilicitude da conduta, o dano moral se opera *in re ipsa*[276].

---

[273] "Prestação de serviços educacionais ação de obrigação de fazer c.c. reparação por danos morais. Conclusão de curso superior. Demora injustificada para a entrega do diploma. Dano moral configurado Dano "in re ipsa" Fixação do 'quantum' reparatório que se apresenta perfeitamente razoável e adequado à situação, não se justificando a pretendida exclusão, nem redução Sentença mantida. Recurso não provido" (TJ-SP, Apel. 0019049-23.2011.8.26.0008, relatora Desembargadora Denise Andréa Martins Retamero, j. 15.05.2013).

[274] "Prestação de serviços (educacionais). Ação de reparação por danos materiais e morais. Encerramento do curso de fisioterapia após o decurso de dois semestres. Ausência de número mínimo de alunos. Manutenção de curso é ato discricionário da instituição de ensino, que tem "autonomia didático-científica e de gestão financeira e patrimonial" (CF, art. 207), mas não exime de responsabilidade por eventuais danos materiais e morais causados. Risco da atividade que deve ser arrostado pelo estabelecimento de ensino. Proteção ao consumidor. Cerceamento de defesa não caracterizado. Danos materiais e morais configurados. Redução do valor arbitrado para a reparação dos danos morais, o que não acarreta sucumbência recíproca. Súmula nº 326-STJ. Agravo retido não provido. Recurso de apelação provido em parte" (TJ-SP, Apel. 0168715-24.2008.8.26.0002, relator Desembargador Edgard Rosa, j. 12.11.2012).

[275] SILVA, Regina Beatriz Tavares da. *Op. cit.*, p. 14.

[276] "Prestação de serviços educacionais. Indenizatória. Curso de Informática. Cancelamento do contrato por escrito e no prazo estipulado. Cobrança irregular. Inexistência de serviço colocado à disposição da contratante. Anotação indevida do nome da consumidora no cadastro de inadimplente. Inadmissibilidade. Danos morais. Cabimento. Fixação que atende os princípios de proporcionalidade e razoabilidade. Sentença mantida. Recurso improvido" (TJ-SP, Apel. 0001951-80.2008.8.26.0347, relator Desembargador Rocha de Souza, j. 11.04.2013).

Por fim, verifica-se que a instituição de ensino tem a obrigação de manter a incolumidade física e moral do estudante.

Ocorrências que resultam em ferimentos e até em morte de alunos chegam ao Judiciário. Brigas entre estudantes que resultam em lesões[277], crianças afogadas em piscinas[278], são exemplos do descumprimento do dever de segurança que a instituição de ensino também possui com aqueles que contratam seus serviços. A entidade, porém, pode comprovar a incidência de alguma excludente de responsabilidade, livrando-se do dever de indenizar[279].

Ainda com relação ao dever de manutenção da incolumidade física, mas também moral do aluno, uma interessante discussão, abordada nesse estudo sob a perspectiva do contrato, é a do *bullying*. Far-se-á uma breve incursão no assunto, com foco na questão contratual, mas com referências a outras áreas e aspectos desse tema que exige uma análise multidisciplinar.

---

[277] "Danos morais. Ferimentos causados ao autor, dentro do estabelecimento de ensino, por outro aluno. Responsabilidade objetiva. Caracterização. Escola que responde em razão da relação de consumo existente e o pai do menor causador do dano, ante o dever de vigilância. Indenização. Necessidade. Redução do "quantum " estabelecido, tornando-se compatível com o que tem sido fixado em casos análogos. Quantia suficiente à compensação dos danos morais sofridos, sem caracterizar o enriquecimento ilícito do autor e que traz em si a função de desestimular a prática de atos semelhantes. Demanda procedente. Ratificação dos fundamentos do "decisum". Aplicação do art. 252 do RITJSP/2009. Recurso do autor improvido e dos demandados parcialmente provido" (TJ-SP, Apel. 0110522-95.2003.8.26.0000, relator Desembargador Alvaro Passos, j. 03.08.2011).

[278] "Responsabilidade civil. Estabelecimento de ensino. Excursão de alunos a clube recreativo e de esportes. Morte do filho menor dos autores em piscina onde as crianças brincavam. Dever de guarda e cuidado. Violação. Indenização por danos materiais e morais devida, mas não nos moldes pleiteados na inicial. Ação julgada improcedente em primeiro grau. Decisão reformada. Recurso provido em parte" (TJ-SP, Apel. 9048193-30.1999.8.26.0000, relator Desembargador De Santi Ribeiro, j. 18.06.2001).

[279] "Ação de indenização por danos materiais e morais. Morte de aluno por queda de parapeito de estabelecimento de ensino. Descumprimento pelo colégio do dever de guarda do educando. Inocorrência. Evento fatal que decorreu de culpa exclusiva da vítima. Aos donos de escolas, a par da prestação de serviços educacionais, incumbe a guarda dos alunos enquanto os tiverem sob sua vigilância. Violação desse dever inexistente. Provas que afastam qualquer conduta comissiva ou omissiva da escola a ensejar indenização por inadimplemento contratual. Existência de culpa exclusiva do aluno sem nexo de causalidade com a prestação do serviço, que não foi defeituoso. Recurso desprovido" (TJ-SP, Apel. 9103512-31.2009.8.26.0000, relator Desembargador Gilberto Leme, j. 27.11.2012).

O que antes era conhecido como brincadeira de criança, possui agora denominação e relevância jurídica: o *bullying*. Esse termo que passou a ser muito mencionado nas escolas e na mídia é empregado na literatura psicológica anglo-saxã, em estudos sobre a violência, para designar comportamentos agressivos e antissociais[280].

Como explicam Alexandre Morais da Rosa e Neemias Moretti Prudente, o *bullying* é um fenômeno cuja ocorrência pode se dar em qualquer contexto no qual há interação humana, tais como o local de trabalho (assédio moral), nos quartéis, no sistema prisional, na igreja, na família, no clube ou através da internet (*cyberbullying*)[281]. É no espaço escolar, porém, que o fenômeno mais se manifesta. *Bullying*, nesse ambiente, significa a ação de estudantes que se colocam em posição de superioridade a outros para lhes agredirem, de forma reiterada, verbal, física ou psicologicamente[282].

Os danos são diversos. As vítimas da agressão psicológica podem apresentar baixa autoestima, dificuldade de relacionamento social e no desenvolvimento escolar, ansiedade, estresse, alterações de humor, apatia, perturbações do sono, fobia escolar, bulimia, anorexia, depressão, pânico, abuso de álcool e drogas. Podem, inclusive, praticar atos deliberados de autoagressão, podendo chegar ao suicídio[283]. As agressões, como mencionado, não são apenas psicológicas e os danos são, muitas vezes, físicos.

Tem-se discutido se cabe ao Poder Judiciário intervir nesse ambiente quando as "brincadeiras" passam dos limites do razoável, podendo causar os danos supramencionados. Na verdade, o Judiciário pode e deve intervir de diferentes formas, a depender da conduta praticada e dos danos ocasionados. Como lecionam Martha de Toledo Machado e Fernando Falabella Tavares de Lima, quando se discute o fenômeno do *bullying*, surge a necessidade de distinção entre os comportamentos que

---

[280] PORTO, Rosane Teresinha Carvalho; WRASSE, Helena Pacheco. Manifestação do bullying nas escolas e alternativas adequadas para a prevenção e o tratamento. Revista da Ajuris, Porto Alegre, vol. 37, nº 120, dez. 2010, p. 221.

[281] ROSA, Alexandre Morais da; PRUDENTE, Neemias Moretti. Bullying escolar e justiça restaurativa. Boletim IBCCRIM, ano 17, nº 207, fev. 2010, p. 10.

[282] GOMES, Luiz Flávio. Bullying: a violência que bulina a juventude. Revista Síntese. Direito Penal e Processual Penal, ano XI, nº 63, ago.-set. 2010, p.211.

[283] ROSA, Alexandre Morais da; PRUDENTE, Neemias Moretti. *Op.cit.*, p. 10.

ficam no plano da normalidade daqueles que exigem uma intervenção individualizada[284].

De início, é importante esclarecer que quase a totalidade das condutas referidas como configuradoras do *bullying* constituem infrações penais. Quando praticado por crianças e adolescentes, não é, porém, todo fato definido como infração penal que merecerá a aplicação das medidas sócio--educativas ou de proteção previstas no Estatuto da Criança e do Adolescente, em especial as medidas privativas de liberdade. Pertinente a lição de Martha de Toledo Machado e Fernando Falabella Tavares de Lima, segundo os quais o encarceramento traz sempre um fator de degradação do ser humano e rotular uma criança de delinquente potencializa que ela assuma esse papel na sociedade[285]. A internação deve ser vista como medida excepcional, em consonância com o princípio da intervenção mínima.

Com relação ao fenômeno do *bullying*, vem sendo defendida a aplicação de mecanismos alternativos de resolução de conflitos, como a justiça restaurativa. De acordo com Alexandre Morais da Rosa e Neemias Moretti Prudente, os processos restaurativos (mediação, conferências familiares ou círculos) permitem que vítima e agressor, além de outros interessados, se reúnam, exponham os fatos, dialoguem sobre os motivos e consequências de suas condutas e identifiquem necessidades e obrigações. Os autores expõem a necessidade de implementação, em todas as escolas, de programas de justiça restaurativa[286].

No Brasil, o Estado de Santa Catarina aprovou a Lei 14.651 de 12 de janeiro de 2009 que propõe a instituição do "Programa de Combate ao Bullying": ação interdisciplinar e de participação comunitária, nas escolas públicas e privadas do Estado. Também possuem leis de conscientização, prevenção e combate a essa prática os Estados do Mato Grosso de Sul (Lei 3.887 de 06 de maio de 2010) e do Rio Grande do Sul (Lei 13.474 de 28 de junho de 2010), além de diversos municípios[287]. No âmbito Federal,

---

[284] MACHADO, Marta de Toledo; LIMA, Fernando Falabella Tavares. Bullying. Reflexões para a construção de indicadores de atuação das Promotorias de Justiça da Infância e da Juventude. Anais do III Congresso do Ministério Público do Estado de São Paulo, vol. 2, 2006, p. 571.

[285] *Ibidem*, p. 574.

[286] ROSA, Alexandre Morais da; PRUDENTE, Neemias Moretti. *Op. cit.*, p. 11.

[287] São Paulo-SP: Lei 14.957 de 16.07.2009; Guarulhos-SP: Lei 6.568 de 16.10.2009; Rio de Janeiro-RJ: Lei 5.089 de 06.10.2009; João Pessoa-PB: Lei 1.381 de 16.01.2008; Campo

existem alguns projetos de lei que dizem respeito ao tema, tais como o PL 1785 de 2011 da Câmara dos Deputados[288].

Realizadas essas reflexões, passa-se à análise do tema sob o seguinte enfoque: o da responsabilização civil das instituições privadas de ensino. É questionada a possibilidade de imputá-las responsabilidade por atos tidos como configuradores de *bullying* praticados por seus alunos, no ambiente escolar.

Flávio Tartuce leciona que, a respeito do tema da obrigação de indenizar do incapaz, o dever imediato ou principal é das pessoas responsáveis por ele, conforme os artigos 932 e 933. Pais, tutores, curadores respondem pelos seus filhos, tutelados e curatelados, respectivamente. Empregadores e comitentes respondem pelos seus empregados ou prepostos, donos de hotéis e estabelecimento de ensino, pelos hóspedes e educandos. A responsabilidade do incapaz é subsidiária, nos casos em que as pessoas por ele responsáveis não tiverem obrigação ou meios suficientes de pagar a indenização (artigo 928 CC[289]). Além desses comandos civis, o autor explica que, para responsabilização das entidades de ensino, pode incidir a responsabilidade objetiva do Código de Defesa do Consumidor. Segundo o jurista, pode-se aplicar o artigo 14 do CDC (defeito na prestação do serviço[290, 291]).

É na escola que as crianças têm o seu primeiro contato com o coletivo. É nesse espaço que elas aprendem conviver em sociedade, vivenciam a

---

Grande-MS: Lei 4.854, de 10.06.2010; Vitória-ES: Lei 7.952 de 11.06.2010, Curitiba--PR: Lei 13.632 de 18.11.2010.

[288] Acrescenta inciso IX ao art. 12 da Lei nº 9.394, de 20 de dezembro de 1996 (Lei de Diretrizes e Bases da Educação Nacional), para incluir entre as incumbências dos estabelecimentos de ensino a promoção de ambiente escolar seguro e a adoção de estratégias de prevenção e combate ao *bullying*. Disponível em: <http://www.camara.gov.br/proposicoesWeb/fichadetramitacao?idProposicao=511619>. Acesso em: 27.08.12.

[289] O parágrafo único desse dispositivo prevê que a indenização ali prevista deverá ser equitativa e não terá lugar se privar do necessário o incapaz ou as pessoas que dele dependem.

[290] TARTUCE, Flávio. A responsabilidade civil dos pais pelos filhos e o bullying. *In:* NETO, Caetano Lagrasta; TARTUCE; Flávio; SIMÃO, José Fernando. Direito de família: novas tendências e julgamentos emblemáticos. São Paulo: Atlas, 2011, p. 371-372.

[291] Art. 14: "O fornecedor de serviços responde, independentemente da existência de culpa, pela reparação dos danos causados aos consumidores por defeitos relativos à prestação dos serviços, bem como por informações insuficientes ou inadequadas sobre sua fruição e riscos".

diversidade, moldam suas personalidades. A escola é considerada, depois da família, a segunda instituição sociabilizadora do sujeito[292].

É dever contratual da entidade privada de ensino zelar pela segurança física dos alunos, mas também deve assegurar a higidez mental desses jovens indivíduos. A instituição de ensino se compromete, por contrato, a cuidar da segurança física e psíquica do aluno e quando tal estudante sofre algum tipo de agressão no interior da escola, a instituição está descumprindo uma obrigação assumida.

O estabelecimento de ensino deve sempre buscar evitar esse tipo de situação e possui diversas formas para isso, como a suspensão ou mesmo a expulsão do aluno agressor, além das práticas de justiça restaurativa já mencionadas. Se ela, no entanto, permanecer inerte frente a esse tipo de agressão, não só está descumprindo o dever de segurança física e mental de seus alunos, como seu dever principal que é o de educar: um dos princípios básicos da boa educação é o respeito às diferenças. Trata-se de serviço defeituoso, nos termos do artigo 14 do CDC.

Do descumprimento dessas obrigações poderá advir a responsabilidade civil, inclusive por danos morais. Aqui, as prestações pagas pelos pais às escolas particulares têm natureza patrimonial, não há dúvida, no entanto, que o interesse dos pais na boa educação e na higidez física e mental de seus filhos possui um caráter extrapatrimonial.

Quando os atos são praticados na instituição de ensino, a jurisprudência tem seguido essa mesma linha e estabelecido a responsabilização das escolas pelos danos causados[293].

---

[292] PORTO, Rosane Teresinha Carvalho; WRASSE, Helena Pacheco. *Op. cit.*, p. 220.

[293] Em decisão proferida pelo Tribunal de Justiça do Distrito Federal, os Desembargadores, por unanimidade, condenaram uma instituição de ensino a indenizar moralmente uma criança pelos abalos psicológicos decorrentes de violência escolar praticada por outros alunos, tendo em vista a ofensa ao princípio constitucional da dignidade da pessoa humana. Da decisão, colaciona-se, adiante, o conteúdo da ementa: "Abalos psicológicos decorrentes de violência escolar. Bullying. Ofensa ao princípio da dignidade da pessoa. (...) Na espécie, restou demonstrado nos autos que o recorrente sofreu agressões físicas e verbais de alguns colegas de turma que iam muito além de pequenos atritos entre crianças daquela idade, no interior do estabelecimento do réu, durante todo o ano letivo de 2005. É certo que tais agressões, por si só, configuram dano moral cuja responsabilidade de indenização seria do Colégio em razão de sua responsabilidade objetiva. Com efeito, o Colégio réu tomou algumas medidas na tentativa de contornar a situação, contudo, tais providências foram inócuas para solucionar o problema, tendo em vista que as agressões se perpetuaram pelo ano letivo. Talvez porque

Esses foram os principais casos selecionados referentes a possíveis danos morais advindos do contrato educacional. Evidentemente, o assunto não foi exaurido, mas uma visão geral sobre o tema fora estabelecida. Os contratos educacionais possuem uma carga moral que permite o surgimento de danos dessa natureza, quando estas avenças são descumpridas.

3.7.1.4. Contratos referentes a serviços essenciais: água, energia, telefonia

Os contratos relativos a serviços essenciais são contratos morais. O descumprimento ou o cumprimento defeituoso das obrigações resultantes desse tipo de ajuste geram o dever de indenizar danos, que podem ser de diferentes naturezas, inclusive extrapatrimoniais.

o estabelecimento de ensino apelado não atentou para o papel da escola como instrumento de inclusão social, sobretudo no caso de crianças tidas como "diferentes". Nesse ponto, vale registrar que o ingresso no mundo adulto requer a apropriação de conhecimentos socialmente produzidos. A interiorização de tais conhecimentos e experiências vividas se processa, primeiro, no interior da família e do grupo em que este indivíduo se insere, e, depois, em instituições como a escola. No dizer de Helder Baruffi, "Neste processo de socialização ou de inserção do indivíduo na sociedade, a educação tem papel estratégico, principalmente na construção da cidadania" (TJ-DFT, Apel. 2006.03.1.008331-2, relator Desembargador Waldir Leôncio Júnior, j. 07.08.2008). Nesse mesmo sentido, colaciona-se as seguintes ementas de decisões proferidas pela Corte Bandeirante:
– "Reparação de danos. Bullying. Menor de idade agredido, tendo sua cabeça introduzida dentro de vaso sanitário, com a descarga acionada Reconhecimento de situação vexatória e humilhante, apta a caracterizar o dano moral, independente de qualquer outro tipo de comprovação. Fatos ocorridos dentro do estabelecimento de ensino, em sanitário fechado. Ausência de fiscalização suficiente, o que gera a responsabilidade da escola pelo ocorrido. Sentença mantida. Recurso improvido" (TJ-SP, Apel. 0013121-08.2009.8.26.0220, relator Desembargador Luís Fernando Lodi, j. 25.08.2011) e;
– "Prestação de serviços escolares. Indenizatória. Dano material e moral. Relação de consumo. Aluno vítima de agressões físicas e psíquicas. Bullying. Demonstração. Submissão a tratamento psicológico. Despesas a cargo da instituição de ensino ré. Necessidade. Despesas com a transferência do aluno para a rede de ensino particular. Possibilidade de utilização da rede pública de ensino. Dano material indevido nesse aspecto. Danos morais suportados pelo discente e pela genitora. Ocorrência. Indenização devida. Arbitramento da indenização segundo os critérios da razoabilidade e da proporcionalidade. Necessidade. Sentença parcialmente reformada. Recurso do réu improvido e parcialmente provido o dos autores" (TJ-SP, Apel. 9184681-74.2008.8.26.0000, relator Desembargador Rocha de Souza, j. 24.11.2011).

Quando um dos contratantes é pessoa física o objeto desses contratos é, muitas vezes, essencial para sua própria subsistência (contrato existencial na definição de Antonio Junqueira de Azevedo), o que torna seu escorreito cumprimento especialmente relevante.

Os serviços essenciais são prestados pelo poder público, suas concessionárias ou permissionárias e, nos termos da legislação consumerista, devem ser contínuos[294].

A Lei 7.783/1989 fornece um rol de atividades consideradas essenciais para fins de regulação do exercício do direito de greve. O dispositivo, porém, pode servir ao presente estudo como indicativo dos serviços dessa natureza. São eles: tratamento e abastecimento de água; produção e distribuição de energia elétrica, gás e combustíveis; assistência médica e hospitalar; distribuição e comercialização de medicamentos e alimentos; funerários; transporte coletivo; captação e tratamento de esgoto e lixo; telecomunicações; guarda, uso e controle de substâncias radioativas, equipamentos e materiais nucleares; processamento de dados ligados a serviços essenciais; controle de tráfego aéreo; compensação bancária.

Com relação ao fornecimento de água, por exemplo, o ser humano possui dependência absoluta desse tipo de serviço, para seu consumo próprio, higiene e alimentação. Parece evidente que o fornecimento precário ou a interrupção indevida do fornecimento de água causa danos que vão muito além do simples valor monetário do produto. O mesmo raciocínio é válido para a suspensão do fornecimento de energia e até mesmo para a interrupção indevida dos serviços de telefonia: o ser humano é dependente de todos esses serviços. É essa dependência que dá aos contratos que envolvem serviços essenciais o elemento moral o qual permite ao lesado com a inexecução ou execução defeituosa do ajuste pleitear reparação por danos morais.

Questão mais tormentosa é a que diz respeito à suspensão do fornecimento desse tipo de produto essencial à subsistência, quando inadimplente seu consumidor.

---

[294] Art. 22: "Os órgãos públicos, por si ou suas empresas, concessionárias, permissionárias ou sob qualquer outra forma de empreendimento, são obrigados a fornecer serviços adequados, eficientes, seguros e, quanto aos essenciais, contínuos. Parágrafo único. Nos casos de descumprimento, total ou parcial, das obrigações referidas neste artigo, serão as pessoas jurídicas compelidas a cumpri-las e a reparar os danos causados, na forma prevista neste código".

O Superior Tribunal de Justiça, em inúmeras decisões, já se manifestou no sentido da legalidade da interrupção do fornecimento de água[295] e energia[296] diante do não pagamento pelo serviço prestado. Nos Tribunais

[295] "Administrativo. Suspensão do fornecimento de água. Usuário inadimplente. Possibilidade.1. Nos termos do art. 22 da Lei 8.078/90 (Código de Defesa do Consumidor), "os órgãos públicos, por si ou suas empresas, concessionárias, permissionárias ou sob qualquer outra forma de empreendimento, são obrigados a fornecer serviços adequados, eficientes, seguros e, quanto aos essenciais, contínuos". 2. A Lei 8.987/95, por sua vez, ao dispor sobre o regime de concessão e permissão da prestação de serviços públicos previsto no art. 175 da Constituição Federal, em seu Capítulo II ("Do Serviço Adequado"), traz a definição, para esse especial objeto de relação de consumo, do que se considera "serviço adequado", prevendo, nos incisos I e II do § 3º do art. 6º, duas hipóteses em que é legítima sua interrupção, em situação de emergência ou após prévio aviso: (a) por razões de ordem técnica ou de segurança das instalações; (b) por inadimplemento do usuário, considerado o interesse da coletividade. 3. Tem-se, assim, que a continuidade do serviço público assegurada pelo art. 22 do CDC não constitui princípio absoluto, mas garantia limitada pelas disposições da Lei 8.987/95, que, em nome justamente da preservação da continuidade e da qualidade da prestação dos serviços ao conjunto dos usuários, permite, em hipóteses entre as quais o inadimplemento, a suspensão no seu fornecimento. Precedentes da 1ª Turma: REsp 591.692/RJ, rel. Min. Teori Albino Zavascki, DJ de 14.03.2005; REsp 691.516/RS, rel. Min. Luiz Fux, 1ª Turma, DJ de 24.10.2005; REsp 337.965/MG, rel.ª Min.ª Eliana Calmon, 2ª Turma, DJ de 20.10.2003. 4. Recurso especial a que se dá provimento" (STJ, REsp. 898769-RS, relator Ministro Teori Albino Zavascki, j. 01.03.2007).

[296] "Administrativo. Serviço público. Concedido. Energia elétrica. Inadimplência. 1. Os serviços públicos podem ser próprios e gerais, sem possibilidade de identificação dos destinatários. São financiados pelos tributos e prestados pelo próprio Estado, tais como segurança pública, saúde, educação, etc. Podem ser também impróprios e individuais, com destinatários determinados ou determináveis. Neste caso, têm uso específico e mensurável, tais como os serviços de telefone, água e energia elétrica. 2. Os serviços públicos impróprios podem ser prestados por órgãos da administração pública indireta ou, modernamente, por delegação, como previsto na CF (art. 175). São regulados pela Lei 8.987/95, que dispõe sobre a concessão e permissão dos serviços público. 3. Os serviços prestados por concessionárias são remunerados por tarifa, sendo facultativa a sua utilização, que é regida pelo CDC, o que a diferencia da taxa, esta, remuneração do serviço público próprio. 4. Os serviços públicos essenciais, remunerados por tarifa, porque prestados por concessionárias do serviço, podem sofrer interrupção quando há inadimplência, como previsto no art. 6º, § 3º, II, da Lei 8.987/95, Exige-se, entretanto, que a interrupção seja antecedida por aviso, existindo na Lei 9.427/97, que criou a ANEEL, idêntica previsão. 5. A continuidade do serviço, sem o efetivo pagamento, quebra o princípio da igualdade da partes e ocasiona o enriquecimento sem causa, repudiado pelo Direito (arts. 42 e 71 do CDC, em interpretação conjunta). 6. Recurso especial provido" (STJ, REsp. 525500-AL, relatora Ministra Eliana Calmon, j. 16.12.2003).

dos Estados, porém, ainda existem decisões em sentido oposto, ou seja, entendendo pela impossibilidade do corte no fornecimento, persistindo outras formas de cobrar o débito[297].

Na doutrina, existem os que advogam pela impossibilidade da suspensão, outros pela possibilidade. Conforme explica Fernando Costa de Azevedo, parcela da doutrina entende que o consumidor inadimplente não deve se beneficiar da continuidade na prestação do serviço, isso porque, ao serviço prestado deve corresponder uma contraprestação, que é o pagamento da tarifa, caso contrário, o usuário estaria enriquecendo ilicitamente. Essa parte da doutrina utiliza, ainda, o disposto no artigo 6º, § 3º, inciso II, da Lei 8.987/95 que estabelece não caracterizar descontinuidade do serviço a interrupção por inadimplemento do usuário. Já aqueles que são contrários à suspensão defendem que essa possibilidade viola o princípio da proibição do retrocesso que se refere às garantias e direitos fundamentais expressos na Constituição Federal[298].

Ressalvadas as divergentes posições acerca da possibilidade da suspensão dos serviços essenciais quando inadimplente o usuário, doutrina e jurisprudência são unânimes no entendimento de que, quando o corte no fornecimento for indevido, experimenta o consumidor dano moral indenizável. São comuns os casos em que o fornecimento é suspenso mesmo sem qualquer débito aberto. Também é corriqueira a prática de verifica-

---

[297] "Ação de indenização por dano moral. Suspensão do fornecimento de energia elétrica. Sentença de improcedência. Apelo do autor. Inteligência dos arts. 22 e 42 do CDC c.c. art. 6º, §3º, II, da Lei nº 8.957/95. Teoria do Diálogo das Fontes. Deve-se encontrar a solução que corresponda a uma interpretação constitucionalmente admissível dos diversos diplomas que regem a situação em testilha. É inadmissível o corte no fornecimento de serviço essencial que atinja a dignidade da pessoa humana. Autor residente no imóvel que teve o fornecimento de energia elétrica interrompido. O serviço deve ser prestado continuamente, não se olvidando as demais formas de se cobrar o débito. Dano moral 'in re ipsa'. A existência de um dano moral pode ser auferida a partir da comprovação fática da conduta ilícita. Precedentes do STJ. 'Quantum' arbitrado em R$7.000,00. Sucumbência invertida. Recurso provido" (Apel. 0000674-11.2010.8.26.0589, relator Desembargador Virgilio de Oliveira Junior, j. 14.03.2012).

[298] AZEVEDO, Fernando Costa. A suspensão do fornecimento de serviço público essencial por inadimplemento do consumidor-usuário. Argumentos doutrinários e entendimento jurisprudencial. Revista de Direito do Consumidor, ano 16, nº 62, abr.-jun. 2007, p. 99-101.

ção unilateral de fraude, com a consequente paralisação do serviço. O STJ firmou entendimento no sentido da abusividade de tal conduta[299].

A ausência de comunicação prévia acerca da possibilidade de corte e a demora no restabelecimento do serviço também podem ensejar indenização por danos morais, ainda que a suspensão tenha ocorrido por conta do inadimplemento do consumidor (com a ressalva já feita de que, para alguns autores, qualquer interrupção de fornecimento de serviço essencial é ilegal e capaz de gerar indenização por danos morais).

3.7.1.5. Contratos de transporte

O transporte pode ser considerado serviço essencial, quando coletivo (artigo 10, inciso V, da Lei nº 7.783/1989) e estaria, portanto, integrado à categoria anterior, no entanto, diversos outros tipos de contrato de transporte coexistem com esse de natureza essencial, o que permite o tratamento do mesmo em uma categoria própria.

Esse tipo de ajuste (em suas diversas modalidades) pode ser considerado contrato moral, diante da relevância do serviço prestado e das graves consequências que o seu mau cumprimento pode gerar.

As principais controvérsias acerca dessa figura contratual, nas diferentes categorias, serão tratadas em capítulo destinado à análise da jurisprudência do STJ acerca do tema.

3.7.1.6. Contratos bancários

Os contratos bancários possuem uma importância social, comprovada através de sua frequência nos Tribunais e o grande número de demandas relacionadas a esta espécie contratual está especialmente ligada à natureza da mercadoria que ela transaciona: o dinheiro[300].

Conforme explica Roberto Senise Lisboa, as operações bancárias constituem serviços remunerados, direta ou indiretamente, prestados por instituições financeiras regularmente constituídas, funcionando através de autorização governamental. O autor esclarece que essas operações pos-

---

[299] Podem ser citados, a título exemplificativo, os seguintes julgados: REsp 816.689-SP, AgRg no AREsp 346626-PE, REsp 1298735-RS, AgRg no AREsp 368993, AgRg no AREsp 334712, entre inúmeros outros.

[300] FONTES, Marcos Rolim Fernandes; WAISBERG, Ivo (Coord.) Contratos bancários. São Paulo: Quartier Latin, 2006, p. 38.

suem duas características básicas: a existência de um conteúdo econômico e sua massificação negocial[301].

São inúmeros os contratos bancários que se submetem, de forma genérica, ao Código de Defesa do Consumidor[302] e às regras ditadas pelo direito bancário. Entre os principais ajustes dessa natureza é possível destacar: o mútuo mercantil, o depósito, a abertura de crédito, contrato de conta corrente e o contrato de cartão de crédito.

Operações bancárias fazem parte do cotidiano do brasileiro. Conforme esclarece Roberto Grassi Neto, o consumidor se vale, diariamente, da atividade bancária e financeira, mesmo de forma involuntária, para o pagamento e recebimento de salários, aposentadorias, taxas, contas e compras bem como para tomada de empréstimos e aplicação em fundos de investimentos. O autor cita, a título de ilustração, uma pesquisa realizada pela Febraban que aponta que foram realizadas, pelos bancos brasileiros, em 2010, 55,7 bilhões de operações bancárias[303][304].

Operações em massa acarretam demandas em massa. As ações envolvendo contratos com instituições financeiras abarrotam o Judiciário nacional e, em muitas delas, há pedido de indenização por danos morais. A grande incidência desse tipo de pedido nos processos que envolvem contratos bancários está intimamente ligada à importância da atividade que se presta. Conforme mencionado, os bancos lidam com uma mercadoria fundamental para o cliente: seu dinheiro.

As principais demandas com pedidos de danos morais relacionadas à atividade bancária serão abordadas no capítulo referente à jurisprudência do Superior Tribunal de Justiça, mas adianta-se que, em sua grande maioria, estão relacionadas à negativação indevida dos clientes, fraudes cometidas com documentação dos correntistas, retenção indevida de valores, entre outras situações.

---

[301] LISBOA, Roberto Senise. *Op. cit.*, p. 421.
[302] Sobre o tema, o STJ editou a Súmula 297, cujo conteúdo adiante se colaciona: "O Código de Defesa do Consumidor é aplicável às instituições financeiras".
[303] NETO, Roberto Grassi. Crédito, serviços bancários e proteção ao consumidor em tempos de recessão. Revista de Direito do Consumidor, ano 20, vol. 80, out.-dez., 2011, p. 195.
[304] A pesquisa está disponível em: <http://www.febraban.org.br/Noticias1.asp?id_texto=1207>. Acesso em: 22.10.2013.

3.7.1.7. Contratos de lazer

O direito ao lazer está previsto na Constituição Federal, no capítulo dos direitos sociais, que, por sua vez, está inserido no título dos direitos fundamentais. O lazer é um direito subjetivo fundamental e de 2ª geração.

Na lição de Mirian Freire Pereira, o direito ao lazer está ligado à educação, à cultura, à dignidade humana, é indispensável à saúde, ao bem estar físico e mental do homem e se mostra essencial para o equilíbrio e para a vida em sociedade[305].

É dever do Estado fornecer meios para que os indivíduos possam gozar e usufruir do lazer. Insatisfeitas com as opções oferecidas pelo Poder Público, que tem dificuldade de cumprir a ordem constitucional, ou mesmo movidas pela vontade individual de realizar determinado passeio, viagem, ou outra opção de entretenimento, as pessoas, comumente, contratam serviços dessa natureza.

Segundo Wei Dan, o consumo de turismo constitui um nível mais avançado se comparado com o consumo de bens e serviços em geral. Isso porque, com a atividade turística, o consumidor tem como pretensão o prazer espiritual, a busca de descobrimento, conhecimento e cultura[306]. É possível estender o raciocínio externado pela jurista ao consumo do lazer, não só o do turismo: é um consumo diferenciado, com um elemento que o distingue (o elemento moral).

Diante da relevância do direito que permeia esse tipo de contrato, é frequente o pedido de indenização por danos morais quando ajustes dessa natureza são descumpridos. E as causas motivadoras desse tipo de lesão são tão numerosas quanto às opções de lazer oferecidas no mercado. Tomada a palavra 'lazer' em sentido amplo, as pessoas fecham contratos do tipo todo dia: a sessão de cinema, a festa de formatura, o pacote de viagem, entre inúmeros outros exemplos.

Não raro, porém, a expectativa de vivenciar momentos de lazer é frustrada e essa insatisfação se converte em litígio. Os Tribunais pátrios se pronunciam sobre o tema e, constantemente, deferem indenizações por

---

[305] PEREIRA, Mirian Freire. Direito ao lazer. Tese de doutorado. Faculdade de Direito da Universidade de São Paulo, 2002, p. 72.

[306] DAN, Wei. A proteção do turista através do direito do consumidor. Efeitos da globalização e o estudo empírico da China. Revista Direito do Consumidor, ano 21, vol. 83, jul.-set., 2012, p. 209.

danos morais decorrentes do descumprimento de obrigações relacionadas a esse tipo de contrato[307].

3.7.1.8. Contratos de habitação

A violação de direitos individuais em contratos relacionados à moradia também embasam pedidos de danos morais, com frequência.

Como explica Ênio Santarelli Zuliani, o direito de o homem se proteger das intempéries do tempo deixou de ser natural no momento em que o direito à propriedade passou a ser privilégio de certos afortunados. A partir daí, a legítima aspiração de se tornar dono de casa própria passou a se tornar desejo primário, como se isso representasse um acréscimo aos

---

[307] A exemplo dos seguintes julgados do Tribunal Bandeirante:
-"Responsabilidade Civil. Danos morais. Configuração. A submissão ao constrangimento de não ter à sua disposição o vôo de volta, pelo qual já haviam pagado e especialmente o fato de os percalços ocorrerem em outro país, forçando a antecipação do retorno de alguns dos autores e trazendo dissabores para uma circunstância de lazer justifica a ocorrência de dano à moral. Majoração do montante indenizatório. Inadmissibilidade. Ocorrência de que quem suportar danos morais não pode pretender riqueza e nem vida fácil às custas daquele que o lesou. Manutenção do montante de R$ 26.600,00 (R$ 3.800,00 para cada autor). Recursos da ré e dos autores não providos" (TJ-SP, Apel. 9165379-59.2008.8.26.0000, relator Desembargador Tersio Negrato, j. 11.08.2008);
-"Ação de indenização. Contrato de prestação de serviços de bufê para festa de casamento. Execução parcial e defeituosa do objeto contratado. Inadimplemento contratual reconhecido. Danos morais caracterizados. Indenização devida. Valor arbitrado em atenção aos princípios de razoabilidade e proporcionalidade. Redução. Descabimento. Sentença mantida. Recurso desprovido" (TJ-SP, Apel. 0358983-90.2007.8.26.0577, relator Desembargador Andrade Neto, j. 06.02.2013);
-"Apelação Cível. Ação de indenização por danos materiais e danos morais. Sentença de parcial procedência. Festa de formatura. Prestação de serviços de filmagem e fotografia. Exclusividade contratual da ré. Ausência do serviço ou perda do material. Danos à consumidora. Perda de registro pessoal e familiar do que vivenciou no evento. Memória de parte de sua história. Danos morais configurados. Recurso não provido" (TJ-SP, Apel. 9146816-80.2009.8.26.0000, relator Desembargador Hélio Nogueira, j. 06.05.2013); e,
-"Indenização. Danos morais. Constrangimentos sofridos pelo autor em razão da ausência de banheiros adaptados a deficientes físicos em cinema localizado no interior de shopping Center. Responsabilidade solidária das rés. Ação julgada procedente. Valor arbitrado que não se afigura excessivo. Sentença mantida por seus próprios fundamentos. Aplicação do artigo 252 do Regimento Interno do Tribunal de Justiça. Recurso não provido" (TJ-SP Apel. 0028899-67.2007.8.26.0000, relator Desembargador Erickson Gavazza Marques, j. 03.08.2011).

dons da personalidade do sujeito. O autor explica que, sob essa ótica, deve se admitir que a lesão ao volume de expectativas que o adquirente de imóvel em construção ou construído cria ganha destaque por transcender os limites da relação contratual[308].

De fato, o contrato que envolve a moradia, é um contrato moral e, a depender do caso, seu descumprimento ensejará reparação pelos danos, não apenas patrimoniais como também morais causados. Os principais contratos em que há essa discussão são: compra e venda de imóvel[309], empreitada[310], incorporação[311] e locação[312].

Sem pretender exaurir o tema que, pela complexidade, exigiria estudo particularizado, serão abordados alguns casos que confirmam a tese de que o descumprimento desse tipo de contrato pode acarretar danos extrapatrimoniais.

O primeiro, e talvez mais recorrente deles, é o atraso na entrega de obra. De acordo com Yussef Said Cahali, a jurisprudência ainda resiste em conceder indenização por danos morais nesses casos, considerando que no conceito de dano moral não se enquadra o simples constrangimento decorrente do insucesso do negócio[313]. Na verdade, conforme pesquisa realizada no Superior Tribunal de Justiça que será abordada em capítulo posterior, existem julgados nos dois sentidos: tanto concedendo[314], como indeferindo[315] indenizações por danos morais nesses episódios.

Outra questão que divide os Tribunais é a que diz respeito aos defeitos na execução da obra e se a má prestação desse tipo de serviço pode ensejar reparação por danos morais. A resposta a essa pergunta é dada, pelos Tribunais pátrios, caso a caso, existindo decisões em ambos os sentidos: algumas no sentido de que o defeito na execução contratual não implica

---

[308] ZULIANI, Ênio Santarelli. Responsabilidade civil. Responsabilidade civil e sua repercussão nos Tribunais. 2ª ed. São Paulo: Saraiva, 2009, p. 239-241.
[309] A compra e venda tem suas regras gerais trazidas nos artigos 481 a 504 do Código Civil.
[310] Contrato disciplinado pelos artigos 610 a 626 do Código Civil.
[311] A Lei 4.591 de 16 de dezembro de 1964 dispõe sobre as incorporações imobiliárias.
[312] A locação dos imóveis urbanos é tratada na Lei 8.245, de 18 de outubro de 1991.
[313] CAHALI, Yussef Said. Op. cit., p. 511.
[314] A exemplo do REsp. 830.572-RJ e do REsp. 1.025.665-RJ.
[315] A exemplo do REsp. 876.527-RJ e do REsp. 712.469-PR.

no dever de reparação por danos morais[316] outras apontando que a obra mal feita pode resultar em ofensa de cunho moral[317].

Sobre o tema, uma relevante discussão é a que envolve o conteúdo do artigo 618 do Código Civil o qual dispõe: "Nos contratos de empreitada de edifícios ou outras construções consideráveis, o empreiteiro de materiais e execução responderá, durante o prazo irredutível de cinco anos, pela solidez e segurança do trabalho, assim em razão dos materiais, como do solo". Nelson Rosenvald esclarece que o sistema de garantia acima delineado só se aplica aos vícios redibitórios que acarretem risco à solidez ou segurança do prédio. Para os vícios ocultos em geral, as regras aplicadas são aquelas dos artigos 441 e seguintes do Código Civil e, com relação aos vícios aparentes, as dos artigos 615 e 616[318].

Adverte Ênio Santarelli Zuliani, ainda, que o final desse prazo de cinco anos do artigo 618 não exonera o construtor dos defeitos graves que superaram o tempo: eclodindo um desses defeitos, poderá o consumidor exi-

---

[316] "Contrato imobiliário. Ação de obrigação de fazer c.c. indenização por danos morais. Procedência em parte, com danos morais arbitrados em R$ 5.000,00. Inconformismo das partes. Acolhimento em parte do apelo das rés. Higidez da prova técnica emprestada, que constatou os vícios de construção, por falha de execução. Defeito na execução contratual que, por si só, não implica em dever de reparação por danos morais. Aborrecimento situado na esfera comum das relações negociais. Precedente deste E. Tribunal de Justiça. Confirmação da distribuição recíproca do ônus da sucumbência. Sentença reformada em parte. Recurso das rés provido em parte e desprovido o apelo adesivo da autora" (TJ-SP, Apel. 0015505-52.2005.8.26.0100, relator Desembargador Grava Brazil, j. 20.08.2013).

[317] "Prestação de serviços. Construção de residência. Irregularidades. Aditamento ao contrato. Prazo para readequação do imóvel. Esgotamento do termo sem cumprimento. Incidência de multa diária pactuada. Indenização por danos morais. Sentença mantida. Recurso improvido. Analisando todo o contexto dos autos, não se conclui tenha o contratado agido, "ab initio", com devida probidade e boa-fé no cumprimento do pactuado (art. 422, CC), haja vista ter erigido imóvel em dissonância com os padrões de construção e de legalidade junto aos órgãos competentes, hipótese confirmada pelos profissionais de engenharia, fato que ensejou aditamento contratual para readequação da empreitada, reincidindo em descumprimento dado o esgotamento do prazo ajustado, passando a incidir multa diária. A propósito, a residência da apelada chegou a discrepar das demais casas da região, sendo referência de obra mal feita, conforme depoimentos da vizinhança, situação que reforça a convicção de que a parte sofreu ofensas de cunho moral, a gerar indenização, cujo montante fora arbitrado em consonância aos princípios da razoabilidade e proporcionalidade" (TJ-SP, Apel. 9077772-08.2008.8.26.0000, relator Desembargador Clóvis Castelo, j. 26.08.2013).

[318] ROSENVALD, Nelson. In: PELUZO, Cezar (Coord.). Op. cit, p. 648.

gir a reparação no prazo previsto no artigo 27 da Lei 8.078/90[319]. O autor segue esclarecendo que, no caso de danos corporais e morais não se aplica o estampado no artigo 618 do Código Civil, mas a regra do artigo 186 conjugado com o 206 § 3º, V, ambos do mesmo Código[320].

O contrato de locação também é alvo de debates nos Tribunais pátrios e, muitas vezes, essa discussão envolve o cabimento ou não de danos morais decorrentes do seu descumprimento. O deferimento desse tipo de indenização dependerá do caso concreto, mas o fato é que os Tribunais reconhecem a possibilidade de arbitramento de danos morais quando descumprida alguma obrigação relacionada a esse tipo de ajuste[321].

3.7.1.9. Contratos referentes a bens com valor afetivo

O contrato pode ter como objeto determinado bem com valor afetivo. Quando o descumprimento do pactuado lesar o interesse de afeição do contratante, deverá haver a reparação do dano moral causado.

O serviço fotográfico e de vídeogravação, por exemplo. O álbum de casamento e o vídeo de formatura não possuem como valor apenas o custo do

---

[319] Art. 27: "Prescreve em cinco anos a pretensão à reparação pelos danos causados por fato do produto ou do serviço prevista na Seção II deste Capítulo, iniciando-se a contagem do prazo a partir do conhecimento do dano e de sua autoria".

[320] ZULIANI, Ênio Santarelli. *Op. cit.*, p. 252-253.

[321] -"Apelação. Ação indenizatória. Contrato de locação. Desabamento do teto do banheiro na locatária. Responsabilidade do locador (art. 22, incisos I e IV da Lei n. 8.245/91). Provas de que o imóvel já não se encontrava em bom estado de conservação, bem como de que a locatária comunicou o problema. Diminuição do quantum indenizatório. Inexistência dos danos materiais. Quantia que não possui nexo causal com o acidente: o pagamento de verba locatícia é devido na medida em que continuada a ocupação no imóvel. Danos morais existentes, porém reduzidos. Recurso parcialmente provido" (TJ-SP, Apel. 0005232-34.2007.8.26.0394, relator Desembargador Hugo Crepaldi, j. 01.08.2013); e,

- "Locação Comercial. Shopping Center. Indenização por danos materiais e morais. Retirada arbitrária pela Ré, da máquina de fotografia, utilizada pela Autora no espaço locado para desenvolvimento de suas atividades comerciais. Prova. Alegado abandono do espaço locado pela Autora que não restou evidenciado – Rescisão unilateral do contrato de locação. Danos morais pessoa jurídica. Súmula nº 227 do Col. STJ. Danos morais indenizáveis pela conduta arbitrária da Ré. Redução do quantum fixado. Danos materiais lucros cessantes devidos. Honorários advocatícios contratuais pleiteados a título de danos materiais descabimento remuneração já decorrente da sucumbência. Litigância de má-fé inocorrência. Recurso da ré parcialmente conhecido, e na parte conhecida, parcialmente provido" (TJ-SP, Apel. 0014978-60.2009.8.26.0068, relatora Desembargadora Berenice Marcondes Cesar, j. 14.05.2013).

papel em que é impresso ou da mídia em que é gravado. A prestação desse tipo de serviço envolve valores sentimentais embutidos nos bens materiais. Quando um contrato desse tipo é descumprido (exemplo: fotógrafo não comparece na cerimônia de casamento[322]), ou é cumprido de forma defeituosa (exemplo: má qualidade das fotos ou do vídeo[323]), o patrimônio lesado é muito mais imaterial que material e essa lesão extrapatrimonial deve ser reparada.

A jurisprudência fornece diversos outros exemplos de contratos que envolvem bens com valor afetivo. O aluguel de cofre em banco, onde eram guardadas jóias de família ou o contrato de penhor dessas jóias. Furtadas, roubadas ou extraviadas tais peças, o banco que as tinha em depósito é comumente responsabilizado, inclusive pelos danos morais experimentados por seus clientes[324].

[322] "Prestação de serviços. Requerida contratada para a cobertura fotográfica do casamento dos autores. Demandada que, mesmo informada da mudança do local do evento, não compareceu. Inadimplemento absoluto do contrato. Dever de indenizar configurado. Indenização por danos morais fixada de acordo com os critérios de razoabilidade e moderação, em atenção ao binônimo reparação-reprimenda. Sentença mantida. Recurso não provido" (TJ-SP, Apel. 0142499-37.2005.8.26.0000, relator Desembargador Marcondes D'Angelo, j. 21.09.2011).

[323] "Apelação cível. Responsabilidade civil. Prestação de serviços de cobertura de festa de formatura e solenidades e festas precedentes. Fotografias e filmagens. Danos material e moral comprovados. Frustração de expectativa do consumidor após a entrega de cd e dvd com fotos e vídeo. Inadimplemento das cláusulas contratuais, antes, durante e depois da solenidade de colação de grau de curso superior. Atraso do fornecedor e má qualidade das fotos e vídeo disponibilizados. Quantificação do dano moral. O inadimplemento contratual caracteriza situação de dano material e moral, consoante as circunstâncias do caso concreto. Falta, por parte da produtora, da devida importância à solenidade, culminando com o registro insatisfatório dos momentos, em fotos e vídeos, a ela pertinentes. Desconsideração com o consumidor em grau injustificável. Inteligência do inciso II do § 1º do art. 14 do CDC. Valor da indenização por danos morais que, no entanto, comporta redução, atentando-se também ao valor global da contratação e ao porte econômico da demandada. Apelo parcialmente provido" (TJ-RS Apel. 70028108116, relatora Desembargadora Marilene Bonzanini Bernardi, j. 10.06.2009).

[324] "Ação declaratória de nulidade de cláusula contratual, cumulada com restituição de bens e indenização por danos materiais e morais subtração de jóias de cofre forte de instituição bancária. Sendo objetiva a responsabilidade civil do banco que celebra contrato de cofre forte para a guarda de bens e valores, e, ficando satisfatoriamente comprovado o roubo das jóias descritas na inicial e o dano sofrido, impõe-se a condenação da instituição financeira à reparação material relativamente aos bens subtraídos e que não foram recuperados. Hipótese em que a perda definitiva de jóias de família, que possuem valor sentimental, gera angústia e tristeza que superam o limite do mero aborrecimento, configurando o reclamado dano moral.

O contrato de transporte de itens com valor afetivo também pode vir a causar danos morais quando tais bens são extraviados, destruídos ou avariados. A jurisprudência se manifesta no sentido de ser responsabilidade da transportadora arcar com os prejuízos materiais e imateriais[325].

Outro exemplo fornecido pela jurisprudência é o do serviço veterinário. Induvidoso o valor afetivo que o animal possui para o ser humano. A responsabilidade civil do médico veterinário é regulada pelo artigo 14, § 4º do Código de Defesa do Consumidor, que exige a verificação de culpa. Verificados os elementos caracterizadores da responsabilidade, surge o dever de indenizar[326].

Existem, ainda, os casos em que, apesar de o contrato não envolver diretamente um item com valor afetivo, o cumprimento defeituoso do ajuste repercute em algum bem dessa natureza. Exemplo fornecido pelo Tribunal de Justiça de São Paulo: instalação defeituosa de boiler que inundou o apartamento do consumidor causando a perda de documentos com valor afetivo[327].

Banco que deve arcar com o pagamento de R$ 5.000,00, para cada uma das proprietárias das joias roubadas, valor que não configura enriquecimento sem causa. Sentença parcialmente reformada. Recurso parcialmente provido" (TJ-SP, Apel. 9118207-58.2007.8.26.0000, relator Desembargador Walter Fonseca, j. 01.08.2013).

[325] "Contrato. Transporte. Reconhecida a responsabilidade da ré, transportadora, quanto à reparação dos danos materiais e morais experimentados pela autora, em razão da má consecução do contrato, que provocou avarias em itens de valor afetivo. Recurso da ré improvido. Recurso da autora provido" (TJ-SP, Apel. 0091343-78.2003.8.26.0000, relator Desembargador Itamar Gaino, j. 09.08.2006).

[326] "Ação de indenização por danos morais, sob alegação de erro em cirurgia de castração realizada em gata, consistente em costura indevida de parte do intestino. Em primeiro grau, decisão de procedência. Danos morais fixados em R$ 5.000,00. Preliminar. Cerceamento de defesa. Inocorrência. Prova suficiente para o julgamento justo e correto da lide. Animal sacrificado, inviabilizando perícia direta. Apresentação de laudo técnico, subscrito por dois médicos veterinários. Mérito. Elementos dos autos a demonstrar a presença de fio cirúrgico obstruindo a porção caudal do intestino grosso, com perfuração intestinal, peritonite e necrose de porção cranial do intestino, pâncreas e porção fúngica do estômago do animal. Caracterização de falha no procedimento adotado. Animal sacrificado. Danos morais caracterizados. Dever de indenizar que se impõe. Montante da indenização fixada em R$5.000,00 mantido" (TJ-SP, Apel. 9129272-79.2009.8.26.0000, relator Desembargador Edson Luiz de Queiroz, j. 04.09.2013).

[327] "Responsabilidade civil. Prestação de serviços. Vício na instalação de boiler no apartamento do consumidor. Prova pericial que constatou diversas falhas na instalação do equipamento

Esses foram alguns exemplos de contratos envolvendo bens com valor sentimental. Esses ajustes morais quando inadimplidos ou cumpridos de forma defeituosa geram o dever de indenizar não apenas os danos patrimoniais, mas especialmente os extrapatrimoniais gerados.

3.7.1.10. Contratos de prestação de serviços de advocacia

O contrato que intitula esse tópico é um ajuste, sem dúvida, moral. Verifica-se um grande número de profissionais da área no mercado e o consequente aumento das demandas de responsabilização civil dos causídicos. A prestação defeituosa/desidiosa desse tipo serviço pode causar danos morais ao contratante, o que gera a obrigação de repará-los por parte daquele que, no exercício de sua profissão, os causou.

Conforme explica Sílvia Vassilieff, os contratos firmados habitualmente entre os advogados e seus clientes são o mandato judicial e a prestação de serviços, quando representam um cliente em juízo, e a realização de obra (empreitada), quando se comprometem a elaborar um documento contratual ou parecer, contratos que podem ser genericamente denominados de contratos de prestação de serviços de advocacia[328].

Vaneska Donato de Araújo explica que a responsabilidade do advogado será sempre subjetiva, mesmo que a relação entre patrono e assistido não seja contratual, de modo que o advogado só será responsabilizado se comprovados dolo ou culpa, comportamentos inadequados diante de sua dignidade profissional. A responsabilidade da sociedade de advogados é, igualmente, subjetiva, por conta da sua natureza não mercantilizada, com a ressalva de que, nos termos do artigo 17 do Estatuto da Advocacia e da Ordem dos Advogados do Brasil, o sócio responde subsidiária e ilimitadamente pelos danos causados pela sociedade aos clientes por ação ou omissão no exercício da advocacia[329].

---

realizado pela denunciada. Realização da substituição do equipamento pela ré sem as devidas cautelas. Responsabilidade solidária reconhecida. Artigo 7º, parágrafo único, do Código de Defesa do Consumidor. Danos morais configurados. Inundação do apartamento do consumidor e perda de documentos de valor afetivo. Situação que ultrapassou o mero dissabor cotidiano. Valor indenizatório mantido em R$ 6.500,00. Recursos improvidos" (TJ-SP, Apel. 9165133-97.2007.8.26.0000, relator Desembargador Hamid Bdine, j. 26.03.2013).

[328] VASSILIEFF, Sílvia. A responsabilidade civil do advogado. Tese de doutorado. Faculdade de Direito da Universidade de São Paulo, 2004, p. 104.

[329] ARAUJO, Vaneska Donato de. *Op. cit.*, p. 224-225.

O DANO MORAL CONTRATUAL

    Doutrina e jurisprudência fornecem diversas hipóteses que podem gerar responsabilização na atuação do advogado: não observância de prazos processuais, renúncia de direitos sem consentimento do cliente, retenção de numerário pertencente ao assistido, não interposição de recursos, extravio de autos, não comparecimento às audiências, não andamento ao processo, não ajuizamento da demanda dentro do prazo prescricional ou decadencial, não observância dos pressupostos processuais e condições da ação, violação de sigilo, entre outros[330].

---

[330] Seguem alguns exemplos de julgados do Tribunal Bandeirante acerca do tema:
– "Mandato. Erro profissional. Perda da chance de êxito processual. Ação indenizatória por danos morais, julgada improcedente em Primeiro Grau. 1. Responsabilidade civil do advogado fundada na teoria da perda de chance. Frustração da chance de obter êxito na demanda trabalhista. 2. Falha na prestação de serviços advocatícios demonstrada nos autos, porquanto o equívoco cometido pelo causídico fez reverter a decisão anteriormente favorável ao cliente em reclamação trabalhista. Inércia do profissional que culminou no reconhecimento da prescrição do autor, o que caracteriza erro inescusável. Responsabilidade civil pelos danos resultantes do desfecho desfavorável da demanda, que teve como causa determinante a desídia do patrono. 3. No caso concreto, está caracterizado o nexo causal entre a conduta do patrono e o resultado desfavorável da demanda, uma vez que a deficiente atuação profissional apresentou-se como fator decisivo. Procedência parcial da ação que se faz de rigor. 4. Deram parcial provimento ao recurso, para os fins constantes do acórdão" (TJ-SP, Apel. 0166237-35.2011.8.26.0100, relator Desembargador Vanderci Álvares, j. 04.07.2013);
– "1. Processual civil e civil. Prestação de serviços de advocacia. Mandato. Negligência. Configuração. Perda de audiência. Consequências inevitáveis à outorgante. Responsabilidade civil do advogado. Improvido o apelo do réu. Com sua omissão, o réu apelante permitiu a sequência de atos processuais com intimações em seu nome, mantendo-se, mesmo assim, inerte. As consequências advieram, emanando sentença condenatória sob a rubrica de danos morais. Previsível ao apelante tais consequências. 2. Processual civil e civil. Mandato. Responsabilidade civil do advogado. Danos morais. Cabimento. Recurso do réu improvido. A responsabilidade civil do advogado significa que este deverá, se considerado culpado, arcar com aquilo que seria razoavelmente ganho na demanda, ou, ainda, com os prejuízos que, comprovadamente, a parte perdedora sofrer em função da má atuação profissional. E há outras perdas, pois ser vencido numa demanda, sem dúvida, se traduz naquele estado depressivo, o que leva a uma compensação em dinheiro pelo dano moral" (TJ-SP, Apel. 1159978001, relator Desembargador Adilson de Araujo, j. 05.08.2008); e,
– "Mandato. Representação em Juízo. Desvio ético praticado pelo advogado-mandatário. Retenção de numerário pertencente ao constituinte. Danos material e imaterial. Procedência da demanda. Recurso do autor. Provimento" (TJ-SP, Apel. 9090998-56.2003.8.26.0000, relator Desembargador Carlos Russo, j. 18.01.2006).

3.7.1.11. Contratos de consumo: alimentos, medicamentos e produtos perigosos

Muitos contratos de consumo já foram tratados e classificados, nesse estudo, como contratos morais. Escolheu-se por reunir no presente tópico três tipos de produtos cujo fornecimento pode causar danos, discutindo-se acerca da possibilidade de indenizá-los, em especial os extrapatrimoniais.

De início, o fornecimento de alimentos. Desde o pé de alface comprado na feira até grandes contratos do ramo alimentício, esses ajustes, quando descumpridos ou cumpridos de forma inadequada, podem gerar danos para as partes envolvidas. A alface pode ter sido regada com água contaminada e o lote de alimentos fornecidos a uma grande rede de supermercados pode estar todo estragado.

A 'moralidade' inerente a esse tipo de contrato está ligada ao fato de que o consumidor final do produto (alimento) dele sobrevive. O consumo do produto pode causar sérios danos, inclusive à saúde do destinatário final e, por isso mesmo, quem quer que seja o fornecedor de alimentos, deve ele zelar pelo bom estado do produto que providencia.

Leite com soda cáustica[331], suco de maçã contaminado com produto de limpeza[332], esses exemplos do cotidiano podem ilustrar o cenário do fornecimento de alimentos no país. A Lei n.º 8.137/90 trata essas situações como, de fato, devem ser tratadas: crimes[333]. Porém, as outras esferas do direito podem e devem fornecer suas sanções: a este estudo coube tratar dos danos que o fornecimento de produtos alimentícios pode causar e as formas de repará-los, em especial, o dano moral, objeto da pesquisa.

Como explica Nehemias Domingos de Melo, no que diz respeito aos danos morais, o Código de Defesa do Consumidor foi coerente com as normas emanadas da Constituição Federal, prevendo sua efetiva repa-

---

[331] "Soda é misturada ao leite há 2 anos, dizem funcionários". Disponível em: <http://www.folha.uol.com.br/folha/cotidiano/ult95u339611.shtml>. Acesso em: 10.12.2013.

[332] "Suco Ades é recolhido por contaminação" Disponível em:< http://drauziovarella.com.br/noticias/suco-ades-e-recolhido-por-contaminacao>. Acesso em: 10.12.2013.

[333] Art. 7º: "Constitui crime contra as relações de consumo: IX – vender, ter em depósito para vender ou expor à venda ou, de qualquer forma, entregar matéria-prima ou mercadoria, em condições impróprias ao consumo".

ração, não impondo limitações[334][335]. E, de acordo com Flávia Viveiros de Castro, a tutela do consumidor no ordenamento jurídico pátrio é integral, não havendo distinção entre responsabilidade civil contratual e extracontratual. A jurista aponta, porém, a grande dificuldade do direito pátrio e estrangeiro em aceitarem essa realidade, sobretudo quando se trata de dano moral. Permite-se sua ampla reparação quando se está diante da responsabilidade aquiliana, mas dificulta-se sua constatação e indenização quando se analisa uma situação contratual[336].

Induvidoso que, além do prejuízo material facilmente aferível, o fornecimento de alimentos pode causar lesões aos seus consumidores que ultrapassam o preço pago pelo produto. No caso do pé de alface, citado no início desse tópico, se ele está contaminado e causa mal ao seu consumidor, o dano moral será individual, já no exemplo do grande contrato no ramo alimentício, os danos morais podem ser coletivos, pois atingem um número expressivo de destinatários finais.

Os Tribunais pátrios possuem diversas decisões concedendo indenização por dano moral nos casos em que fica evidenciado que o dano experimentado pelo consumidor deriva da qualidade do alimento fornecido[337].

---

[334] MELO, Nehemias Domingos de. Dano moral nas relações de consumo. Doutrina e jurisprudência. São Paulo: Saraiva, 2008, p. 65.

[335] Art. 6º: "São direitos básicos do consumidor: VI – a efetiva prevenção e reparação de danos patrimoniais e morais, individuais, coletivos e difusos".

[336] CASTRO, Flávia Viveiros de. *Op. cit.*, p. 92.

[337] Nesse sentido:
– "Responsabilidade civil. Indenização por dano moral. Corpo estranho (prego enferrujado) em garrafa de refrigerante. Verossimilhança das alegações conforme depoimentos testemunhais. Bebida ingerida pelo autor sem, contudo, ingerir o corpo estranho. Ingestão de partículas de ferrugem. Situação que causa nojo e repulsa. Dano moral que dispensa comprovação. Aplicação da teoria da responsabilidade objetiva do risco. Valor da indenização R$ 5.000,00. Recurso provido em parte. Apelação adesiva. Parte que não sucumbiu. Descabimento. Inteligência dos arts. 499 e 500 do CPC. Recurso Adesivo não conhecido" (TJ-SP, Apel. 0288472-81.2009.8.26.0000 , relator Desembargador Coelho Mendes, j. 05.11.2013);
– "Apelação cível. Responsabilidade civil. Ação de indenização por danos morais. Alimento perecível. Prazo de validade vencido. Intoxicação alimentar. Danos Morais. Quantum indenizatório. 1.Analisando as provas coligidas no presente feito, constata-se que a parte autora comprovou a aquisição do produto, consubstanciada pela nota fiscal inserta à fl. 21 dos autos e que já havia transcorrido seis dias desde o termo final mencionado no prazo de validade do produto quando da sua aquisição. Do mesmo modo, restou provado o mal estar sentido pelo autor, o que pode ser aferido pela receita médica juntado ao feito. 2.Oportuno destacar que

A segurança alimentar deve ser perseguida, prevenção e precaução priorizadas, mas quando os danos ocorrem, impõe-se o ressarcimento, não somente daqueles patrimoniais, mas dos de natureza moral.

No que diz respeito aos medicamentos, a indústria farmacêutica deve priorizar a prevenção. Conforme elucida Teresa Ancona Lopez, por serem potencialmente perigosos, os produtos farmacêuticos devem ser testados, durante um longo período, antes de serem lançados para con-

não é possível exigir do consumidor prova mais robusta quanto ao nexo de causalidade, pois não há dúvidas quanto ao fato do autor ter ingerido certa quantidade do produto deteriorado comercializado pela demandada. Contudo, exigir a prova de que o mal estar que o acometeu decorreu exatamente desta ingestão, não encontra amparo nem na ciência médica ou sequer na jurídica, quanto mais nesta que parte de presunções legais para atribuir a responsabilidade no direito consumerista. Assim, a exigência do grau de certeza probatória pretendida constituiria extremada limitação aos direitos do consumidor, diante da dificuldade ou, até mesmo, da impossibilidade de sua realização, o que atenta ao garantismo à parte hipossuficiente na relação de consumo. 3.Há de ser reconhecida a inadequação da conduta da demandada ao colocar à disposição do consumidor alimento vencido há mais seis dias, o que ofende o direito à segurança e à saúde, inscupido no inc. I do art. 6º da Lei nº. 8.078/90. 4.Cumpre salientar que a comercialização de produto com prazo de validade expirado constitui ilícito penal, tipificado no inciso IX do art. 7º da Lei nº. 8.137/90 e apenado com detenção de 2 a 5 anos ou multa. Assim, não há dúvida quanto à prática de conduta ilícita, tanto na seara criminal quanto civil, cujo prejuízo é presumido na hipótese dos autos. 5. No que tange à prova do dano moral, por se tratar de lesão imaterial, desnecessária a demonstração do prejuízo, na medida em que possui natureza compensatória, minimizando de forma indireta as consequências da conduta da ré, decorrendo aquele do próprio fato. Conduta ilícita da demandada que faz presumir os prejuízos alegados pela parte autora, é o denominado dano moral puro. 6. O valor a ser arbitrado a título de indenização por dano imaterial deve levar em conta o princípio da proporcionalidade, bem como as condições da ofendida, a capacidade econômica do ofensor, além da reprovabilidade da conduta ilícita praticada. Por fim, há que se ter presente que o ressarcimento do dano não se transforme em ganho desmesurado, importando em enriquecimento ilícito. 7. Quantum indenizatório arbitrado em R$ 5.100,00, a fim de atender aos parâmetros precitados, pois se mostra adequado para reparar o dano imaterial causado. Dado provimento ao apelo". (TJ-RS, Apel. 70035305671, relator Desembargador Jorge Luiz Lopes do Canto, j. 30.06.2010); e,

– "Ação civil pública. Danos morais. Qualidade de leite 'tipo B' Análise realizada pelo Instituto Adolfo Lutz concluiu que o produto apresentava higienização insatisfatória. Prova técnica da renomada entidade pública é suficiente para configurar a ausência de cuidado necessário da ré em relação ao produto. Dano moral coletivo caracterizado. Verba reparatória condizente com as peculiaridades da ação. Apelo desprovido". (TJ-SP Apel. 9099368-53.2005.8.26.0000, relator Desembargador Natan Zelinschi de Arruda, j. 01.10.2009).

sumo, haja vista que seus efeitos colaterais, ou até inesperados, podem ser graves[338].

Sabe-se que o Código de Defesa do Consumidor impõe aos fornecedores de produtos e serviços, um dever de segurança. Nehemias Domingos de Melo explica que esse dever imposto pela legislação consumerista não é absoluto, tanto que estão à disposição do consumidor diversos produtos naturalmente perigosos. O autor cita o exemplo dos medicamentos, que ostentam um índice normal de nocividade em razão de sua natureza: nesse caso, a nocividade será ilidida desde que o produto venha acompanhado de explicações, do que se concluiu que o dever de informação é complementar ao dever de segurança.

A ideia do dever de segurança também está atrelada à ausência de defeito do produto, afinal, como o próprio CDC esclarece, em seu artigo 12, parágrafo 1º, "o produto é defeituoso quando não oferece a segurança que dele legitimamente se espera".

Aqueles que consomem remédios não sabem se o que estão tomando realmente possui o princípio ativo mencionado ou se fora produzido nas condições sanitárias corretas. A relação entre consumidor e indústria farmacêutica é de extrema confiança, afinal, desses medicamentos pode depender a vida daquele que os consome, portanto, o que se espera da indústria responsável pelo fornecimento desse tipo de produto é uma conduta extremamente zelosa e rigorosa. Nem sempre isso ocorre. No Brasil, 'o caso das pílulas de farinha' ganhou fama e o laboratório que as fabricou foi condenado, pelo STJ, em Ação Civil Pública promovida pelo Estado de São Paulo e pelo PROCON, a arcar com os prejuízos causados, incluídos os de natureza moral[339].

---

[338] LOPEZ, Teresa Ancona. Princípio da precaução e evolução da responsabilidade civil. São Paulo: Quartier Latin, 2010, p. 182.

[339] "Civil e processo civil. Recurso especial. Ação civil pública proposta pelo PROCON e pelo Estado de São Paulo. Anticoncepcional Microvlar. Acontecimentos que se notabilizaram como o 'caso das pílulas de farinha'. Cartelas de comprimidos sem princípio ativo, utilizadas para teste de maquinário, que acabaram atingindo consumidoras e não impediram a gravidez indesejada. Pedido de condenação genérica, permitindo futura liquidação individual por parte das consumidoras lesadas. Discussão vinculada à necessidade de respeito à segurança do consumidor, ao direito de informação e à compensação pelos danos morais sofridos. Nos termos de precedentes, associações possuem legitimidade ativa para propositura de ação relativa a direitos individuais homogêneos. Como o mesmo fato pode ensejar ofensa tanto

a direitos difusos, quanto a coletivos e individuais, dependendo apenas da ótica com que se examina a questão, não há qualquer estranheza em se ter uma ação civil pública concomitante com ações individuais, quando perfeitamente delimitadas as matérias cognitivas em cada hipótese. A ação civil pública demanda atividade probatória congruente com a discussão que ela veicula; na presente hipótese, analisou-se a colocação ou não das consumidoras em risco e responsabilidade decorrente do desrespeito ao dever de informação. Quanto às circunstâncias que envolvem a hipótese, o TJ/SP entendeu que não houve descarte eficaz do produto-teste, de forma que a empresa permitiu, de algum modo, que tais pílulas atingissem as consumidoras. Quanto a esse 'modo', verificou-se que a empresa não mantinha o mínimo controle sobre pelo menos quatro aspectos essenciais de sua atividade produtiva, quais sejam: a) sobre os funcionários, pois a estes era permitido entrar e sair da fábrica com o que bem entendessem; b) sobre o setor de descarga de produtos usados e/ou inservíveis, pois há depoimentos no sentido de que era possível encontrar medicamentos no 'lixão' da empresa; c) sobre o transporte dos resíduos; e d) sobre a incineração dos resíduos. E isso acontecia no mesmo instante em que a empresa se dedicava a manufaturar produto com potencialidade extremamente lesiva aos consumidores. Em nada socorre a empresa, assim, a alegação de que, até hoje, não foi possível verificar exatamente de que forma as pílulas-teste chegaram às mãos das consumidoras. O panorama fático adotado pelo acórdão recorrido mostra que tal demonstração talvez seja mesmo impossível, porque eram tantos e tão graves os erros e descuidos na linha de produção e descarte de medicamentos, que não seria hipótese infundada afirmar-se que os placebos atingiram as consumidoras de diversas formas ao mesmo tempo. – A responsabilidade da fornecedora não está condicionada à introdução consciente e voluntária do produto lesivo no mercado consumidor. Tal ideia fomentaria uma terrível discrepância entre o nível dos riscos assumidos pela empresa em sua atividade comercial e o padrão de cuidados que a fornecedora deve ser obrigada a manter. Na hipótese, o objeto da lide é delimitar a responsabilidade da empresa quanto à falta de cuidados eficazes para garantir que, uma vez tendo produzido manufatura perigosa, tal produto fosse afastado das consumidoras. A alegada culpa exclusiva dos farmacêuticos na comercialização dos placebos parte de premissa fática que é inadmissível e que, de qualquer modo, não teria o alcance desejado no sentido de excluir totalmente a responsabilidade do fornecedor. A empresa fornecedora descumpre o dever de informação quando deixa de divulgar, imediatamente, notícia sobre riscos envolvendo seu produto, em face de juízo de valor a respeito da conveniência, para sua própria imagem, da divulgação ou não do problema, Ocorreu, no caso, uma curiosa inversão da relação entre interesses das consumidoras e interesses da fornecedora: esta alega ser lícito causar danos por falta, ou seja, permitir que as consumidoras sejam lesionadas na hipótese de existir uma pretensa dúvida sobre um risco real que posteriormente se concretiza, e não ser lícito agir por excesso, ou seja, tomar medidas de precaução ao primeiro sinal de risco. O dever de compensar danos morais, na hipótese, não fica afastado com a alegação de que a gravidez resultante da ineficácia do anticoncepcional trouxe, necessariamente, sentimentos

Por fim, passa-se à abordagem de outros dois produtos, que foram escolhidos diante da sua periculosidade inerente, mas cuja venda é liberada no Brasil: bebidas alcoólicas e cigarros.

No que diz respeito ao consumo de álcool e responsabilidade civil das companhias de bebidas, o Superior Tribunal de Justiça se manifestou no sentido de que o consumidor de bebida alcoólica tem consciência dos malefícios do hábito e não pode querer atribuir responsabilidade de sua conduta ao fabricante da bebida, que exerce atividade lícita e regulamentada pelo Poder Público[340].

---

positivos pelo surgimento de uma nova vida, porque o objeto dos autos não é discutir o dom da maternidade. Ao contrário, o produto em questão é um anticoncepcional, cuja única utilidade é a de evitar uma gravidez. A mulher que toma tal medicamento tem a intenção de utilizá-lo como meio a possibilitar sua escolha quanto ao momento de ter filhos, e a falha do remédio, ao frustrar a opção da mulher, dá ensejo à obrigação de compensação pelos danos morais, em liquidação posterior. Recurso especial não conhecido" (STJ, REsp. 866636-SP, relatora Ministra Nancy Andrighi, j. 29.11.2007).

[340] "Recurso Especial. Direito do consumidor. Acórdão que, por maioria de votos, anula sentença. Não cabimento dos Embargos Infringentes. Precedentes. Artigos 22, do Código de Defesa do Consumidor, e 335 do Código de Processo Civil. Prequestionamento. Ausência. Incidência da Súmula 211/STJ. Responsabilidade civil. Fabricante de bebida alcoólica. Dependência química. Inexistência. Atividade lícita. Consumo de bebida alcoólica. Livre escolha do consumidor. Consciência dos malefícios do hábito. Notoriedade. Produto nocivo, mas não defeituoso. Nexo de causalidade inexistente. Fato incontroverso. Julgamento antecipado da lide. Possibilidade. Desnecessidade de produção de prova técnica. Precedentes. Cerceamento de defesa. Reconhecimento de ofício. Inviabilidade. Escólio jurisprudencial. Recurso Especial parcialmente conhecido e, nessa extensão, provido para julgar improcedente a demanda indenizatória. I – No v. acórdão que, por maioria de votos, anula a sentença, não há juízo de reforma ou de substituição, afastando-se, portanto, o cabimento de embargos infringentes (ut REsp 1091438/RJ, rel. Min. Benedito Gonçalves, DJe de 03/08/2010). II – Os artigos 22, do Código de Defesa do Consumidor, relativo à obrigatoriedade de fornecimento de serviços adequados, bem como o 335, do Código de Processo Civil, acerca da aplicação das regras de experiência, não foram objeto de debate ou deliberação pelo Tribunal de origem, restando ausente, assim, o requisito do prequestionamento da matéria, o que atrai a incidência do enunciado 211 da Súmula desta Corte. III – Procedendo-se diretamente ao julgamento da matéria controvertida, nos termos do art. 257 do RISTJ e da Súmula n. 456 do STF, veja-se que embora notórios os malefícios do consumo excessivo de bebidas alcoólicas, tal atividade é exercida dentro da legalidade, adaptando-se às recomendações da Lei n. 9.294/96, que modificou a forma de oferecimento, ao mercado consumidor, de bebidas alcoólicas e não-alcoólicas, ao determinar, quanto às primeiras, a necessidade de ressalva acerca dos riscos do consumo exagerado do produto. IV – Dessa forma e alertado, por meio de amplos debates ocorridos tanto na sociedade

Com relação aos cigarros, a responsabilidade civil das indústrias tabagistas pelos danos causados pelo uso contínuo do produto é tema polêmico. A questão, porém, também já chegou ao STJ que, rotineiramente, tem emitido decisões desfavoráveis aos pleitos indenizatórios dos fumantes e de suas famílias[341]. Este autor já pesquisara sobre o tema e obteve conclusão parcialmente diversa daquela alcançada pelo STJ. Parece mais razoável que, nas ações indenizatórias desse tipo, se analise a época em que o consumidor ingressou no consumo e vício do cigarro, isso porque, apenas com a vigência do Código de Defesa do Consumidor que fora imposto o dever de informação acerca dos riscos inerentes aos produtos potencialmente prejudiciais à saúde e com a Lei 10.167/2000, que foi proibida de forma taxativa a publicidade do cigarro. Até então, os efeitos nefastos do tabaco

---

brasileira, quanto na comunidade internacional, acerca dos malefícios do hábito de ingestão de bebida alcoólica, é inquestionável, portanto, o decisivo papel desempenhado pelo consumidor, dentro de sua liberdade de escolha, no consumo ou não, de produto, que é, em sua essência, nocivo à sua saúde, mas que não pode ser reputado como defeituoso. V – Nesse contexto, o livre arbítrio do consumidor pode atuar como excludente de responsabilidade do fabricante. Precedente: REsp 886.347/RS, rel. Min. Honildo Amaral de Mello Castro, Desembargador Convocado do TJ/AP, DJe de 25/05/2010. VI – Em resumo: aquele que, por livre e espontânea vontade, inicia-se no consumo de bebidas alcoólicas, propagando tal hábito durante certo período de tempo, não pode, doravante, pretender atribuir responsabilidade de sua conduta ao fabricante do produto, que exerce atividade lícita e regulamentada pelo Poder Público. VII – Além disso, "(...) O juiz pode considerar desnecessária a produção de prova sobre os fatos incontroversos, julgando antecipadamente a lide" (REsp 107313/PR, rel. Min. Ruy Rosado de Aguiar, DJ de 17/03/1997, p. 7516. VIII – Por fim, não é possível, ao Tribunal de origem, reconhecer, de ofício, cerceamento de defesa, sem a prévia manifestação da parte interessada, na oportunidade de apresentação do recurso de apelação. Precedentes. IX – Recurso especial parcialmente conhecido e, nessa extensão, provido para julgar improcedente a demanda" (STJ, REsp. 1261943-SP, relator Ministro Massami Uyeda, j. 22.11.2011).

[341] "Recurso especial. Responsabilidade civil e consumidor. Ação de reparação de danos morais e materiais. Tagabismo. Ex-fumante. Doença e uso de cigarro. Risco inerente ao produto. Precedentes. Improcedência do pedido. Recurso provido. 1. "O cigarro é um produto de periculosidade inerente e não um produto defeituoso, nos termos do que preceitua o Código de Defesa do Consumidor, pois o defeito a que alude o Diploma consubstancia-se em falha que se desvia da normalidade, capaz de gerar uma frustração no consumidor ao não experimentar a segurança que ordinariamente se espera do produto ou serviço." (REsp. 1.113.804/RS, Relator em. Min. Luis Felipe Salomão, DJe de 24/6/2010).2. Recurso especial provido" (STJ, REsp 1197660-SP, relator Ministro Raul Araújo, j. 15.12.2011). Nesse mesmo sentido: REsp 886347-RS e REsp 1113804-RS.

eram acobertados pela indústria, que não possuía o dever legal de divulgá-los e a intensa publicidade atuava sobre o livre-arbítrio do consumidor[342].

3.7.1.12. Contratos ambientais

Apesar de não figurarem como objeto central do presente estudo, os negócios jurídicos que envolvam o meio ambiente podem causar, quando descumpridos, danos morais. Segundo explica Luiz Carlos Aceti Júnior, dano moral ambiental é todo dano que não tenha aspecto econômico causado em razão de lesão ao meio ambiente gerando a privação do equilíbrio ecológico, prejudicando o bem-estar e a qualidade de vida[343].

Patrícia Faga Iglecias Lemos esclarece que não há dúvidas quanto ao reconhecimento da necessidade de indenização do dano moral ambiental: a responsabilidade por danos ambientais extrapatrimoniais enseja uma possibilidade de efetiva e integral compensação do dano[344].

Segundo José Rubens Morato Leite e Patryck de Araújo Ayala, no tocante ao dano extrapatrimonial ambiental, é possível observá-lo sob dois aspectos: o subjetivo e o objetivo. O dano extrapatrimonial ambiental subjetivo é aquele que relaciona-se a um interesse individual, quando a lesão ao meio ambiente reflete em bens individuais de natureza imaterial. Já o dano extrapatrimonial objetivo configura-se como aquele que atinge o interesse ambiental difuso, lesão a valor imaterial coletivo[345]. Quanto ao último, os autores sinalizam as dificuldades intrínsecas à sua comprovação. Advogam, porém, pela suficiência da comprovação do fato lesivo ao meio ambiente do qual se presume a violação ao ideal coletivo relacionado à proteção ambiental, ou seja, desrespeito ao direito humano fundamental a um meio ambiente ecologicamente equilibrado[346].

---

[342] BRAZ, Alex Trevisan. A fumaça do bom direito. Um estudo sobre a responsabilidade civil das indústrias tabagistas. Monografia. Faculdade de Direito da Universidade de São Paulo, 2009, p. 133-134.
[343] ACETI JÚNIOR, Luiz Carlos. Dano moral ambiental. Repertório de Jurisprudência IOB. Civil, Processual, Penal e Comercial, vol. III, nº 24, 2006, p. 758.
[344] LEMOS, Patrícia Faga Iglecias Lemos. Direito ambiental. Responsabilidade civil e proteção ao meio ambiente. 3ª ed. São Paulo: Revista dos Tribunais, 2010, p. 166.
[345] LEITE, José Rubens Morato; AYALA, Patryck de Araújo. Dano ambiental. Do individual ao coletivo extrapatrimonial. Teoria e prática. 3ª ed. São Paulo: Revista dos Tribunais, 2010, p. 285-287.
[346] *Ibidem*, p 291.

Alguns negócios jurídicos podem, com seu descumprimento ou cumprimento defeituoso, afetar o meio ambiente, causando lesões materiais, mas também imateriais, na modalidade individual e/ou coletiva. Roberto Senise Lisboa cita alguns exemplos: o contrato de transporte de material tóxico, aquisição de propriedade rural parcialmente integrada a uma reserva legal, contratos de consumo que proporcionem danos ambientais, contratos firmados pela Administração Pública que acarretem danos ambientais (abertura de rodovias, duplicação de pistas e explosão de pontes, por exemplo), contratos de preservação do patrimônio cultural existente, contratos de concessão e controle das atividades nucleares e de biotecnologia, contratos referentes à implementação de incorporação imobiliária, projetos urbanísticos e reforma habitacional e agrária[347].

A melhor jurisprudência se manifesta pela possibilidade de indenização por dano moral ambiental[348] que pode, como supramencionado, advir, inclusive, do descumprimento de algum contrato.

---

[347] LISBOA, Roberto Senise. *Op. cit.*, p. 466-467.

[348] Nesse sentido:
-"Ambiental, Administrativo e Processual Civil. Ação Civil Pública. Proteção e preservação do meio ambiente. Complexo Parque do Sabiá. Ofensa ao art. 535, ii, do CPC não configurada. Cumulação de obrigações de fazer com indenização pecuniária. Art. 3º da Lei 7.347/1985. Possibilidade. Danos morais coletivos. Cabimento. 1. Não ocorre ofensa ao art. 535 do CPC, se o Tribunal de origem decide, fundamentadamente, as questões essenciais ao julgamento da lide. 2. Segundo a jurisprudência do STJ, a logicidade hermenêutica do art. 3º da Lei 7.347/1985 permite a cumulação das condenações em obrigações de fazer ou não fazer e indenização pecuniária em sede de ação civil pública, a fim de possibilitar a concreta e cabal reparação do dano ambiental pretérito, já consumado. Microssistema de tutela coletiva. 3. O dano ao meio ambiente, por ser bem público, gera repercussão geral, impondo conscientização coletiva à sua reparação, a fim de resguardar o direito das futuras gerações a um meio ambiente ecologicamente equilibrado. 4. O dano moral coletivo ambiental atinge direitos de personalidade do grupo massificado, sendo desnecessária a demonstração de que a coletividade sinta a dor, a repulsa, a indignação, tal qual fosse um indivíduo isolado. 5. Recurso especial provido, para reconhecer, em tese, a possibilidade de cumulação de indenização pecuniária com as obrigações de fazer, bem como a condenação em danos morais coletivos, com a devolução dos autos ao Tribunal de origem para que verifique se, no caso, há dano indenizável e fixação do eventual quantum debeatur" (STJ, REsp. 1269494-MG, relatora Ministra Eliana Calmon, j. 24.09.2013). e;
-"Administrativo e Processual civil. Violação do art. 535 do CPC. Omissão inexistente. Ação Civil Pública. Dano ambiental. Condenação a dano extrapatrimonial ou dano moral coletivo. Possibilidade. Princípio in dubio pro natura. 1. Não há violação do art. 535 do CPC quando a

3.7.1.13. Contratos de trabalho

Embora a análise dos casos de dano moral decorrente do contrato de trabalho seja de competência da Justiça Trabalhista (Emenda Constitucional nº 45/2004), relevante se faz a menção ao pacto laboral como pertencente à categoria dos contratos morais, para reforçar a ideia de que muitos contratos possuem esse viés moral através da abordagem do, talvez, mais moral de todos os contratos: o contrato de trabalho.

Sérgio Pinto Martins explica que muitos empregados não possuem patrimônio material relevante, mas todos são donos de um patrimônio muito maior a ser respeitado que é sua honra, sua intimidade: nos casos em que tal patrimônio é desrespeitado, há dano moral indenizável[349].

Conforme elucida Alessio Liberati, o valor do trabalho para o cidadão vai muito além da questão patrimonial, incluindo aspectos não pecuniários que afetam diretamente a esfera de realização pessoal[350].

De fato, o trabalho não representa apenas uma fonte de renda, mas possui um sentido maior, influenciando consideravelmente a satisfação pessoal do empregado, sua autoestima e demais aspectos da personalidade do trabalhador. O contrato de trabalho, portanto, possui influência direta sobre aspectos não patrimoniais dos contratantes.

Nas relações entre empregado e empregador, decorrentes do contrato de trabalho, deve ser mantido o respeito à dignidade de ambos os contratantes. Porém, isso nem sempre ocorre e, com frequência, nas demandas trabalhistas, está presente o pedido de indenização por danos morais. A partir da Constituição de 1988, como explica Yussef Said Cahali, pros-

---

prestação jurisdicional é dada na medida da pretensão deduzida, com enfrentamento e resolução das questões abordadas no recurso. 2. A Segunda Turma recentemente pronunciou-se no sentido de que, ainda que de forma reflexa, a degradação ao meio ambiente dá ensejo ao dano moral coletivo. 3. Haveria contra sensu jurídico na admissão de ressarcimento por lesão a dano moral individual sem que se pudesse dar à coletividade o mesmo tratamento, afinal, se a honra de cada um dos indivíduos deste mesmo grupo é afetada, os danos são passíveis de indenização. 4. As normas ambientais devem atender aos fins sociais a que se destinam, ou seja, necessária a interpretação e a integração de acordo com o princípio hermenêutico in dubio pro natura. Recurso especial improvido" (STJ, REsp. 1367923-RJ, relator Ministro Humberto Martins, j. 27.08.2013).

[349] MARTINS, Sérgio Pinto. Dano moral decorrente do contrato de trabalho. São Paulo: Atlas, 2007, p. 61-64.
[350] LIBERATI, Alessio. *Op. cit.*, p. 153.

peraram as ações de repação do dano moral em decorrência das relações de trabalho, envolvendo empregador e empregado[351].

Diante da condição de subordinação a que está sujeita o empregado, este é comumente o destinatário das lesões extrapatrimoniais, porém é necessário ressaltar que o empregador também pode ser alvo de danos dessa natureza.

Conforme esclarece Sérgio Pinto Martins, o dano moral pode ocorrer nas seguintes fases: pré-contratual, durante o contrato de trabalho ou na sua execução, em razão da cessação do contrato de trabalho e pós-contratual[352].

Na fase pré-contratual, por exemplo, os candidatos a uma vaga, durante o processo de seleção, entrevista ou treinamento, podem ser submetidos a constrangimentos, coações e exames físicos degradantes, gerando danos morais ressarcíveis. Doutrina e jurisprudência ainda fornecem a hipótese da promessa de contratação. Exemplo: candidato que, aprovado em processo seletivo, se demite do antigo emprego, porém a nova empregadora desiste da contratação: os Tribunais, para esses casos, vem aplicando a teoria da perda de uma chance, obrigando a empresa a indenizar os danos causados[353].

Durante a execução do contrato, as principais demandas em que se está presente o pedido de indenização por danos morais nos contratos de trabalho estão relacionadas a acidente de trabalho, doença profissional, assédio sexual e assédio moral.

É bastante comum o acionamento judicial do empregador com pedido de reparação por dano moral em razão de acidente de trabalho ou em caso

---

[351] CAHALI, Yussef Said. *Op. cit.*, p. 431.
[352] MARTINS, Sérgio Pinto. *Op. cit.*, p. 61-64.
[353] "Perda de uma chance. Candidato habilitado para preenchimento de vaga de emprego. Frustração do objetivo comum às partes por motivo alheio a vontade do reclamante. Indenização devida. Diante da inequívoca intenção das partes na vinculação empregatícia, frustrada por motivos alheios a vontade do reclamante, revela-se devida a reparação, valorável a partir da estimativa salarial, porque, na expectativa de concretizar um objetivo comum, teve despesas para atender a exigências pré-contratuais e deixou de procurar outras colocações no mercado de trabalho. Interpretação sistemática dos artigos 1o, inciso III e 5o, incisos V, X e XXXV, ambos da Constituição Federal, e 186, 465 e 402, todos do Código Civil" (TRT 2ª Região, RO 00461.2008.251.02.00-6, relatora Desembargadora Mariangela de Campos Argento Muraro, j. 01.10.2010).

de doença profissional. Em ambos os casos, a indenização por dano moral é devida em decorrência das sequelas que acometem os empregados, comprometendo atividades do cotidiano, ou, em casos mais graves, causando a morte do trabalhador[354].

Também são corriqueiros os casos de assédio sexual e assédio moral. O assédio sexual se configura com a coerção de caráter sexual praticada por uma pessoa em posição hierárquica superior em relação a um subordinado. É crime, previsto pelo Código Penal em seu artigo 216-A[355] e, evidentemente, causa dano moral ao assediado.

Como ensina José Carlos Arouca, o contrato de trabalho pressupõe um meio ambiente saudável e seguro, não apenas em relação à saúde e integridade física do trabalhador, mas também quanto à sua intimidade, honra e moral[356]. São muito recorrentes, porém, ações que envolvem situações de constrangimento sexual na Justiça do Trabalho e são as mulheres os alvos mais frequentes desse tipo de conduta criminosa[357].

---

[354] "Acidente de trabalho com lesão ocular grave. Morte do empregado por embolia pulmonar. Responsabilidade civil do empregador. Comprovado nos autos que o empregado sofreu crise respiratória aguda com sintomatologia de tromboembolismo pulmonar, causada por acidente de trabalho que exigiu a realização de cirurgia, este provocado pela postura negligente da empresa em relação às condições de segurança de trabalho. Portanto, reconhecida a culpa do empregador no acidente que vitimou o empregado, mostra-se inequívoco o dever de indenizar o dano moral vivenciado pela viúva" (TRT 4ª Região, RO 0001110-94.2011.5.04.0201, relator Desembargador André Reverbel Fernandes, j. 26.09.2013).

[355] Art. 216-A: "Constranger alguém com o intuito de obter vantagem ou favorecimento sexual, prevalecendo-se o agente da sua condição de superior hierárquico ou ascendência inerentes ao exercício de emprego, cargo ou função (Incluído pela Lei nº 10.224, de 15 de 2001) Pena – detenção, de 1 (um) a 2 (dois) anos".

[356] AROUCA, José Carlos. Dano moral. Repertório de Jurisprudência IOB, vol. II, nº3, 2008, p. 101.

[357] "Assédio sexual. Prova. Dano moral. Configuração. O constrangimento com conotação sexual, desprovido de ameaça ou violência, exemplifica tipos penais que, em regra, não deixam vestígios. Praticadas normalmente às escondidas, não há corpo de delito a examinar. Salvo prisões em flagrante, a investigação policial e mesmo a instrução criminal, no mais das vezes, exaurem-se na oitiva da vítima e do infrator. Não por outra razão, amparam-se indiciados e acusados na esgarçada tese da ausência de prova, segundo a qual "o alegado assédio sexual não foi presenciado por ninguém". Nesse cenário, ganha contornos de suma importância a quantidade de pessoas atingidas pela conduta do ofensor que, ouvidas, figuram tanto como vítimas e testemunhas umas das outras. É exatamente o que se verifica aqui. Configurado o assédio sexual cometido pelo empregado da segunda ré contra várias empregadas da primeira,

O assédio moral, por sua vez, é a exposição do trabalhador a situações humilhantes e constrangedoras, repetitivas, durante a jornada de trabalho, no exercício de suas funções. Ele pode se configurar na modalidade individual[358] e/ou coletiva[359].

Por fim, na fase pós-contratual, pode ser citado exemplo dado pelo doutrina que foge à regra: o do dano moral causado pelo empregado ao empregador, com a quebra de sigilo profissional. Um dos deveres do empregado é manter comportamento responsável no sentido de não divulgar as patentes, métodos, fórmulas ou qualquer outra informação que possa causar prejuízo para o empregador. Quando o empregado não age dentro destes

---

tem-se por caracterizada a lesão à personalidade das vítimas. Recurso ordinário interposto pela segunda reclamada conhecido e não provido" (TRT 1ª Região, RO 00088005920085010074, relatora Desembargadora Marcia Leite Nery, j. 31.05.2011).

[358] "Dano moral. Assédio moral. Restando comprovado nos autos que a reclamada, através de seus prepostos, agredia verbalmente os empregados, utilizando expressões impróprias, o que causava vergonha e humilhação ao reclamante, devida a condenação ao pagamento de indenização por dano moral. Inquestionável, na hipótese, a ocorrência de assédio moral, configurado pela conduta negativa, desumana e aética da empregadora, desestabilizando a relação da vítima com o ambiente de trabalho, tendo havido extrapolação do seu poder diretivo" (TRT 15ª Região, RO 0176600-02.2007.5.15.0093, relatora Desembargadora Gisela Rodrigues Magalhães de Araújo e Moraes, j. 20.08.2010).

[359] "Ação Civil Pública. Assédio moral. Práticas configuradoras. As informações prestadas pelas testemunhas trazidas pelo réu deixam evidente que a questão da saúde psicológica no ambiente bancário não se insere dentro das preocupações maiores que acometem os seus gestores, até porque, pelo que se extrai, não estão eles preparados para detectar com esmero a presença de tais ocorrências ou mesmo como fazer para adequadamente preveni-las e sobretudo puni-las. A existência de assédio moral nas unidades do banco em diversas partes do território nacional, evidenciando a prática do assédio como verdadeira ferramenta de gestão, o que não pode ser admitido. Dano moral coletivo. Os direitos sociais e individuais indisponíveis, referidos no art. 127 da CF, podem ser traduzidos como "...essenciais à sobrevivência e à dignidade do cidadão-trabalhador; em regra, irrenunciáveis e não podem ser cedidos a terceiros, já que o contrato de trabalho é intuito personae em relação ao trabalhador" (Carlos Henrique Bezerra Leite). A prática de assédio moral nas relações de trabalho do Banco do Brasil atinge toda a categoria, uma vez o direito a um ambiente de trabalho hígido e digno é assegurado a todos os empregados indistintamente. A reparação visa preservar as regras contidas no ordenamento jurídico e os princípios que lhe dão fundamento, mormente o princípio da dignidade da pessoa humana. Havendo assim ofensa a direitos extrapatrimoniais compartilhados por toda a coletividade (empregados do Banco do Brasil), o reconhecimento do dano moral coletivo é medida que se impõe (...)" (TRT 10ª Região, RO 00500-2008-007-10-86-2, relatora Desembargadora Elke Doris Just, j. 09.02.2012).

parâmetros, ocorre a quebra do sigilo profissional e ele pode ser responsabilizado pelos danos, inclusive morais, causados.

3.8. Dano moral do descumprimento de obrigações contratuais e cláusula penal

Entre aqueles que admitem a reparabilidade do dano moral em razão do inadimplemento contratual, parte a rejeita quando há, no contrato, a presença de cláusula penal, também denominada de multa contratual ou pena convencional. Em síntese, esse entendimento se deve em razão da própria função da cláusula em questão que é prefixar os prejuízos advindos do não cumprimento absoluto ou relativo do contrato. Nesse sentido, Wilson Melo da Silva explica que, no montante reparador da cláusula penal estão compreendidos, *a priori*, todas as perdas e danos pelo descumprimento do pacto, inclusive os prejuízos de natureza extrapatrimonial. Quem pactua a cláusula penal, aceita, de antemão, as consequências decorrentes do descumprimento do contrato[360][361].

A cláusula penal é pacto acessório ao contrato por meio do qual se estipula uma pena, em dinheiro ou outra utilidade, a ser cumprida pelo devedor, cuja principal finalidade é a garantia do fiel cumprimento da obrigação principal. Constitui pré-avaliação das perdas e danos e punição do devedor inadimplente.

Antônio Joaquim de Matos Pinto Monteiro explica que "o legislador concebeu a cláusula penal como forma de liquidação convencional do dano, ou melhor, de fixação antecipada do montante da indenização"[362]. É uma indenização previamente convencionada no caso de descumprimento contratual.

O parágrafo único do artigo 416 do Código Civil estabelece que "ainda que o prejuízo exceda ao previsto na cláusula penal, não pode o credor exigir indenização suplementar se assim não foi convencionado. Se o tiver

---

[360] SILVA, Wilson Melo da. *Op. cit.*, p. 493.
[361] Parte da jurisprudência adota tal posicionamento. A corroborar o que se afirma, o recente julgado do Tribunal de São Paulo: "Contrato de Compra e Venda de Bem Imóvel. Inadimplemento bilateral. Condenação dos contraentes em multa moratória. Sentença mantida. Cláusula penal. Exigência que obsta a cumulação de reparação por danos morais pelo inadimplemento parcial da obrigação. Sentença confirmada" (TJ-SP, Apel. 0105409-24.2007.8.26.0000, relator Desembargador Edmundo Lellis Filho, j. 28.11.2011).
[362] MONTEIRO, Antônio Joaquim de Matos Pinto. *Cláusula penal e indemnização*. Coimbra: Almedina, 1990, p. 316.

sido, a pena vale como mínimo da indenização, competindo ao credor provar o prejuízo excedente".

De fato, a princípio, a estipulação de uma cláusula que fixa uma pena para o descumprimento afastaria eventual indenização por dano moral advindo da quebra do contrato, já que esse valor estaria, ou deveria estar, incluído na multa contratual. É o que entende Mauro Ferrandin segundo o qual só não será passível de reparação o dano moral decorrente do inadimplemento contratual quando, no contrato, houver estipulada cláusula penal, isso porque nesse ajuste já existe prefixação das perdas e danos pelos contraentes, todos os possíveis prejuízos já estariam predeterminados[363].

O dano moral surgido do não cumprimento do contrato pode, porém, exorbitar o valor da multa e, nesse caso, apesar dos posicionamentos contrários, em nome de uma justa compensação moral, parece mais razoável que se possibilite indenização complementar, ainda que presente no contrato a chamada cláusula penal. Ademais, como explicam Pablo Stolze Gagliano e Rodolfo Pamplona Filho, a discussão acerca da responsabilidade civil contratual sofre interferência da cláusula penal, porém, isso não abrange as fases pré e pós-contratual[364]. Nada impede que nessas fazes do contrato as partes realizem condutas causadoras de danos (inclusive morais) e não será a presença de cláusula penal no contrato que impedirá o ressarcimento desses danos.

Na verdade, é comum que, nos contratos em que se estabelece cláusula penal, os prejuízos que o descumprimento pode causar estejam abarcados pela pena convencional, mas isso não é uma regra[365].

Parece mais acertado o entendimento de que o parágrafo único do artigo 416 diz respeito aos prejuízos materiais e, verificada a ocorrência de danos morais, é possível o pleito suplementar, ainda que não haja cláusula contratual nesse sentido, isso porque não há como as partes mensurarem,

---

[363] FERRANDIN, Mauro. *Op.cit.*, p. 205.
[364] GAGLIANO, Pablo Stolze; FILHO, Rodolfo Pamplona. *Op. cit*, p. 319.
[365] Nesse sentido: "Prestação de serviços. A entrega tardia da obra autoriza a aplicação da cláusula penal, atenuada por aplicação do disposto no art. 924, do CC/16, vigente na época dos fatos, sem prejuízo de cumulação com reparação dos danos materiais de que trata o art. 20, do CDC e indenização por danos morais, decorrentes dos transtornos experimentados pelos tomadores do serviço, observada a extensão do dano, a capacidade econômica das partes e as demais peculiaridades do caso. Recurso parcialmente provido" (TJ-SP, Apel, 9050453 36.2006.8.26.0000, relator Desembargador Artur Marques, J. 23.04.2007).

previamente, os danos morais que poderão sofrer, diferente do que ocorre com os danos materiais, aferíveis de antemão.

3.9. Dos juros moratórios e da correção monetária: termos iniciais

Com relação ao tema do dano moral contratual, uma última questão merece destaque que é a referente ao termo inicial da correção monetária e dos juros moratórios quando fixada indenização por danos morais decorrente do descumprimento do contrato.

No que diz respeito à correção monetária, aplica-se a Súmula 362 do Superior Tribunal de Justiça que dispõe: "A correção monetária do valor da indenização do dano moral incide desde a data do arbitramento".

E, quanto aos juros moratórios, se a verba indenizatória fixada a título de danos morais está ligada ao contrato, aplica-se a regra da responsabilidade contratual, ou seja, os juros moratórios relativos à indenização arbitrada incidem a partir da citação. É o que vem decidindo o Superior Tribunal de Justiça[366].

---

[366] A corroborar o que se afirma:
– "Processual civil. Recurso Especial. Agravo Regimental. Ação Indenizatória. Relação contratual. Juros moratórios. Termo inicial. Citação. 1. Há responsabilidade contratual nos casos em que o dever jurídico violado tenha origem em contrato ou negócio jurídico firmado pelo indivíduo. 2. Tratando-se de responsabilidade contratual, os juros moratórios incidirão a partir da citação (artigo 219 do CPC e artigo 405 do Código Civil), e a correção monetária pertinente ao valor dos danos morais, a partir de sua fixação. 3. Agravo regimental provido para, reconsiderando decisão anterior, conhecer do recurso especial e dar-lhe provimento" (STJ, AgRg no REsp 1229864-MG, relator Ministro João Otávio de Noronha, j. 24.05.2011); e,
– "Agravo regimental. Recurso especial não admitido. Indenização. Danos morais. Cobrança e registro indevidos no cadastro de inadimplentes. Juros de mora. Precedentes. 1. A data em que houve a circulação do Diário na Comarca do interior é considerada como a da efetiva intimação para efeito da contagem do prazo recursal. 2. A indenização fixada, 50 salários mínimos por cobrança e inscrição indevidas no cadastro de inadimplentes, não pode ser considerada absurda, tendo o Tribunal de origem se baseado no princípio da razoabilidade e proporcionalidade, que norteiam as decisões desta Corte. 3. A verba indenizatória única fixada a título de danos morais, estes advindos da cobrança de valor cancelado, incluindo-se juros ditos "extorsivos", e, também, simultaneamente, do registro do nome do devedor em bancos de dados de inadimplentes, está diretamente ligada e é decorrente do contrato firmado entre as partes. Tratando-se de responsabilidade contratual, os juros moratórios relativos à indenização por danos morais incidem a partir da citação. 4. Agravo regimental desprovido" (STJ, AgRg no Agravo de Instrumento 476.632-SP, relator Ministro Carlos Alberto Menezes Direito, j. 06.03.2003).

Capítulo 4
O Dano Moral Contratual e o Superior Tribunal de Justiça: Análise Jurisprudencial

4.1. Introdução
A jurisprudência assume um papel relevante para o exame do tema a que se propôs abordar o presente estudo. A casuística oferece significantes apontamentos e balizas acerca da matéria pesquisada e, por isso, uma análise jurisprudencial se faz importante.

Foram analisados quinhentos e trinta e quatro acórdãos do Superior Tribunal de Justiça, através de consulta *on line* à jurisprudência disponível no *website* da Corte[367]. A pesquisa abrangeu os acórdãos publicados no sítio eletrônico até o dia 20.02.2013 e os termos utilizados nas consultas foram 'dano moral', 'danos morais', 'contrato', 'descumprimento' e 'inadimplemento' em diferentes combinações. Após a leitura dos quinhentos e trinta e quatro acórdãos, duzentos e sete foram considerados pertinentes e selecionados para a elaboração da tabela anexa ao estudo.

As razões para a impertinência dos outros trezentos e vinte e sete acórdãos foram de diferentes ordens. A impertinência temática foi um dos principais motivos que levaram à exclusão de muitos julgados da tabela de acórdãos pertinentes. Isso porque, apesar de os termos utilizados guardarem relação com o tema, nem sempre o acórdão abordava-o. Por vezes,

---
[367] http://www.stj.gov.br

não obstante constar no acórdão os termos pesquisados, o conteúdo da decisão simplesmente não tratava do tema objeto do estudo. Outras vezes, os termos constavam de outra decisão a que o acórdão fazia remissão, mas a matéria tratada no *decisum* era diversa. Questões processuais analisadas com exclusividade nos acórdãos, questões de direito administrativo, trabalhista, conflitos de competência, por essas e outras razões, os acórdãos não abordavam o ponto pesquisado e foram descartados.

Outro motivo pelo qual vários acórdãos foram considerados impertinentes para a pesquisa está na incidência da Súmula 07 do STJ que estabelece: "A pretensão de simples reexame de prova não enseja recurso especial". O reexame de matéria fática encontra óbice em tal verbete e, por isso, muitas questões relativas ao tema objeto de estudo acabam não analisadas pelo STJ. A Súmula 05 desse Tribunal, que dita: "A simples interpretação de cláusula contratual não enseja recurso especial", também fora motivo de diversos acórdãos serem descartados, afinal, eles não analisavam a matéria objeto do recurso e, consequentemente, da presente pesquisa.

Em síntese, portanto, a impertinência temática e a incidência das supramencionadas súmulas, foram os principais motivos que levaram à exclusão dos trezentos e vinte e sete acórdãos do universo de quinhentas e trinta e quatro decisões nas quais constavam os termos pesquisados e que foram analisadas.

A tabela elaborada com os acórdãos pertinentes fora dividida em sete colunas, quais sejam: número do processo, data do julgamento, turma, relator, tipo de contrato, deferimento ou não do dano moral e fundamentos das decisões. Nas linhas, a tabela seguiu uma ordem decrescente de tempo com base na data de publicação do acórdão.

Deve restar consignado que a pesquisa não teve a pretensão de exaurir a totalidade dos acórdãos do STJ acerca do tema, mas fazer uma análise amostral. Isso porque, certo é que a matéria sobre a qual o presente estudo se debruçou é analisada frequentemente pelo Tribunal da Cidadania e, apesar de os termos utilizados para a pesquisa terem sido amplos, isso não significa que conseguiram alcançar todos os julgados do STJ a respeito do assunto. Tome-se como exemplo o termo 'contrato'. Ele nem sempre está presente no julgado, ainda que o mesmo esteja tratando de um caso de dano moral decorrente da quebra contratual. Por vezes, apenas a espécie de contrato é citada e nem sempre acompanhada da palavra 'contrato'. Portanto, a pesquisa, como foi realizada, com certeza não analisou a totalidade dos julgados sobre o tema no STJ, mas grande parte, nos moldes já mencionados. E, da grande quantidade de acórdãos que foram lidos, selecionados e analisados, importantes conclusões puderam ser alcançadas.

Em linhas gerais, o STJ já se manifestou, tanto pela impossibilidade[368] de o inadimplemento contratual gerar o dever de indenizar danos morais, como pela possibilidade[369].

Em algumas ementas dos acórdãos analisados, o STJ sintetiza um posicionamento que pode ser interpretado equivocadamente, no sentido de que "Não cabe dano moral em caso de mero descumprimento contratual" (REsp. 761.801-RS, relator Ministro Humberto Gomes de Barros, j. 03.12.2007). A questão ementada de forma genérica pode levar ao entendimento equivocado de que a Corte indefere todos os pedidos de indenização por dano moral baseados na quebra do contrato. Porém, como se verificará, o STJ, com frequência, defere ou mantém o deferimento de indenizações por danos imateriais que tiveram como fundamento o descumprimento contratual.

De todos os acórdãos considerados pertinentes para o estudo e que fazem parte da tabela anexa a ele, alguns foram escolhidos diante da relevância para a pesquisa e serão aqui abordados. A princípio, esses acórdãos foram separados em categorias próprias, de acordo com o tipo de contrato cujo descumprimento ensejou a propositura da ação com pedido de indenização por danos morais. Em seguida, outros casos importantes serão expostos, não mais em categorias, mas individualmente.

4.2. Planos de saúde

Dos duzentos e sete acórdãos do Superior Tribunal de Justiça analisados, chama a atenção os inúmeros processos em que figura no polo passivo alguma operadora de plano de saúde. É expressivo o número de causas que

---

[368] "O dano moral resulta de atos ilícitos absolutos. A conduta inconveniente de um contratante, ou mesmo a inadimplência deste, se resolve em perdas e danos. A não ser assim, qualquer infração contratual implicaria dano moral. É certo que a parte prejudicada pela falta de cumprimento do ajuste fica aborrecida. Mas esse sentimento não ascende ao nível do dano moral" (Agravo Regimental em AG 303.129, relator Ministro Ari Pargendler, j. 29.03.2001).

[369] "O descumprimento do "contrato de promessa de assinatura de linha telefônica" por parte da companhia fornecedora do serviço deve ser sancionado com a condenação ao pagamento da indenização por danos sofridos pelo usuário". REsp. 419252-RJ, relator Ministro Ruy Rosado de Aguiar, j. 05.09.2002).

envolvem, em especial, a recusa de cobertura de algum tratamento, cirurgia ou prótese, a discussão sobre a abusividade ou não de tal recusa e a reparação dos danos advindos dela, inclusive os de natureza não-patrimonial.

Para se ter uma ideia, de todos os supramencionados acórdãos, quarenta e dois envolviam contratos de plano de saúde com pedido de indenização por danos morais. E, desses quarenta e dois acórdãos, trinta e quatro deferiram a indenização e apenas oito indeferiram-na. Foram selecionados alguns acórdãos representativos da matéria para ilustrar o panorama jurisprudencial acerca do tema.

No REsp. 1.106.789, julgado em 15.10.2009, de relatoria da Ministra Nancy Andrighi, o STJ analisou um caso de recusa de cobertura da chamada 'cirurgia de redução de estômago' (gastroplastia redutora). A operadora alegou ausência de cobertura contratual, afirmando que a técnica cirúrgica não era reconhecida pelos meios médicos brasileiros à época da contratação. Na verdade, existia uma cláusula contratual genérica que previa a cobertura de cirurgias relacionadas ao órgão afetado (estômago). O STJ faz uma análise bastante interessante a respeito da cobertura contratual em face de novos procedimentos médicos. Nas palavras da Ministra relatora "O contrato de seguro-saúde é firmado em determinado momento identificável no tempo, mas é de sua própria natureza o estabelecimento de um trato sucessivo entre as partes, por prazo indefinido. Paralelamente, a técnica médica evolui, tornando obsoletos os procedimentos consagrados à data da efetivação do contrato". A Ministra afirma, ainda, que em casos semelhantes o STJ vem se orientando no sentido de proporcionar ao paciente o tratamento mais moderno e adequado, substituto do procedimento obsoleto previsto de forma específica no contrato. Ademais, restou consignado no acórdão que a interpretação das cláusulas contratuais imprecisas deve favorecer a extensão dos direitos do consumidor. Por fim, com relação ao dano moral, o STJ decidiu que "é evidente o dano moral sofrido por aquele que, em momento delicado de necessidade, vê negada a cobertura médica esperada" e manteve a condenação a esse título no valor de R$10.000,00.

Já no REsp. 918.392, o STJ analisou o caso do paciente que foi submetido a uma angioplastia e, durante o procedimento, se tornou necessária a implantação de 'stent' e 'filtro de proteção distral'. A implantação, porém, foi condicionada à assinatura de termo aditivo ao contrato original, fato que obrigou a filha do paciente a aceitar as condições impostas.

E, mesmo com a assinatura do termo aditivo, a empresa ré teria se negado a cobrir os custos com o 'filtro de proteção distral'. Os Ministros entenderam pela configuração do estado de perigo e anularam o negócio firmado nessas condições, diante da clara violação do artigo 156 do Código Civil. Com relação aos danos morais, o Ministro relator deixou consignado que "Conquanto geralmente nos contratos o mero inadimplemento não seja causa para ocorrência de danos morais, é certo que a jurisprudência desta Corte vem reconhecendo o direito ao ressarcimento dos danos morais advindos da injusta recusa de cobertura securitária, pois tal fato agrava a situação de aflição psicológica e de angústia no espírito do segurado, pois este, ao pedir a autorização da seguradora, já se encontra em condição de dor, de abalo psicológico e com a saúde debilitada". Os Ministros entenderam que, nesses casos, dispensa-se a prova do dano moral que é considerado *in re ipsa*, ou seja, decorrente dos próprios fatos que deram origem à propositura da ação (REsp. 918.392, relatora Ministra Nancy Andrighi, j. 11.03.2008).

No REsp. 601.287, julgamento datado de 07.12.2004, de relatoria do Ministro Carlos Alberto Menezes Direito, o STJ analisou a licitude da limitação temporal imposta por uma operadora de plano de saúde em caso de internação. Os Ministros entenderam que a cláusula de limitação da internação hospitalar é abusiva diante da impossibilidade de previsão do tempo de cura de uma doença e da irrazoabilidade da suspensão de seu tratamento. Quanto ao dano moral pleiteado, o Ministro relator esclareceu que "não é possível deixar de considerá-lo quando em situação de abalo nos cuidados com a mãe internada sofre constrangimento para encerrar a internação, no curso de patologia severa" e fixou indenização no valor de R$7.000,00.

E, no REsp. 285.618, o Tribunal da Cidadania julgou processo em que o consumidor atrasou poucos dias o pagamento da parcela mensal do plano de saúde e, conforme previsto em cláusula contratual, suspendeu-se o atendimento do plano e foram negadas despesas médico-hospitalares realizadas. O relator deixou consignado que "A suspensão do atendimento do plano de saúde, sem qualquer notificação prévia e em razão do simples atraso da prestação mensal, ainda que restabelecido o pagamento, com os respectivos acréscimos, configura-se, por si só, ato abusivo". Os Ministros concluíram pela invalidade da cláusula contratual que previa a suspensão do plano pelo pequeno atraso, tendo em vista a aplicação do artigo 51, IV, e § 1º, I e II, do Código de Defesa do Consumidor.Com relação ao dano moral, decidiu-se que "ao negar ilegalmente a cobertura das despesas médico-hospitalares, a empresa ré não só inadimpliu com suas obrigações contratuais, mas também submeteu o recorrente a constrangimento e dor psicológica, causando-lhe angústia e insegurança". O valor da indenização foi fixado em R$12.000,00 (REsp. 285.618-SP, relator Ministro Luis Felipe Salomão, j. 18.12.208).

Nem todas as ações envolvendo contratos relacionados à saúde acabam com o deferimento de indenizações, a exemplo do REsp. 1.244.781, julgado em 24.05.2011, de relatoria da Ministra Maria Isabel Gallotti. Na situação apreciada, porém, não houve negativa de autorização de cirurgia por parte de empresa operadora de plano de saúde. A cirurgia fora realizada normalmente, mas o plano recusou-se a arcar com parcela do custo do procedimento paga pelo autor. Nas palavras da relatora "a recusa de ressarcimento de despesas por parte da entidade operadora do plano de saúde, no caso, teve consequências apenas patrimoniais, não proporcionando abalo ao recorrente caracterizador de dano moral". Segundo o STJ, nesse caso, "O inadimplemento motivado pela discussão razoável acerca do descumprimento de obrigação contratual, em regra, não causa, por si só, dano moral, que pressupõe ofensa anormal à personalidade".

O REsp. 538.279, julgado em 11.03.2008, relator Ministro Massami Uyeda, faz uma análise relevante acerca da abusividade de cláusula contratual inserida em contrato de seguro-saúde, que exclui da cobertura doença congênita. No caso, o filho da recorrente havia sido diagnosticado com 'estenose hipertrófica do piloro', necessitando submeter-se a intervenção cirúrgica e, solicitado o reembolso das despesas, a seguradora negou-se a efetuar o pagamento e cancelou unilateralmente o contrato, afirmando tratar-se de doença congênita não coberta pelo seguro. Segundo o relator "Se o objetivo primordial de um contrato de assistência médica é a proteção e o cuidado com a saúde do consumidor, a seguradora ou o plano de saúde não pode, sem realizar prévios exames ou exigir, minimamente um atestado de saúde, pretender que o consumidor assine o contrato, pague as prestações e depois, veja-se frustrado na hora de receber o tratamento da enfermidade, sob a alegação de se tratar de mal "congênito", palavra cujo significado é ignorado por grande parcela da população". Com relação ao dano moral pleiteado, porém, o Ministro relator acompanhou o voto-vista do Ministro João Otávio de Noronha para indeferir a indenização, com base no entendimento de que a recorrente, quando contratou o plano, já sabia da condição de seu filho e, diferente do que alegou, não foi pega de surpresa com a recusa de cobertura, causando-lhe angústia que justificasse a indenização pleiteada. Segundo o Ministro, não havia "nesse contexto, nenhuma agressividade à dignidade da recorrente que imponha o dever de reparação por parte da seguradora".

Já no REsp. 842.767, o STJ analisou, novamente, a recusa de cobertura de 'stent' (prótese utilizada para desobstruir artérias) porém, em seu voto, o Ministro relator esclareceu que "Há diferença entre recusa fundada e recusa infundada de cobertura securitária. Se o plano de saúde nega a indenização com base em cláusula contratual (ainda que posteriormente declarada inválida ou ineficaz), a recusa é fundada e não revela dever de indenizar danos morais" e indeferiu a indenização pleiteada (REsp. 842.767-RJ, relator Ministro Humberto Gomes de Barros, j. 21.06.2007). No mesmo sentido, o REsp. 345.848, de relatoria do Ministro Barros Monteiro, julgado em 04.11.2004, apesar de ter considerado abusiva a cláusula contratual de plano de saúde que limita no tempo a internação hospitalar do segurado, nos termos da Súmula 302 do STJ, indeferiu a indenização por danos morais, pois a resistência oposta pela operadora de plano de saúde "teve por base estipulação contratual, cuja abusividade somente terminou sendo reconhecida nesta instância excepcional".

Conforme pôde se depreender do exame dos acórdãos do Superior Tribunal de Justiça analisados que envolviam operadoras de plano de saúde, a imensa maioria continha recusa de cobertura e a conclusão acerca desses se mostrou bastante clara: em sua grande maioria, as empresas são condenadas a realizar o procedimento a que se recusaram e, ainda, a indenizar os danos morais advindos da sua conduta.

A reflexão que deve ser feita, porém, é de outra ordem. A recusa de cobertura é prática comum. Não tão comum é o acionamento dessas operadoras de plano de saúde na justiça, com o consequente pedido de indenização. Parece economicamente vantajoso para a empresa recusar-se a cobrir determinados procedimentos, cirurgias, próteses e, somente quando acionada judicialmente, cumprir seus contratos.

O sistema jurídico deve priorizar não a reparação do dano, mas a prevenção dele. E, quando o dano for verificado, as indenizações, especialmente nesses casos, devem ser arbitradas com finalidade reparatória, mas também pedagógica. Não só. Para esse tipo de contrato é importante algum tipo de controle mais efetivo, pois envolve um direito fundamental social, qual seja, o direito à saúde. Bons exemplos são as Resoluções Normativas da Agência Nacional de Saúde, como as de número 259 e 319. A Resolução Normativa 259 de 17 de junho de 2011 define prazos máximos para a realização de consultas, cirurgias e exames pelos planos de saúde[370]. O longo tempo de espera para a realização desses procedimentos já se tornou comum, mas não deveria ser. Por isso e, finalmente, a ANS estipulou

---

[370] Art. 2º: "A operadora deverá garantir o acesso do beneficiário aos serviços e procedimentos definidos no Rol de Procedimentos e Eventos em Saúde da ANS para atendimento integral das coberturas previstas nos arts. 10, 10-A e 12 da Lei nº 9.656, de 3 de junho de 1998, no município onde o beneficiário os demandar, desde que seja integrante da área geográfica de abrangência e da área de atuação do produto".
Art. 3º: "A operadora deverá garantir o atendimento integral das coberturas referidas no art. 2º nos seguintes prazos:
I – consulta básica – pediatria, clínica médica, cirurgia geral, ginecologia e obstetrícia: em até 7 (sete) dias úteis;
II – consulta nas demais especialidades médicas: em até 14 (quatorze) dias úteis;
III – consulta/sessão com fonoaudiólogo: em até 10 (dez) dias úteis;
IV – consulta/sessão com nutricionista: em até 10 (dez) dias úteis;
V – consulta/sessão com psicólogo: em até 10 (dez) dias úteis;
VI – consulta/sessão com terapeuta ocupacional: em até 10 (dez) dias úteis;
VII – consulta/sessão com fisioterapeuta: em até 10 (dez) dias úteis;
VIII – consulta e procedimentos realizados em consultório/clínica com cirurgião-dentista: em até 7 (sete) dias úteis;
IX – serviços de diagnóstico por laboratório de análises clínicas em regime ambulatorial: em até 3 (três) dias úteis;
X – demais serviços de diagnóstico e terapia em regime ambulatorial: em até 10 (dez) dias úteis;
XI – procedimentos de alta complexidade – PAC: em até 21 (vinte e um) dias úteis;
XII – atendimento em regime de hospital-dia: em até 10 (dez) dias úteis;
XIII – atendimento em regime de internação eletiva: em até 21 (vinte e um) dias úteis; e
XIV – urgência e emergência: imediato".
§ 1º "Os prazos estabelecidos neste artigo são contados a partir da data da demanda pelo serviço ou procedimento até a sua efetiva realização".
§ 2º "Para fins de cumprimento dos prazos estabelecidos neste artigo, será considerado o acesso a qualquer prestador da rede assistencial, habilitado para o atendimento no município onde o beneficiário o demandar e, não necessariamente, a um prestador específico escolhido pelo beneficiário".
§ 3º "O prazo para consulta de retorno ficará a critério do profissional responsável pelo atendimento". Disponível em: <http://www.ans.gov.br/index2.php?option=com_legislacao&view=legislacao&task=TextoLei&format=raw&id=1758>. Acesso em: 18.02.2013.

esses prazos máximos, medida que proporciona maior segurança ao consumidor desse tipo de serviço.

Já a Resolução Normativa 319 da ANS de 05 de março de 2013 determina, em seu artigo 2º, que: "Quando houver qualquer negativa de autorização de procedimentos solicitados pelo médico ou cirurgião dentista, credenciado ou não, a operadora de planos privados de assistência à saúde deverá informar ao beneficiário detalhadamente, em linguagem clara e adequada, e no prazo máximo de 48 (quarenta e oito) horas contados da negativa, o motivo da negativa de autorização do procedimento, indicando a cláusula contratual ou o dispositivo legal que a justifique". Não é incomum que a negativa de autorização ocorra sem qualquer justificativa, o que deixa o consumidor extremamente desprotegido. A justificativa da recusa, em linguagem clara e adequada, é essencial, está em consonância com os princípios consumeristas, como o direito à informação adequada, e facilita a produção de prova, pelo consumidor, a embasar eventuais ações indenizatórias.

O cumprimento escorreito dos contratos firmados com operadoras de plano de saúde pode ser a diferença entre a vida e a morte do contratante. E indenização por danos morais, ou seja, dinheiro, não atenua a dor pela morte de um ente querido. Por isso, medidas preventivas devem ser prioridade. As supramencionadas resoluções da ANS são bons exemplos disso. O cumprimento dessas resoluções, porém, deve ser fiscalizado e novas medidas que visem a prevenção, instituídas, evitando, ao máximo, que vidas sejam resumidas a montantes indenizatórios[371].

---

[371] Sobre esse tipo de contrato (plano de saúde), o Tribunal de Justiça do Estado de São Paulo possui um rol de Súmulas relativas a entendimentos já pacificados pelas Câmaras de Direito Privado e que dão um bom panorama das práticas de operadoras de plano de saúde consideradas abusivas pelos Tribunais pátrios. São elas:
Súmula 90: Havendo expressa indicação médica para a utilização dos serviços de "home care", revela-se abusiva a cláusula de exclusão inserida na avença, que não pode prevalecer.
Súmula 91: Ainda que a avença tenha sido firmada antes da sua vigência, é descabido, nos termos do disposto no art. 15, § 3º, do Estatuto do Idoso, o reajuste da mensalidade de plano de saúde por mudança de faixa etária.
Súmula 92: É abusiva a cláusula contratual de plano de saúde que limita o tempo de internação do segurado ou usuário (Súmula 302 do Superior Tribunal de Justiça).
Súmula 93: A implantação de "stent" é ato inerente à cirurgia cardíaca/vascular, sendo abusiva a negativa de sua cobertura, ainda que o contrato seja anterior à Lei 9.656/98.

4.3. Contratos bancários

Os bancos também figuram constantemente como réus em ações que envolvem o dano moral e o descumprimento de alguma obrigação contratual. Aliás, de todos os acórdãos analisados que envolviam descumprimento de alguma obrigação contratual e o pedido de indenização por danos morais, foram as instituições financeiras as que mais constaram como reclamadas. Dos duzentos e sete acórdãos verificados, sessenta e nove envolviam contratos bancários. Desses, cinquenta tiveram o pedido de dano moral deferido ou mantido e os outros dezenove, indeferido.

Nos cinquenta acórdãos analisados que deferiram o pedido de indenização por danos morais, verifica-se que o motivo mais comum para a condenação das instituições financeiras a esse tipo de indenização é a inscrição indevida em cadastros de inadimplentes.

Súmula 94: A falta de pagamento da mensalidade não opera, per si, a pronta rescisão unilateral do contrato de plano ou seguro de saúde, exigindo-se a prévia notificação do devedor com prazo mínimo de dez dias para purga da mora.

Súmula 95: Havendo expressa indicação médica, não prevalece a negativa de cobertura do custeio ou fornecimento de medicamentos associados a tratamento quimioterápico.

Súmula 96: Havendo expressa indicação médica de exames associados a enfermidade coberta pelo contrato, não prevalece a negativa de cobertura do procedimento.

Súmula 97: Não pode ser considerada simplesmente estética a cirurgia plástica complementar de tratamento de obesidade mórbida, havendo indicação médica.

Súmula 99: Não havendo, na área do contrato de plano de saúde, atendimento especializado que o caso requer, e existindo urgência, há responsabilidade solidária no atendimento ao conveniado entre as cooperativas de trabalho médico da mesma operadora, ainda que situadas em bases geográficas distintas.

Súmula 100: O contrato de plano/seguro saúde submete-se aos ditames do Código de Defesa do Consumidor e da Lei n. 9.656/98 ainda que a avença tenha sido celebrada antes da vigência desses diplomas legais.

Súmula 101: O beneficiário do plano de saúde tem legitimidade para acionar diretamente a operadora mesmo que a contratação tenha sido firmada por seu empregador ou associação de classe.

Súmula 102: Havendo expressa indicação médica, é abusiva a negativa de cobertura de custeio de tratamento sob o argumento da sua natureza experimental ou por não estar previsto no rol de procedimentos da ANS.

Súmula 103: É abusiva a negativa de cobertura em atendimento de urgência e/ou emergência a pretexto de que está em curso período de carência que não seja o prazo de 24 horas estabelecido na Lei n. 9.656/98.

Súmula 105: Não prevalece a negativa de cobertura às doenças e às lesões preexistentes se, à época da contratação de plano de saúde, não se exigiu prévio exame médico admissional.

Na verdade, a negativação indevida é um dos fatos que mais fundamenta ações envolvendo contratos e pedido de indenização por danos morais. Essa prática (inscrição em cadastros de inadimplentes) é bastante comum e não se limita aos contratos bancários. É uma forma de forçar o pagamento da dívida, já que inúmeros constrangimentos podem ser experimentados por alguém com o chamado 'nome sujo', que vão desde a consequente restrição creditícia até dificuldades na procura de emprego[372]. De qualquer forma, muitas vezes, a inscrição nos cadastros de inadimplentes é realizada de forma indevida e, quando isso ocorre, fala-se de dano moral *in re ipsa*, bastando a prova do fato para que esteja também provada a existência de um dano moral[373].

Inúmeros contratos podem levar à inscrição indevida em cadastros de inadimplentes, um dos mais comuns, é o contrato bancário. E os motivos

---

[372] Recentemente, o Tribunal Superior do Trabalho, autorizou uma rede varejista a consultar o cadastro de inadimplentes antes de contratar (Processo TST-RR-38100-27.2003.5.20.0005, recorrente: Ministério Público do Trabalho da 20ª Região; recorrido: G. Barbosa Comercial Ltda.). Disponível em:<http://www.tst.jus.br/home?p_p_id=15&p_p_lifecycle=0&p_p_state=maximized&p_p_mode=view&_15_struts_action=%2Fjournal%2Fview_article&_15_groupId=10157&_15_articleId=1006882&_15_version=1.9>. Acesso em: 26.06.2013. Tramita na Câmara, porém, o Projeto de Lei 7756/10, que altera a Consolidação das Leis do Trabalho (CLT), para incluir dispositivo que proíbe a consulta a bancos de dados e cadastros de proteção ao crédito, públicos ou privados, para fins de admissão de empregados. Disponível em: <http://www.camara.gov.br/proposicoesWeb/fichadetramitacao?idProposicao=484750>. Acesso em: 26.06.2013.

[373] Nesse sentido, os seguintes precedentes do STJ:
-"Nos casos de inscrição indevida em cadastros de inadimplentes, os danos morais caracterizam-se *in re ipsa*, isto é, são presumidos, prescindem de prova" (REsp. 1.214.087-RS, Decisão monocrática, Ministro Vasco Della Giustina, j. 06.12.10);
-"Encontra-se consolidado no STJ o entendimento de que a inscrição ou a manutenção indevida em cadastro de inadimplentes gera, por si só, o dever de indenizar e constitui dano moral *in re ipsa*, ou seja, dano vinculado a própria existência do fato ilícito, cujos resultados são presumidos. Nesse sentido, confira: REsp 994.253/RS, rel. Ministra Nancy Andrighi, Terceira Turma, DJe 24/11/2008; REsp 720.995/PB, rel. Ministro Barros Monteiro, Quarta Turma, DJ 03/10/2005" (AI 1.357.264-MG, Decisão monocrática, Ministro Luis Felipe Salomão, j. 06.12.10); e,
-"Reparação de danos morais. Inscrição indevida em bancos de dados. Desnecessidade da prova do prejuízo. Basta a irregular inscrição. Indenização. Valor. Arbitramento. Aplicabilidade do art. 1.533. A mera inscrição indevida em bancos de dados, que é situação vexatória, é suficiente para autorizar a indenização por danos morais" (AgRg no AI 712.389-RS, relator Ministro Hélio Quaglia Barbosa, j. 20.03.2007).

dessa negativação são de diversas ordens. Cobrança indevida de dívidas já pagas, inscrição por atrasos inexistentes, falhas nos sistemas, fraudes realizadas com a documentação de correntistas, esses são alguns exemplos de situações que podem ocorrer durante a vigência de um contrato bancário e que, por vezes, acabam por ensejar a negativação indevida.

O REsp. 1.276.311, relatado pelo Ministro Luis Felipe Salomão, julgado em 20.09.2011, trata de prática nada incomum que é a inscrição em cadastros de inadimplentes após a quitação da dívida. No caso, o autor celebrou contrato de empréstimo extinguindo o débito anterior que possuía com a instituição financeira. A dívida foi quitada, porém, o banco inscreveu o nome do cliente no Serviço de Proteção ao Crédito – SPC – por conta do débito extinto pela novação. O Ministro faz importantes ponderações, muito pertinentes, de forma geral, para o estudo proposto[374] e, com fundamento na violação da cláusula geral de boa-fé objetiva, mantém a condenação do banco a indenizar o correntista, ressaltando que, no caso, a negativação caracteriza ilícito contratual.

Outra situação que foi analisada pelo STJ no REsp. 981.081, foi a de dois correntistas que firmaram contrato de abertura de conta corrente conjunta. Um dos co-titulares da conta emitiu cheque sem provisão de fundos e o

---

[374] Segundo o Ministro Luis Felipe Salomão, "A moderna doutrina civilista, ao adotar a concepção do vínculo obrigacional como relação dinâmica, revela o reconhecimento de deveres secundários, ou anexos, da obrigação, que incidem de forma direta nas relações obrigacionais, prescindindo da manifestação de vontade dos participantes e impondo às partes o dever de zelar pelo cumprimento satisfatório dos interesses da outra parte, vista no direito moderno como parceira contratual". E segue, em outro trecho de seu voto: "Nessa linha de entendimento e tomando como premissa, segundo a melhor doutrina, a boa-fé objetiva tem por escopo resguardar as expectativas legítimas de ambas as partes na relação contratual, por intermédio do cumprimento de um dever genérico de lealdade e crença, aplicando-se a ambos os contratantes. Deveras, o princípio da confiança decorre da cláusula geral de boa-fé objetiva, dever geral de lealdade e confiança recíproca entre as partes, sendo certo que o ordenamento jurídico prevê, ainda que de forma implícita, deveres de conduta a serem observados por ambas as partes da relação obrigacional, os quais se traduzem na ordem genérica de cooperação, proteção e informação mútuos, tutelando-se a dignidade do devedor e o crédito do titular ativo, sem prejuízo da solidariedade que deve existir entre ambos". Em seguida, conclui: "Destarte, a violação dos deveres anexos, também intitulados instrumentais, laterais, ou acessórios do contrato, implica responsabilidade civil contratual". "Com efeito, fica límpido que o réu não observou os deveres anexos à pactuação firmada e procedeu à negativação de débito que fora extinto pelo último contrato firmado pelas partes".

outro foi negativado. O STJ entendeu ser indevida a inscrição do nome do que não emitiu o cheque, em cadastro de inadimplentes. Os Ministros fundamentaram sua decisão no artigo 51 da Lei 7.357/85, que determina: "todos os obrigados respondem solidariamente para com o portador do cheque". Segundo os Ministros "Tais obrigados, de acordo com o art. 47, I e II, da mesma lei, são os emitentes, endossantes e seus avalistas. Com efeito, a Lei 7.357/85 não prevê a responsabilidade do co-titular da conta corrente pelos cheques emitidos pelo outro correntista, sendo incabível a sua extensão, pois "a solidariedade não se presume; resulta da lei ou da vontade das partes" – art. 265 do CC/02". O dano moral, por sua vez, foi concedido, já que, nos casos de negativação indevida, é posicionamento pacífico no STJ, como já mencionado, que o dano moral é *in re ipsa*, sendo desnecessária a prova de sua ocorrência (REsp.981.081-RS, relatora Ministra Nancy Angrighi, j. 23.03.2010).

A inércia em retirar o nome dos cadastros de inadimplentes, quando quitada a dívida, também pode ensejar reparação por danos morais. É que, apesar de inicialmente o devedor ter sido negativado de forma legítima, após a quitação do débito, a manutenção de seu nome nos cadastros de inadimplentes se torna indevida, o que pode embasar pedido indenizatório. A exemplo disso, os Ministros do STJ, no REsp. 1.149.998, esclareceram que: "Cabe às entidades credoras que fazem uso dos serviços de cadastro de proteção ao crédito mantê-los atualizados, de sorte que uma vez recebido o pagamento da dívida, devem providenciar o cancelamento do registro negativo do devedor". De acordo com o julgado, a inércia do credor em promover a baixa da inscrição nos cadastros de inadimplentes gera o dever de indenizar, independentemente de prova do abalo sofrido, sob forma de dano presumido (REsp. 1.149.998-RS, relatora Ministra Nancy Andrighi, j. 07.08.2012).

Outro caso interessante analisado pelo Tribunal da Cidadania é o REsp. de número 961.431, julgado em 05.08.2008, de relatoria do Ministro Aldir Passarinho Junior. Nele, o STJ não deferiu a indenização por danos morais pleiteada pelo correntista que ajuizou ação revisional de contrato bancário, mas foi negativado pelo banco em decorrência do débito controvertido. A quarta Turma do STJ entendeu que "não se admite que a simples discussão judicial da dívida possa obstaculizar ou remover a negativação nos bancos de dados, exceto quando efetivamente demonstrado o reflexo positivo da ação no valor devido, com amparo na jurisprudência dominante desta Corte ou do C. STF, e depositada ou caucionada a parte incontroversa, se apenas parcial o desacordo". Diante da constatação de que não foram preenchidos esses requisitos, o STJ indeferiu o pleito indenizatório.

Existem alguns casos, porém, em que o motivo da negativação se dá, não pelo descumprimento de alguma obrigação contratual, mas pela ausência de contratação. Explica-se. Na verdade, são contratos firmados por terceiros, através de fraudes realizadas com a documentação de correntistas. Os correntistas, então, acabam promovendo ações cumulando pedido declaratório de inexistência da relação jurídica com indenizatório, por danos morais.

É o caso, por exemplo, do AgRg no Agravo de Instrumento 1.318.080, relatora Ministra Maria Isabel Gallotti, julgamento datado de 22.11.2011. Nele, o STJ analisou caso em que contrato de arrendamento mercantil fora firmado mediante fraude, o que acabou por ocasionar a negativação do nome do autor. Em seu voto, a Ministra relatora esclareceu que "É remansoso o entendimento deste Superior Tribunal no sentido de que cabe à instituição financeira verificar a idoneidade dos documentos apresentados, a fim de evitar dano a terceiro na entabulação de negócios bancários". Segunda a Ministra, foi a atitude negligente da instituição financeira que causou dano ao autor, já que foi por culpa dela que outras pessoas tiveram acesso a um financiamento e à abertura de conta corrente em nome do autor, passando cheques em seu nome, o que culminou na indevida inscrição de seus dados em cadastro de inadimplentes.

Sobre o tema, aliás, editou o STJ a Súmula 479 que recebeu o seguinte enunciado: "As instituições financeiras respondem objetivamente pelos danos gerados por fortuito interno relativo a fraudes e delitos praticados por terceiros no âmbito de operações bancárias".

Outra Súmula bastante aplicada e que não se restringe aos contratos com instituições financeiras, mas relacionada ao tema dano moral e negativação, é a de número 385, que enuncia: "Da anotação irregular em cadastro de proteção ao crédito, não cabe indenização por dano moral, quando preexistente legítima inscrição, ressalvado o direito ao cancelamento". Assim, segundo o STJ, não deve ser concedida indenização por danos morais caso o demandante já esteja com anotação anterior legítima, originada por inadimplemento contratual. Esse enunciado tem sido alvo de críticas por boa parte da doutrina, pois, de certa forma, legitima uma conduta ilícita: na prática, ele permite a negativação indevida, desde que existente uma anotação prévia, já que não há qualquer sanção pecuniária para quem o fizer. Pertinente a lição de Bruno Miragem, segundo o qual a crítica mais eloquente à edição de tal Súmula situa-se na ausência de resposta do ordenamento jurídico ao ilícito, no âmbito da efetividade da norma que assegura o direito à prévia notificação, mas que afinal fica sem sanção[375].

O deferimento de danos morais em contratos bancários não se limita, porém, a episódios que acabaram em negativação do cliente. Por exemplo, o REsp. 1.012.915, relatado pela Ministra Nancy Andrighi e julgado em 16.12.2008. Um correntista aposentado contrata empréstimo com a instituição financeira e esta, para honrar o débito, retém, integralmente, os proventos de aposentadoria do cliente. A Terceira Turma do STJ reconheceu, por unanimidade, a abusividade da conduta do banco. Segundo os Ministros "Não é lícito ao banco reter os proventos devidos ao devedor, a título de aposentadoria privada complementar, para satisfazer seu crédito. Cabe-lhe obter o pagamento da dívida em ação judicial. Se nem mesmo ao Judiciário é lícito penhorar salários, não será a instituição privada autorizada a fazê-lo". E, com relação aos danos morais, restou consignado que "o devedor, ao ter seu salário irregularmente excutido, de forma extrajudicial, tão logo depositado em sua conta corrente, faz jus à reparação dos danos morais sofridos. A apropriação integral do salário coloca em xeque a sobrevivência do devedor e de seus familiares, sujeitando-os à condição indigna de vida". Fixou-se, então, indenização por danos morais no valor de R$5.000,00.

Já no REsp. 486.249, julgado em 25.03.2013, relator Ministro Ari Pargendler, o STJ analisou um contrato de abertura de crédito cujo limite foi reduzido sem prévia comunicação, o que acarretou a devolução de cheque do correntista. Segundo os Ministros: "O limite do crédito aberto em conta-corrente só pode ser reduzido mediante aviso prévio ao respectivo titular; à míngua dessa providência, o banco responde pelos danos morais resultantes da devolução de cheque emitido dentro no limite originariamente contratado". No REsp. 303.396, por sua vez, o STJ entendeu que a mera notificação feita pelo estabelecimento bancário à correntista comunicando-lhe a intenção de não renovar contrato de abertura de crédito é

---

[375] MIRAGEM, Bruno. Inscrição indevida em banco de dados restritivo de crédito e dano moral. Comentários à Súmula 385 do STJ. Revista de Direito do Consumidor, ano 21, vol. 81, jan.-mar. 2012, p. 334

exercício regular de direito, insuscetível de embasar pleito indenizatório (REsp. 303396-PB, relator Ministro Barros Monteiro, j. 05.11.2002).

4.4. Moradia
No Superior Tribunal de Justiça, outro contrato comumente analisado com pedido de indenização por danos morais é o de compra e venda de imóvel. O direito à moradia, constitucionalmente protegido, quando lesado, inclusive pelo descumprimento de alguma obrigação contratual, enseja, por vezes, a reparação dos danos morais advindos da conduta lesiva. Nem sempre. Dos sete acórdãos analisados, em três a parte foi indenizada por danos morais e nos outros quatro, não.

No julgamento do REsp. 876.527, relatado pelo Ministro João Otávio de Noronha, o STJ analisou uma ação de rescisão de contrato de compra e venda de imóvel cumulada com indenização por danos morais. Os autores adquiriram imóvel em construção que não lhes foi entregue no prazo avençado. O Ministro consignou em seu voto que: "O inadimplemento de contrato, por si só, não acarreta dano moral, que pressupõe ofensa anormal à personalidade. É certo que a inobservância de cláusulas contratuais pode gerar frustração na parte inocente, mas não se apresenta como suficiente para produzir dano na esfera íntima do indivíduo, até porque o descumprimento de obrigações contratuais não é de todo imprevisível". É o mesmo sentido do REsp. 712.469, julgado em 13.12.2005. Trata-se do Recurso Especial em ação na qual os autores pleiteavam danos materiais e morais por atraso na entrega de três imóveis. O Ministro Aldir Passarinho Júnior esclarece que "O atraso causado pela recorrente na entrega das unidades imobiliárias faltantes não configura dano moral. Está adstrita à esfera do inadimplemento contratual, cujo instrumento prevê em suas cláusulas o remédio para o signatário faltoso". Em outro trecho, o Ministro ressalta: "Como, na espécie, não se descreve situação excepcional que possa ser considerada agressão que escandalize ou exponha a recorrida a vexame no seu meio social, não entendo esteja caracterizada lesão de ordem moral, senão, no máximo, mero contratempo, dissabor ou frustração própria de negócios, muito diferente da situação de humilhação, dor ou sofrimento que se exige para justificar ressarcimento financeiro dessa espécie". No REsp. 442.548, ao analisar um caso de descumprimento de contrato de compra e venda (prazos previstos para o início da construção e entrega da unidade imobiliária não cumpridos) em que o autor pleiteava indenização por danos morais por ter visto frustrado o sonho de possuir um imóvel próprio, o STJ, com base em outros precedentes, como os supramencionados, julgou improcedente o recurso, pois "Esta Corte já decidiu não ter cabimento a indenização por danos morais decorrente do descumprimento de contrato de compra e venda de imóvel" (REsp. 442.548-RJ, relator Ministro Carlos Alberto Menezes Direito, j. 30.08.2002).

Em outro sentido, no REsp. 830.572, de relatoria do Ministro Luis Felipe Salomão, julgado em 17.05.2011, o STJ decidiu que: "A inexecução de contrato de promessa de compra e venda de unidade habitacional, em virtude da ausência de construção do empreendimento imobiliário pela incorporadora, transcorridos 09 (nove) anos da data aprazada para a entrega, causa séria e fundada angústia no espírito do adquirente, não se tratando, portanto, de mero dissabor advindo de corriqueiro inadimplemento de cláusula contratual, ensejando, assim, o ressarcimento do dano moral". Nesse mesmo sentido, a Ministra Nancy Andrighi, em um caso de inadimplemento de contrato de compra e venda de casa pré-fabricada, entendeu não se tratar o fato de mero inadimplemento contratual e que o ocorrido teria violado o princípio da dignidade da pessoa humana, ensejando indenização por danos morais (REsp. 1.025.665-RJ, relatora Ministra Nancy Andrighi, j. 23.03.2010)[376].

4.5. Telefonia

Não raro, alguma empresa do ramo da telefonia figura no polo passivo de ações que envolvem o contrato firmado com seus clientes e danos morais decorrentes de alguma conduta da empresa. Dos sete acórdãos analisados no STJ sobre o tema, todos deferiram o dano moral pleiteado.

---

[376] As ponderações da Ministra são relevantes: "Não há como considerar mero inadimplemento contratual não indenizável, o fato de uma pessoa, que mora em casa de parentes, comprar a casa própria e, ao constatar a não execução do contrato, deparar com a filial da construtora fechada, não mais estabelecida no Estado onde mora. Agregue-se ainda que a conduta do recorrido vulnera o direito constitucional à moradia, consubstanciado no princípio da dignidade da pessoa humana, cuja tutela consiste em promover o desenvolvimento do ser humano sob todos os aspectos, garantindo que ele não seja desrespeitado tampouco violentado em sua integridade moral. Com efeito, o direito de moradia, entre outros direitos sociais, visa à promoção de cada um dos componentes do Estado, com o insigne propósito instrumental de torná-los aptos de realizar os atributos de sua personalidade e afirmar a sua dignidade como pessoa humana"

No REsp. 419.252, relatado pelo Ministro Ruy Rosado de Aguiar, julgamento datado de 05.12.2002, o contratante de linha telefônica teve, por diversas vezes, sua linha instalada e reinstalada sem as especificações apropriadas. O Ministro relator, com base no CDC[377], entendeu que o dano moral, nesse caso, adveio "do ilícito contratual pela falta da prestação, seja esta imperfeita ou inadequada". E foi acompanhado pelo Ministro Revisor, que, deixou consignado em seu voto que "na hipótese, justifica-se a composição do dano moral em face do constrangimento por que passou o demandante, ou seja, uma série de reclamações, imperfeição reiterada na prestação de serviços e a necessidade de vir em juízo. São circunstâncias bastantes para justificar a procedência do pedido nessa parte".

Outro caso bastante comum envolvendo empresas de telefonia e que culmina em pedido indenizatório é o da inscrição indevida em cadastros de inadimplentes, quando a conta telefônica encontra-se devidamente quitada ou por débitos não reconhecidos. O REsp. 1.034.434 analisou um episódio em que uma empresa teve seu nome negativado e demonstrou que os supostos débitos não advieram de sua conta de consumo. O STJ condenou a empresa de telefonia a indenizar danos morais, restando consignado que "a prova do dano moral causado revela-se na própria negativação do nome da empresa no cadastro de inadimplentes, resultando em prejuízo tanto no exercício de sua atividade comercial como nas operações de créditos em instituições bancárias, prescindindo de outros elementos probantes". (REsp. 1.034.434-MA, relator Ministro José Delgado, j. 06.05.2008).

---

[377] Na palavras do Ministro relator, que merecem ser aqui mencionadas: "Nos termos do CDC, o consumidor tem o direito de ser indenizado pelo dano que lhe decorre do serviço imperfeito, ou cumprido de modo incompleto, que causa ao titular do contrato todo o inconveniente que lhe resultou do uso de uma linha compartilhada, cobrança por serviços não prestados, reclamações e, a final, a necessidade de vir a juízo para regularizar o simples atendimento do que fora estabelecido no "contrato de promessa de assinatura". O usuário da linha que deixa de cumprir as obrigações contratuais tem contra si proposta ação de cobrança das prestações, multa, suspensão do serviço, inscrição no SPC e outras medidas que incidem sobre o devedor inadimplente. O fornecedor do serviço telefônico que desatende aos seus deveres deve, igualmente, responder pelo dano que resulta do seu inadimplemento. Se não for assim, continuará a ideia de que a prestadora que elabora os contratos de adesão e nele não prevê nenhuma sanção para a sua falta, pode descumprir livremente os contratos porque não responderá por nada".

4.6. Transporte

Contratos de transporte também embasam, com frequência, pedidos de indenização por danos morais. E esses casos chegaram ao Superior Tribunal de Justiça. Dos vinte acórdãos analisados sobre o tema, dezenove concederam ou mantiveram a indenização por danos morais pleiteada e apenas um não.

Com relação ao transporte aéreo, o atraso dos vôos é motivo bastante comum que enseja pedidos indenizatórios. O REsp. 740.968, julgado em 11.09.2007 e relatado pelo Ministro Aldir Passarinho Junior aborda esse tema. Os autores contrataram viagem que, no retorno, teve o vôo cancelado, eles foram transferidos para outro vôo que fez diversas escalas e, inclusive, em uma delas, os clientes tiveram que dormir no aeroporto. Segundos os Ministros: "Não obstante a infra-estrutura dos modernos aeroportos ou a disponibilização de hotéis e transporte adequados, tal não se revela suficiente para elidir o dano moral quando o atraso no vôo se configura excessivo, a gerar pesado desconforto e aflição ao passageiro, extrapolando a situação de mera vicissitude, plenamente suportável[378]". O valor indeni-

---

[378] O Ministro relator faz importantes ponderações acerca do tema: "Entendo que pelas características do transporte aéreo, notadamente o de passageiros, que envolve regras rígidas de segurança atinente à aeronave, condições climáticas, aeroportos e a operação como um todo, dependente de toda uma infra-estrutura que extrapola, visivelmente, o próprio âmbito da atividade-fim prestada pela companhia, merece ele algum tempero no que concerne ao atraso. Exigir-se absoluta pontualidade na aviação é desconhecer, por completo, essas circunstâncias, muito próprias, do transporte aéreo, que detém, de outro lado, desempenho bastante satisfatório no que tange à segurança e ao tratamento dispensado aos passageiros, no geral. A própria substituição de aeronave, em caso de defeito, não é simples nem imediata, pela inexistência de equipamento reserva, já que a imobilidade de um avião, dado o seu alto custo, não comporta tal procedimento. De outra parte, quando se verifica o atraso, o passageiro dispõe de instalações cômodas para aguardar o vôo, tanto no aeroporto, como em hotéis próximos, disponibilizados pelas empresas aéreas, se assim o desejar o cliente, e transporte por taxi. Assim, tenho que um atraso, ainda que por muitas horas, não gera direito a indenização por dano moral, sob pena de sua banalização, já que impossível considerar-se como dor, sofrimento, desespero ou grave angústia o sentimento por que passa o passageiro em tal situação, minimizada pelas atenuantes acima descritas e em favor da segurança, inclusive da população em terra". Apesar dessas considerações, o Ministro ressalta que "Não é esse, entretanto, o caso dos autos. Aqui, o atraso foi relativamente longo – aproximadamente dezesseis horas – e não foram proporcionados nem transporte nem hospedagem para o pernoite, tendo os autores permanecido no Aeroporto de Buenos Aires até a manhã seguinte".

zatório foi, porém, reduzido, de cem salários mínimos para os dois autores (fixado pelo Tribunal de origem) para oito mil reais por passageiro.

O extravio de bagagens/mercadorias também motiva a propositora de ações de indenização por danos materiais e morais. Com relação ao danos materiais, o STJ tem entendido que, nos casos de extravio de mercadoria ocorrido durante o transporte aéreo, a reparação deve ser integral, não se aplicando a indenização tarifada prevista no Código Brasileiro de Aeronáutica. E, quanto aos danos morais, no REsp. 744.74, a Corte entendeu o extravio de mercadorias configura mero descumprimento contratual o qual "em princípio, não enseja responsabilização ao pagamento de indenização por danos morais, visto não passar de incômodo da vida em sociedade"(REsp. 744.74, relator Ministro Sidnei Beneti, j. 01.12.2011).

Ainda com relação ao transporte aéreo, os acidentes ocorridos embasam pedidos de indenização por danos morais. Um exemplo é o REsp. 245.465 em que foi analisado o caso de um acidente aéreo em vôo doméstico com morte do pai dos autores. Um dos pedidos dos filhos da vítima era o da indenização pelos danos morais sofridos com a perda do genitor. Ponderando que a garantia de reparação do dano moral tem base na Constituição Federal, os Ministros esclarecem que a aplicação de indenização tarifada prevista no Código Brasileiro de Aeronáutica se refere a danos materiais e não exclui a relativa a danos morais. Ressaltam que a Corte tem afastado a limitação de tarifa prevista no Código Brasileiro de Aeronáutica, aplicando a legislação consumerista. Quanto aos danos morais, segundo os Ministros: "A morte do pai dos autores em acidente aéreo, quando contava apenas 37 anos de idade, causou-lhes sofrimento intenso, somando-se ainda à perda de amparo material e emocional, faltando-lhes, da parte do ente querido, carinho e orientação" (REsp. 245.465-MG, Ministro Antônio de Pádua Ribeiro, j. 24.05.2005).

O contrato de transporte terrestre motiva, igualmente, ações indenizatórias, inclusive por danos morais. São comuns, por exemplo, ações envolvendo acidentes dentro de ônibus, que acabam por ferir ou até matar seus passageiros. Como exemplo, o REsp. 1.231.240, relatado pela Ministra Nancy Andrighi e julgado em 10.04.2012 em que a autora da ação se envolveu em acidente de ônibus da transportadora ré e, apesar da gravidade do acidente, que inclusive resultou na morte de outros passageiros, a demandante sofreu apenas lesões leves. A relatora esclarece que "ao aceitar a condução da recorrida – firmando, ainda que de forma tácita e não escrita, legítimo contrato de transporte –, surgiu para a recorrente a obrigação de levar a passageira em segurança (inclusive psicológica) até o seu destino". Com base nisso, os Ministros entenderam que, apesar de o ocorrido não ter tido repercussões físicas graves na autora, "episódios como este afetam de forma profunda a psique de qualquer indivíduo, violando de maneira indelével o seu direito de personalidade, justificando, nos termos dos arts. 186 e 927 do CC/02, a indenização por danos morais" e restabeleceram a indenização por danos morais fixada em primeiro grau de 20 salários mínimos.

Os assaltos dentro de ônibus também são fatos que levam à propositura de ações indenizatórias. Em regra, o STJ classifica esse tipo de ocorrência como caso fortuito e exclui a responsabilidade das transportadoras. No entanto, em alguns casos, como no REsp. 402.227, de relatoria do Ministro Aldir Passarinho Junior, julgado em 22.10.2002, a transportadora é responsabilizada, inclusive pelos danos morais causados. No julgamento desse Recurso Especial, o STJ analisou a seguinte situação: assalto de ônibus seguido de estupro da passageira. Os Ministros ressalvam o entendimento uniformizado da Corte no sentido de que "constitui caso fortuito, excludente de responsabilidade da empresa transportadora, assalto a mão armada ocorrido dentro de veículo coletivo". No entanto, como a prova dos autos acabou revelando que o motorista do ônibus era indiretamente vinculado a dois assaltantes e que houve omissão dele ao deixar de procurar auxílio imediato da autoridade policial, o STJ entendeu que a transportadora deveria responder civilmente pelo ocorrido, na proporção de sua omissão. A indenização fixada foi no montante de R$40.000,00.

Por fim, com relação ao transporte ferroviário, dois acórdãos foram selecionados sobre tema interessante relacionado a esse tipo de transporte: responsabilidade da companhia transportadora por danos causados ao 'pingente' e ao 'surfista ferroviário'. O primeiro é, em regra, passageiro que comprou a passagem, mas viaja com parte de seu corpo projetada para o lado de fora do trem, diante da superlotação do vagão. Já o segundo é aquele que viaja em cima do trem, deliberadamente, arriscando sua vida, geralmente sem ter comprado passagem.

O STJ faz essa diferença em seus acórdãos para definir, em regra, que, nos casos de 'pingente', porque dever contratual da companhia transportadora impedir que as pessoas viajem com parte do corpo projetado para o lado de fora do veículo, a empresa transportadora pode ser responsabilizada por eventuais danos que possam ocorrer com esses passageiros. No REsp. 226.348, julgado em 19.09.2006 e relatado pelo Ministro Castro Filho, o STJ entendeu que essa responsabilidade pode ser atenuada se demonstrada a culpa concorrente da vítima. No caso analisado nesse recurso, o relator observou que "a transportadora concorreu para o evento, ao permitir que em sua composição férrea trafegasse o autor como 'pingente'. Por outro lado, a vítima colaborou para o resultado, colocando-se nessa situação de perigo sem necessidade, pois, conforme afirmado pelo juízo ordinário, havia a possibilidade de o autor entrar no trem, uma vez que havia espaço, tendo o recorrente assumido sua 'aventura'". Dessa forma, diante da culpa concorrente, a indenização fixada foi reduzida pela metade, assim como a pensão mensal e vitalícia arbitrada.

Já com relação ao 'surfista ferroviário', o entendimento é outro, a exemplo do REsp. 160.051, de 05.12.2002, relatado pelo Ministro Antônio De Pádua Ribeiro (que não consta da tabela de acórdãos pertinentes analisados porque, como mencionado, no caso do surfista de trem, em regra, não existe contrato de transporte entre as partes. É mencionado aqui, porém, diante da relevância dessa diferenciação, que influi na responsabilização da empresa transportadora). Os Ministros deixaram consignado no acórdão ser entendimento da Corte que "em casos de surfistas ferroviários, estes arcam com a responsabilidade de viajar clandestinamente, em cima dos tetos dos trens, pois seria até inexigível da empresa efetiva fiscalização daqueles que teimam em driblar os fiscais".

Esses foram alguns contratos que mereceram análise em categorias diferenciadas, diante do grande volume de casos envolvendo-os e da pertinência para o estudo proposto.

4.7. Outros contratos

Nessa categoria, serão analisados alguns acórdãos que tratam dos outros inúmeros contratos cujo descumprimento gerou pedido de indenização por danos morais e que foram analisados pelo Superior Tribunal de Justiça.

Os contratos de consumo – inclusive os diversos já mencionados em suas categorias próprias – são os que mais embasam pleitos indenizatórios, em especial aqueles que envolvem vício/defeito do produto ou serviço, ou algum acidente de consumo.

No REsp. 575.469, de relatoria do Ministro Jorge Scartezzini, julgado em 18.11.2004, foi abordado o caso de um consumidor que adquiriu automóvel o qual apresentou defeito na mangueira de alimentação do combustível propiciando vazamento que causou incêndio do veículo. Segundo os Ministros, por se tratar de "defeito relativo à falha na segurança, de caso em que o produto traz um vício intrínseco que potencializa um acidente de consumo, sujeitando-se o consumidor a um perigo iminente" o dano moral prescinde de prova, pois "Esta Corte tem entendimento firmado no sentido de que 'quanto ao dano moral, não há que se falar em prova, deve--se, sim, comprovar o fato que gerou a dor, o sofrimento, sentimentos íntimos que o ensejam. Provado o fato, impõe-se a condenação'".

Já no AgRg no AI 667.131, o recorrente atacou decisão que deferiu a indenização pleiteada em ação de indenização por lucros cessantes e dano moral em razão de demora no conserto de veículo que causou a rescisão de contrato de transporte de prestação exclusiva. O *decisum* esclarecia que o dano moral era devido "em razão das dificuldades que o autor/apelado passou para que seu veículo pudesse ser consertado e, como consequência dessa demora, ainda teve rescindido um contrato exclusivo de transporte de granito, com duração de 10 (dez) anos". No Agravo, o relator reitera que "Não se trata de compensar um aborrecimento, mas de ressarcir quem, por obra de terceiro, foi levado a descumprir um contrato, maculando sua reputação profissional" (AgRg no AI 667.131, relator Ministro Ari Pargendler, j. 17.05.2007).

No REsp. 827.833, o STJ julgou o caso do consumidor que firmou contrato de seguro de seu carro o qual fora sinistrado e, após o envio para a oficina indicada pela seguradora, o automóvel retornou com diversos vícios. A Quarta Turma do STJ entendeu pela responsabilização solidária da seguradora e da oficina credenciada pelos danos materiais causados. O recurso, porém, não prosperou quanto ao pedido de ressarcimento por dano moral. Segundo a relatora: "O simples inadimplemento contratual não gera, em regra, danos morais, por caracterizar mero aborrecimento, dissabor, envolvendo controvérsia possível de surgir em qualquer relação negocial, sendo fato comum e previsível na vida social, embora não desejável" (REsp. 827.833-MG, relator Ministro Raul Araújo, j. 24.04.2012).

O REsp. 1.101.664, de relatoria do Ministro Marco Buzzi, julgado em 07.02.2013, avaliou o recurso da instituição de ensino ré que fora condenada à indenização por danos materiais e morais, pois, através de propaganda enganosa, ofereceu curso de pós-graduação (mestrado), mas omitiu dos seus alunos a informação de que o curso não possuía reconhecimento e validade perante o órgão governamental competente. Depois de esclarecer a natureza consumerista da relação existente entre as partes, o acórdão estabelece que "resta clara a responsabilização da empresa educacional em razão de publicidade que, mesmo por omissão, induz em erro o consumidor a respeito da natureza, características, qualidade e outros dados essenciais de seu produto/serviço, qual seja, curso de mestrado profissionalizante não aprovado pela CAPES". A indenização por danos morais, porém, foi reduzida ao patamar de R$ 30.000,00 (trinta mil reais).

E, no REsp. 723.729, julgado em 25.09.2006 e relatado pela Ministra Nancy Andrighi, o STJ examinou a ação de cobrança cumulada com reparação de danos morais na qual a autora pleiteou da seguradora a complementação do montante de indenização conforme previsto na Lei n.º 6.194/74. A Corte manteve a decisão do Tribunal de origem, com relação à condenação ao pagamento da complementação do valor da indenização concernente ao seguro obrigatório. Reformou-a, porém, excluindo a condenação por danos morais pois "O mero dissabor ocasionado por inadimplemento contratual, ao não pagar a seguradora o valor total previsto em lei, não configura, em regra, ato lesivo a ensejar a reparação de danos morais".

Já no REsp. 795.027, relatado pelo Ministro Aldir Passarinho Junior, julgado em 18.03.2010, o STJ julgou o recurso da companhia de seguros que não se conformou com a sua condenação a indenizar acidente pessoal que se recusara a cobrir, por ter o segurado agravado o risco ao escalar torre metálica com o objetivo de admirar a vista, sofrendo queda que lhe causou paraplegia. Segundo os Ministros "Não consubstancia situação de agravamento de risco o ato do segurado que sobe em torre metálica elevada, mas de fácil acesso, para descortinar vista panorâmica, porquanto constitui comportamento aventureiro razoável e previsível na vida das pessoas, como também acontece com escalada de árvores, pedras, trilhas íngremes, e coisas semelhantes". Afastou, porém, a indenização por danos morais, com o fundamento de que a recusa da seguradora se insere "no âmbito da discussão do contrato, não chegando a caracterizar má-fé por parte da ré a ensejar indenização por danos morais".

No REsp. 287.849, o STJ se deparou com o caso do consumidor que contratou pacote de turismo e, na noite em que chegou ao hotel, foi nadar na piscina e acabou batendo violentamente a cabeça no piso da mesma, que estava vazia, ocasionando sua tetraplegia. Sustentou a inexistência de qualquer aviso no local, nem mesmo um obstáculo ou cobertura que impedisse o acesso dos hóspedes. O entendimento vencedor foi no sentido de responsabilizar solidariamente a organizadora do pacote e o hotel, prestador do serviço de hospedagem. A indenização, porém, foi reduzida à metade, diante da constatação de culpa concorrente da vítima (art. 12, § 2º, III, do CDC) (REsp. 287.849-SP, relator Ministro Ruy Rosado de Aguiar, j. 17.04.2001).

Por fim, o trágico acidente de consumo que ocorreu na apresentação do Circo Vostok, analisado pelo STJ no REsp. 1.100.571, relator Ministro Luis Felipe Salomão, julgado em 07.04.2011. No intervalo do espetáculo, um menino de seis anos foi morto após ataque por leões. De acordo com o relator, houve vício de qualidade na prestação do serviço, por insegurança. Outro fundamento utilizado no acórdão foi o de que "a responsabilidade decorre do risco da própria atividade, sendo inerente à obrigação de zelar pela guarda dos frequentadores-consumidores, assegurada pelo novo Código Civil, em seus artigos 927, parágrafo único, e 931, que reforçou a garantia da vítima ser indenizada pelo risco gerado por uma atividade normalmente desenvolvida por alguém". A indenização arbitrada em favor dos autores (pais da vítima), porém, foi reduzida de R$1.000.000,00 para R$275.000,00.

De fato, a maioria dos contratos cujo descumprimento embasa pedido de indenização por danos morais, é de natureza consumerista, mesmo porque muitos são contratos de massa com consequentes demandas de massa.

Passa-se à análise de alguns contratos civis cujo descumprimento também motivou pleitos indenizatórios.

No REsp. 1.255.315, relatado pela Ministra Nancy Andrighi, julgamento datado de 13.09.2011, o STJ analisou contrato de distribuição celebrado verbalmente entre a Bayer e a Socipar e que fora rescindido de forma imotivada. Segundo o acórdão do Tribunal de origem, vigia entre as partes, por mais de quatorze anos, contrato não escrito de distribuição e tinha por objeto a comercialização de sulfato de sódio contaminado por cromo, produzido pela Bayer, sendo certo que, diante das características nocivas do produto, a Socipar foi obrigada a desenvolver um *know how* próprio, com logística específica de armazenamento e transporte do material contaminado, investindo vultosa quantia no negócio. Após esses quatorze anos ininterruptos de negócios constantes e crescentes, a Bayer simplesmente, sem grandes explicações, rompeu a relação com a Socipar alegando ser uma decisão mercadológica. Segundo os Ministros, que, por unanimidade, decidiram negar provimento ao recurso da Bayer, "A rescisão imotivada do contrato, em especial quando efetivada por meio de conduta desleal e abusiva – violadora dos princípios da boa-fé objetiva, da função social do contrato e da responsabilidade pós-contratual – confere à parte prejudicada o direito à indenização por danos materiais e morais"[379]. Com rela-

---

[379] Aqui, uma interessante análise fora realizada acerca da aplicação de princípios contratuais como a boa-fé objetiva e a função social dos contratos a ajustes anteriores ao atual Código Civil. A recorrente (Bayer) argumentou que a relação entre as partes era disciplinada apenas e tão somente pelas regras do CC/16, e acórdão do Tribunal de origem teria utilizado como fundamentos da condenação princípios e regras do CC/02. Segundo os Ministros: "Não obstante faça alusão a princípios e dispositivos do CC/02, o Tribunal Estadual bem ressalva tratarem-se de regras anteriormente incorporadas ao ordenamento jurídico pátrio. Nesse aspecto, ao mencionar a função social dos contratos, o TJ/SP observa que "desde 1930 Orlando Gomes pregava a sua adoção como um dos limites da autonomia privada", acrescentando serem "inúmeros os diplomas legais a atentar para tal princípio, com destaque para o CDC" (vigente desde 1990), concluindo que "o CC [de 2002] nada mais fez do que exprimir em norma escrita um princípio já adotado em nosso Direito de há muito" (fls. 2.117/2.118, e-STJ). De forma semelhante, ao se referir à boa-fé objetiva, o TJ/SP consigna ter sido "erigido a princípio na Lei 8.078/90". Com efeito, mesmo antes da edição do CC/02, a doutrina já tratava a boa-fé objetiva como regra de interpretação dos contratos. Judith Martins Costa, por exemplo, ainda em 1999, já observava que o contrato encerra uma relação dinâmica, alertando para a necessidade de o Juiz, ao analisá-lo, em especial no que diz respeito às suas lacunas, não poder permitir que este "como regulação objetiva, dotada de um específico sentido, atinja finalidade oposta ou contrária àquela que, razoavelmente, à vista de seu escopo econômico-social, seria lícito esperar" (A boa-fé no direito privado: sistema e tópica no processo obrigacional. São Paulo: RT, 1999, p. 432)". Sobre a boa-fé objetiva, Cláudia Lima Marques esclarece que o princípio já estava presente no ordenamento jurídico brasileiro muito antes do Código de Defesa do Consumidor entrar em vigor. Segundo ela, desde Roma, a *fides*, a confiança despertada pelos atos e palavras daquele que age na sociedade criando expectativas nos outros, é juridicamente importante e valorada. Sérgio Cavalieri Filho leciona que nos primórdios do Direito Romano, cultuava-se a deusa Fides na celebração dos negócios. A palavra *fides* deu origem a fidelidade e a ela foi acrescido o termo *bona*, para designar a conduta que se espera da parte (CAVALIERI FILHO, Sérgio. Programa de responsabilidade civil. 5ª ed. *Op. cit.*, p. 168). Apesar de não haver menção expressa no CC/1916, Clóvis Couto e Silva identificava a presença e incidência do princípio da boa-fé no ordenamento jurídico brasileiro, desde 1850, no Código Comercial que incluiu o princípio como vigorante no campo obrigacional e relacionou-o também aos usos de tráfico. Para o autor, a ausência de dispositivo expresso no CC/1916 não impedia que o princípio da boa-fé objetiva tivesse vigência no direito das obrigações, pois trata-se de proposição jurídica com significado de regra de conduta, um mandamento de conduta que estabelece entre as partes, um elo de cooperação (COUTO E SILVA, Clóvis. A obrigação como processo. São Paulo: José Bushatsky, 1976, p. 29-30). Dessa forma, Cláudia Lima Marques conclui que o princípio

ção aos danos morais, o STJ manteve o entendimento do Tribunal de São Paulo que justificou expressamente a condenação em danos morais, consignando que "na hipótese dos autos há de se enfatizar não só a perda da boa imagem da autora, como de sua clientela e o poder econômico da ré, mas especialmente o aspecto punitivo, já que pela aberta confissão da ré, tudo leva a crer que é política e estratégia do grupo econômico a qual pertence, esmagar quem quer que seja para conseguir seus objetivos, inclusive destruir, se for preciso, seus parceiros de longa data. Ela age sem ética e de má-fé no único intuito de obter lucro a qualquer preço".

Já no REsp. 704.384, o Tribunal da Cidadania examinou o contrato denominado "Acordo Comercial e Operacional" firmado entre as partas que tinha por objeto o transporte de veículos novos produzidos pela ré, para todo o território nacional. Inicialmente, sem qualquer comunicação prévia, a ré simplesmente reduziu a participação da reclamante no transporte dos veículos novos. Em seguida, a reclamada excluiu a autora do transporte dos veículos acabados que produzia, desrespeitando o aviso prévio estabelecido em cláusula contratual. O voto foi no sentido de condenar a ré ao pagamento de lucros cessantes apurados em liquidação de sentença até o prazo final da prorrogação do contrato, no entanto, com relação aos danos morais pleiteados, restou consignado que: "O só inadimplemento contratual, desacompanhado de circunstâncias especiais que caracterizem a ofensa a direitos da personalidade, não acarreta dano moral. O dano moral resulta de atos ilícitos absolutos. A conduta inconveniente de um contratante, ou mesmo a inadimplência deste, se resolve em perdas e danos. A não ser assim, qualquer infração contratual implicaria dano moral. É certo que a parte prejudicada pela falta de cumprimento do ajuste fica aborrecida. Mas esse sentimento não ascende ao nível do dano moral" (REsp. 704.384-MG, relator Ministro Ari Pargendler, j. 18.12.2007).

---

da boa-fé objetiva é parte fundamental do ordenamento jurídico desde 1850 e dele nasce o dever de informar, cooperar, tratar com lealdade e esclarecer os fatos e riscos relevantes (Violação do dever de boa-fé de informar corretamente, atos negociais omissivos afetando o direito/liberdade de escolha. Nexo causal entre a falha/defeito de informação e defeito de qualidade nos produtos de tabaco e o dano final morte. Responsabilidade do fabricante do produto, direito a ressarcimento dos danos materiais e morais, sejam preventivos, reparatórios ou satisfatórios. Revista dos Tribunais, vol. 835, maio de 2005, p. 81).

E o REsp.202.564, relator Ministro Sálvio de Figueiredo Teixeira, julgado em 02.08.2001, examinou a ação de indenização por danos morais e materiais decorrentes do descumprimento de "contratos de edição e mandato", movida pela compositora em face de editora musical. A ação interposta fundou-se na falta de repasse, por parte da editora musical, de importâncias devidas à compositora. O Ministro relator esclarece que "o inadimplemento do contrato, por si só, pode acarretar danos materiais e indenização por perdas e danos, mas, em regra, não dá margem ao dano moral, que pressupõe ofensa anormal à personalidade. Com efeito, embora a inobservância das cláusulas contratuais por uma das partes possa trazer desconforto ao outro contratante – e normalmente o traz – trata-se, em princípio, de desconforto a que todos podem estar sujeitos, pela própria vida em sociedade. A dificuldade financeira, ou a quebra da expectativa de receber valores contratados, não tomam a dimensão de constranger a honra ou a intimidade, ressalvadas situações excepcionais"[380]. Mas ressalta, ao final de seu voto que: "não se está a afastar o dano moral para todos

---

[380] O Ministro menciona trecho da doutrina do jurista Yussef Said Cahali: "No direito brasileiro, não obstante a ausência de disposição legal explícita, a doutrina é uniforme no sentido da admissibilidade de reparação do dano moral tanto originário de obrigação contratual quanto decorrente de culpa aquiliana; assente a indenizabilidade do dano moral, não há fazer-se distinção entre dano moral derivado de fato ilícito absoluto e dano moral que resulta de fato ilícito relativo; o direito à reparação pode projetar-se por áreas as mais diversas das sociais, abrangendo pessoas envolvidas ou não por um liame jurídico de natureza contratual: assim, tanto pode haver dano moral nas relações entre devedor e credor quanto entre o caluniador e o caluniado, que em nenhuma relação jurídica se acha, individualmente, com o ofensor. Na realidade, conforme assinala Viney, toda forma de responsabilidade, qualquer que seja a causa ou a natureza, induz, a cargo do responsável, o desgosto, os sofrimentos e frustrações provocados pelo seu autor: sob esse aspecto, impõe-se constatar que a distinção, se ainda posta em confronto, entre responsabilidade contratual e responsabilidade delitual, não tem hoje senão uma importância mínima; a obrigação de reparar os danos extrapatrimoniais" (*Dano Moral*, 2ª ed., Revista dos Tribunais, 1998, nº 10.1, pp. 461-462)". Em seguida, afirma o relator que: "No caso, do só descumprimento do contrato e do atraso no repasse das verbas autorais à autora-compositora não se infere a ocorrência de danos à sua honra e reputação. Na verdade, os prejuízos suportados por ela não ultrapassaram a esfera dos danos materiais que acometeriam outras categorias profissionais, como, por exemplo, o médico ou odontólogo que deixasse de receber por consultas clínicas, o advogado que deparasse com contrato de honorários descumprido, o arquiteto que tivesse elaborado o projeto e não recebido conforme contratado. Em todas as hipóteses, as verbas também se caracterizariam alimentares e nem por isso configurariam, em tese, dano moral".

os casos de descumprimento de contrato, mas sim a limitá-lo a situações excepcionais, que extrapolem o só inadimplemento contratual, dentre as quais não se amolda à espécie".

Por fim, o REsp.418.684, de relatoria do Ministro Ruy Rosado de Aguiar, julgado em 05.09.2002, no qual o suposto descumprimento de um contrato, acabou se tornando questão policial e gerando o dever de indenizar. Em razão do que considerou cumprimento imperfeito do serviço, conserto de um veículo de sua propriedade, a empresa Brink's Segurança e Transporte de Valores Ltda. requereu à autoridade policial a instauração de inquérito pelos crimes de apropriação indébita, duplicata simulada e do tipo previsto no artigo 66 da Lei 8.078/90. Como nenhum deles foi apurado, o Ministério Público pediu o arquivamento do expediente. O entendimento do relator (que fora acompanhado pelos demais membros da Turma) foi no sentido de que "A empresa que transforma o descumprimento de contrato de prestação de serviço em questão policial deve indenizar o dano moral que disso decorre depois de aceito nos juízos cível e criminal que não existiram os delitos mencionados". A sentença de primeiro grau fora restabelecida e estipulado o valor da indenização por danos morais no montante equivalente a 100 salários mínimos.

Dos duzentos e sete acórdãos analisados e que compuseram a tabela anexa ao estudo, esses foram os considerados mais representativos do tema e, por isso, selecionados para abordagem. Passa-se à conclusão geral acerca do posicionamento do Superior Tribunal de Justiça no que pertine ao objeto da presente pesquisa.

4.8. Apontamentos conclusivos

Maria Celina Bodin de Moraes, ao analisar a jurisprudência do STJ sobre o tema, esclarece que o Tribunal, estranhamente, dado ao seu posicionamento histórico em relação ao alargamento das hipóteses de ressarcimento, não tem considerado, em regra, esse tipo de desgosto, com o inadimplemento de obrigação assumida contratualmente, como gerador de dano extrapatrimonial[381].

Paulo Nalin também estudou a jurisprudência do STJ acerca do dano moral contratual. Segundo ele, o STJ, na generalidade dos casos, se posi-

---

[381] MORAES, Maria Celina Bodin de. Danos à pessoa humana. Uma leitura civil-constitucional dos danos morais. *Op. cit.*, p. 163.

ciona contrariamente à compensação do dano moral decorrente do descumprimento do contrato. Tal posicionamento se assentou nas Turmas do Superior Tribunal de Justiça, no entanto, o mesmo Tribunal adota, em diversos outros acórdãos, posicionamentos específicos acolhedores do dano moral contratual. Para o autor, além do conflito jurisprudencial e da quebra de uma das funções institucionais do STJ que é a uniformização da jurisprudência em matéria infraconstitucional, essa divergência demonstra fragilidades conceituais no que respeita aos institutos do contrato e da responsabilidade civil. O jurista concluiu esclarecendo que, para ele, o posicionamento generalizante do STJ, contrário à indenização por danos morais decorrentes da inexecução do contrato, é inaceitável, pois ocasiona empecilho geral e abstrato à procedência de pleitos indenizatórios, sem que se atenda à concretude ou à ética da situação, tão cara aos idealizadores do Código Civil brasileiro. O autor se posiciona, ainda, contrariamente ao entendimento do STJ de que, apenas em casos excepcionais, o descumprimento contratual pode embasar pedido de indenização por danos morais, pois tal posicionamento cria um segmento particular de dano moral, ou seja, cria exceção e limite não sugeridos nem no Código Civil, nem na Constituição Federal[382].

Esse estudo obteve conclusões similares às quais chegaram os supramencionados autores. Percebe-se que, em linhas gerais, o Superior Tribunal de Justiça adota um posicionamento no sentido de não ser possível pleitear danos morais diante do que os Ministros da Corte denominam 'mero inadimplemento' do contrato. Ocorre que, como demonstrado, não raro, o pedido de dano moral embasado no descumprimento do contrato é deferido naquele Tribunal, o que permite concluir que há, para o STJ, uma diferença entre o chamado 'mero inadimplemento', aquele com efeitos unicamente patrimoniais, do inadimplemento capaz de gerar danos que ultrapassam a esfera dos materiais e alcançam os de ordem moral.

E, dos julgados analisados, apreende-se que, em regra, essa diferença encontra-se na existência de elementos morais no contrato.

Contratos com esse 'alicerce moral' foram denominados 'contratos morais' em capítulo próprio e envolvem direitos de personalidade, direitos sociais e outros valores constitucionalmente protegidos. O STJ, apesar de estabelecer que, em regra, o descumprimento do contrato não causa

---

[382] NALIN, Paulo. *Op. cit.*, p. 903-928.

dano moral, nos casos envolvendo contratos desse tipo, usualmente, concede a indenização pleiteada.

Como fora observado, quando o contrato envolvia direitos de personalidade, como o nome, imagem, honra, intimidade e privacidade, a indenização por danos extrapatrimoniais era, em regra, deferida. Um exemplo é o do modelo que tem sua imagem divulgada em mais veículos do que os constantes em contrato (REsp. 230268-SP, relator Ministro Sálvio de Figueiredo Teixeira, j. 11.12.2002, constante da tabela anexa ao estudo).

O mesmo ocorre com os direitos sociais, como o direito à saúde, à educação, à alimentação, ao trabalho, à moradia, ao lazer e à segurança. O direito à saúde, por exemplo, permeia os contratos firmados com as operadoras de plano de saúde. Como visto, muitos desses contratos acabam sendo discutidos judicialmente, inclusive com pedido indenizatório por danos morais. Sabe-se que o acesso aos meios que permitem o exercício pleno do direito à saúde deveria ser proporcionado pelo Estado, como dita a Constituição. Porém, é comum que esses meios sejam fornecidos mediante a contratação de planos de saúde, que acabam responsáveis pela manutenção da saúde de milhões de brasileiros. E é exatamente diante da relevância do direito que permeia esse tipo de contrato que, quando o ajuste é descumprido, mais comumente com a recusa da cobertura de procedimentos, o dano moral é deferido.

O deferimento pelo STJ desse tipo de indenização não se restringe aos contratos relacionados à saúde, mas a todos os outros direitos sociais, como o direito à educação, visto no REsp. 1.101.664, em que a instituição de ensino oferecia curso de mestrado profissionalizante não aprovado pela CAPES, ou o direito ao lazer, que envolvia o caso do menino morto no circo (REsp. 1.100.571 abordado). O valor social do trabalho, fundamento da República Federativa do Brasil[383], também é protegido pela Constituição e contratos que o envolvem, quando descumpridos, podem ensejar

---

[383] CF. Art. 1º: "A República Federativa do Brasil, formada pela união indissolúvel dos Estados e Municípios e do Distrito Federal, constitui-se em Estado Democrático de Direito e tem como fundamentos:
I – a soberania;
II – a cidadania;
III – a dignidade da pessoa humana;
IV – os valores sociais do trabalho e da livre iniciativa;
V – o pluralismo político".

reparação por danos morais. A Justiça Trabalhista julga, constantemente, processos envolvendo contratos de trabalho rescindidos, descumpridos e que geraram pedido de indenização por danos morais.

A defesa do consumidor também é prevista na Constituição como princípio da ordem econômica brasileira[384] e os contratos de consumo, como alguns que foram nesse capítulo analisados, quando descumpridos, podem ensejar pleitos indenizatórios, inclusive por dano moral coletivo. O mesmo vale para contratos que envolvam outro princípio pertinente à ordem econômica brasileira, qual seja: a defesa do meio ambiente.

Em síntese e de tudo o que fora observado da análise dos duzentos e sete acórdãos do STJ considerados pertinentes para o estudo e que fizeram parte da tabela anexa a ele, é possível concluir que aquela Corte, apesar de deixar registrado em diversos acórdãos que o inadimplemento contratual não dá margem à reparação por danos morais (e deixa claro nesses acórdãos que essa é a regra), defere indenizações desse tipo constantemente. Nos casos de indeferimento, é comum a utilização da expressão 'mero inadimplemento' entendido como aquele com consequências unicamente materiais.

Essa é a visão que prevalece: uma visão limitadora dos danos morais contratuais. A chamada 'tese da excepcionalidade'[385] para constatação de danos morais em sede contratual vigora na Corte. Como mencionado, porém, o Tribunal da Cidadania concede indenizações por dano moral em casos de descumprimento do contrato frequentemente, mas, nesses casos, percebe-

---

[384] Art. 170: "A ordem econômica, fundada na valorização do trabalho humano e na livre iniciativa, tem por fim assegurar a todos existência digna, conforme os ditames da justiça social, observados os seguintes princípios:
I – soberania nacional;
II – propriedade privada;
III – função social da propriedade;
IV – livre concorrência;
V – defesa do consumidor;
VI – defesa do meio ambiente, inclusive mediante tratamento diferenciado conforme o impacto ambiental dos produtos e serviços e de seus processos de elaboração e prestação;
VII – redução das desigualdades regionais e sociais;
VIII – busca do pleno emprego;
IX – tratamento favorecido para as empresas de pequeno porte constituídas sob as leis brasileiras e que tenham sua sede e administração no País".
[385] Expressão mencionada por Flávia Viveiros de Castro. Op. cit., p. 94-96.

-se que o foco da condenação fica na lesão moral e não no descumprimento do pactuado. Assim, constatada a existência de lesão moral, é quase sempre irrelevante se tal lesão adveio ou não do descumprimento do contrato.

Na verdade, um fato ilícito não perde sua natureza em decorrência de ser ou não cometido dentro de uma relação contratual. O STJ, em suas decisões, acaba estabelecendo uma regra de excepcionalidade do dano moral em caso de descumprimento do contrato que não tem razão de ser. Ainda que existam alguns contratos com elementos morais mais suscetíveis a produzir situações capazes de gerar danos extrapatrimoniais, o descumprimento de todo contrato pode, potencialmente, causar lesões dessa natureza: o dano moral é um só, independente de origem e deveria ser assim tratado pela Corte Superior.

Por fim, apesar de o capítulo ter se proposto a analisar a jurisprudência do Superior Tribunal de Justiça, fora realizada pesquisa nos principais Tribunais Estaduais do país[386] em busca de Súmulas que poderiam tratar da matéria estudada, porém, a única que trata diretamente do tema é a de número 75 do Tribunal de Justiça do Rio de Janeiro, a qual dita: "O simples descumprimento de dever legal ou contratual, por caracterizar mero aborrecimento, em princípio, não configura dano moral, salvo se da infração advém circunstância que atenta contra a dignidade da parte"[387].

---

[386] Foram consultados os sítios eletrônicos dos seguintes Estados: RS, SC, SP, RJ, MG, PE e DF e a pesquisa realizada no item 'Súmulas' dos respectivos sites, utilizando-se os termos 'contrato', 'contratual', 'descumprimento', 'dano moral' e 'danos moais', em diferentes combinações.
[387] Disponível em: <http://webfarm.tjrj.jus.br/biblioteca/asp/textos_main.asp?codigo=150637&desc=ti&servidor=1&iIdioma=0>. Acesso em: 29.06.2013.

CONCLUSÃO

Esse estudo pretendeu abordar o tema do dano moral decorrente do descumprimento do contrato. Alicerçou-se em dois capítulos introdutórios referentes ao contrato e ao dano moral para debruçar, em seguida, sobre seu objeto central. Por fim, fora realizada pesquisa junto ao Superior Tribunal de Justiça no intuito de evidenciar o cenário jurisprudencial acerca do tema. Nesse fechamento, serão expostas conclusões parciais dos capítulos e, então, uma proposta de conclusão final.

O primeiro capítulo tratou da figura do contrato. Contrato é acordo de vontades com o fim de produzir efeitos jurídicos. Ele é veículo de circulação de bens e riqueza na sociedade, é instrumento fundamental do mundo dos negócios. São apontados três requisitos para sua validade, quais sejam: capacidade das partes, objeto lícito, possível, determinado ou determinável e respeito à forma, quando prescrita em lei.

O direito contratual se submete a diversos princípios. Entres os princípios clássicos apontados pela doutrina estão o da autonomia da vontade, o da obrigatoriedade das convenções e o da relatividade dos efeitos do contrato.

Segundo o princípio da autonomia da vontade, as partes podem, mediante acordo de vontades, disciplinar livremente seus interesses da maneira que melhor lhes interessarem, desde que respeitada à lei. Já de acordo com o princípio da obrigatoriedade das convenções, aquilo que as partes de comum acordo estipulam deverá ser cumprido. O princípio da relatividade das convenções contém a ideia de que os efeitos dos contratos se limitam às partes contratantes, não aproveitando nem prejudicando terceiros. Todos esses princípios passam por um processo de readequação à nova realidade social e jurídica, estão sendo mitigados ou relativizados já que aspecto público do contrato tem ganhado relevância em detrimento dos interesses individuais das partes contratantes.

Essa realidade também permitiu o surgimento de 'novos' princípios como o da função social do contrato e o da boa-fé objetiva. O princípio da função social do contrato impõe aos contratantes o dever de perseguir, além dos interesses individuais, aqueles socialmente relevantes. Já o princípio da boa-fé objetiva é padrão de conduta que atribui às partes do negócio uma atuação fundada na lealdade, cooperação, correção e consideração aos interesses do outro.

Acima de todos os princípios citados está o princípio da dignidade da pessoa humana que deve ser respeitado em todas as relações, inclusive no tráfego negocial.

O contrato é firmado para ser cumprido, nem sempre, porém, o é. Denomina-se inadimplemento o não cumprimento da obrigação nos devidos tempo, lugar e forma. Já em mora considera-se "o devedor que não efetuar o pagamento e o credor que não quiser recebê-lo no tempo, lugar e forma que a lei ou a convenção estabelecer" (art. 394 do CC). Quando o inadimplemento voluntário é absoluto independentemente de ser total ou parcial a consequência é a mesma: o devedor responde por perdas e danos para recompor o patrimônio do credor lesado pelo descumprimento da obrigação. Isso se não for possível o cumprimento específico ou se a execução tardia venha a ser inútil para o credor. É o artigo 389 do Código Civil que estabelece os efeitos do descumprimento da obrigação: "responde o devedor por perdas e danos, mais juros e atualização monetária segundo índices oficiais regularmente estabelecidos, e honorários de advogado". Já quando há mora, o principal efeito jurídico atribuído pela lei é a responsabilização pelos prejuízos causados com ela.

O dano moral foi tema do segundo capítulo. A tese da reparabilidade desse tipo de lesão foi conquista recente do ordenamento jurídico, fruto da evolução da sociedade. Em especial antes da atual Constituição Federal, a principal justificativa daqueles que não aceitavam a reparação do dano moral era a de ser impossível reparar materialmente um bem imaterial. Essa tese foi superada e, em 1988, o dano moral veio expressamente previsto na Constituição. O Código Civil atual também prevê de forma expressa a ressarcibilidade do dano moral (art. 186).

CONCLUSÃO

Com relação ao conceito de dano moral, o adotado pelo estudo afasta-se da teoria sentimentalista do instituto, qual seja, aquela que relaciona dano moral a estados anímicos como 'dor', 'tristeza', 'aflição espiritual', 'perturbação'. Optou-se pelo conceito fornecido por Maria Celina Bodin de Moraes de dano moral como violação da cláusula geral de tutela da pessoa humana, assim, toda situação que atinja o ser humano em sua dignidade é entendida como geradora de dano moral reparável.

Diferente do dano material, tecnicamente, não é possível indenizar danos morais. No que diz respeito ao dano material, o ofendido pode ser plenamente indenizado; é possível o retorno ao estado anterior, como se ele nunca tivesse sofrido o dano. Já com relação à reparação do dano moral fala-se em compensação, já que os prejuízos não são eliminados, mas estabelece-se uma forma compensá-los, através da fixação de um montante em dinheiro. Essa tarefa, porém, não é simples.

A avaliação econômica do prejuízo não econômico suscita inúmeras discussões. Alguns critérios, porém, são oferecidos pela doutrina e jurisprudência. O critério matemático é aquele que fixa o montante indenizatório através de uma equação previamente definida. Destacam-se: o que vincula o valor do dano moral ao do dano material, o que atrela o valor do dano moral à pena criminal e aquele que liga, em caso de protesto indevido de título, o dano moral ao valor do título protestado. Os critérios matemáticos são criticados, pois atrelam o valor da indenização a montantes que não possuem qualquer relação com o dano moral, figura autônoma. Alguns autores defendem a previsão legal detalhada de critérios rígidos de mensuração do montante indenizatório arbitrado a título de danos morais. Existem projetos de leis, inclusive, que tabelam valores para certos tipos de danos morais, como o Projeto de Lei do Senado 334/2008. Além do tabelamento legal, existe o tabelamento judicial. Os Tribunais, buscando uniformizar suas decisões, adotam um tabelamento implícito de indenizações. Ambos os tabelamentos, legal e judicial, são alvos de críticas uma vez que desconsideram as peculiaridades do caso concreto.

O arbitramento judicial ainda é apontado como a melhor forma de se estabelecer o *quantum* indenizatório. Esse ofício, porém, deve ser realizado de acordo com alguns parâmetros. Os principais critérios nos quais deve se basear o juiz no momento da fixação do montante indenizatório apontados pela doutrina são: a extensão/gravidade do dano, o grau de culpa, as condições socioeconômicas do ofensor e da vítima e os princípios da equidade, razoabilidade e proporcionalidade.

O último tópico tratado no capítulo foi o relativo às funções do dano moral. A principal delas é a compensatória. Como mencionado, o montante arbitrado a título de indenização por danos morais não tem a função de refazer o patrimônio da vítima, mas de conferir àquele que sofreu um dano dessa natureza, uma satisfação que lhe é de direito, atenuando os efeitos da lesão sofrida. Boa parte da doutrina entende que a indenização por danos morais possui, ao lado da função compensatória, uma outra preventiva, com caráter pedagógico/punitivo. O estudo concluiu serem diferentes, função punitiva do dano moral e indenização punitiva. A indenização por dano moral possui, de fato, uma função dúplice: a de compensar o dano sofrido e a de prevenir que outros ocorram. Nem sempre, porém, a indenização por danos materiais e morais é suficiente e o arbitramento de valor a título de indenização punitiva, verba independente daquela destinada à reparação do dano, se faz necessário diante da dimensão, inclusive social, que pode atingir o dano. A indenização punitiva, como ferramenta autônoma, é instrumento de prevenção de danos, recomendável em algumas situações: microlesões, lesões lucrativas e danos coletivos são algumas delas.

O terceiro capítulo abordou o tema central desse estudo que é o dano moral decorrente do descumprimento do contrato. Quando o contrato é descumprido, as consequências são apontadas, em regra, como prejuízos de ordem material. Avolumam-se, porém, as ações envolvendo quebra contratual em que o pedido de indenização por danos morais se faz presente. Para parte da doutrina, o mero descumprimento do contrato não configura dano moral. A regra, portanto, seria a da não ressarcibilidade do dano moral nesses casos. Excepcionalmente, abrir-se-ia a possibilidade da compensação do dano imaterial decorrente da quebra do ajuste. A doutrina nacional, porém, em sua maioria, inclina-se pela aceitação da possibilidade de o descumprimento contratual gerar danos de natureza extrapatrimonial. O argumento central desses defensores, que vai ao encontro do defendido pelo presente estudo, é o de que o fato ilícito, originado onde quer que seja (da quebra do contrato ou não), gera idênticas consequências, exigindo respostas iguais do ordenamento jurídico. Ademais, ficou esclarecido que embora a prestação tenha conteúdo patrimonial, o interesse do credor em seu cumprimento pode, conforme as circunstâncias, apresentar um caráter extrapatrimonial. E, sob a perspectiva civil-constitucional do dano moral, fica ainda mais sem sentido a indagação de onde se origina o dano: se do descumprimento do contrato ou não. Qualquer episódio que atinja o ser humano em sua dignidade deve ser considerado dano moral reparável, independentemente de sua origem.

Estabelecida a reparabilidade dos danos morais contratuais, o estudo elencou os requisitos para sua configuração. O primeiro deles é a existência de um contrato, de uma obrigação preexistente válida. O segundo requisito é o descumprimento do avençado. Para o estudo, o alcance da expressão 'descumprimento do contrato' adotado fora amplo, incluindo o inadimplemento absoluto (que pode ser total ou parcial), a mora, o descumprimento de obrigações pré e pós-contratuais e dos princípios aplicados aos contratos. Potencialmente, todas essas situações podem embasar pedidos de indenização por danos morais. É evidente que, para configuração do dano moral advindo do descumprimento contratual, é necessária ainda a ocorrência de um dano de natureza extrapatrimonial e, por fim, entre esse dano e o descumprimento do ajuste deve haver adequado nexo de causalidade.

Com relação à legislação estrangeira, foi possível estabelecer três grupos quanto à admissão da reparação por danos morais decorrentes do descumprimento contratual: os Códigos que preveem expressamente essa possibilidade, os que implicitamente admitem-na e aqueles que restringem a reparação por danos morais. Do primeiro grupo fazem parte os Códigos do Quebec, Peru e Argentina. Da segunda, os da França, Espanha, Suíça, Chile, Portugal, entre outros e, da última categoria, os da Alemanha e Itália.

Assentada a ideia de dano moral contratual, a pesquisa fora capaz de identificar algumas características comuns a determinados contratos que permitiram sua reunião em categoria batizada de 'contratos morais', uma classe de contratos inserida em um novo modelo obrigacional, incorporador de elementos morais. O que o estudo pretendeu chamar de contrato moral é aquele ajuste com elementos morais, envolvendo direitos da personalidade (nome, imagem, honra, intimidade, privacidade), direitos sociais (educação, a saúde, a alimentação, o trabalho, a moradia, o lazer, a segurança) ou outros direitos protegidos constitucionalmente. Esses contratos não possuem como objeto bens morais, já que bens dessa natureza não podem ser negociados, mas elementos morais que os identificam e permitem a reunião dos mesmos nesse grupo proposto: o dos contratos morais.

Em seguida, os contratos inseridos na classe criada passaram a ser tratados individualmente. Contratos que envolvam nome/imagem/voz/intimidade das partes, contratos da área da saúde, contratos educacionais, contratos referentes a serviços essenciais: água, energia, telefonia, contratos de transporte, contratos bancários, contratos de lazer, contratos de habitação, contratos referentes a bens com valor afetivo, contratos de prestação de serviços de advocacia, contratos de consumo (alimentos, medicamentos e produtos perigosos), contratos ambientais e contratos de trabalho. Todos esses ajustes possuem o potencial de, quando descumpridos, causarem danos de natureza moral. Isso porque a quebra desses contratos tem a capacidade de afetar não apenas o patrimônio material da vítima, mas o moral. O nome, a saúde, a educação, a habitação, a comunicação, o transporte, o dinheiro, o lazer, são apenas alguns dos direitos envolvidos nesse tipo de contrato, tornando seu cumprimento adequado ainda mais relevante.

O capítulo ainda relatou a controvérsia acerca da possibilidade da cláusula penal presente no contrato, prefixando os prejuízos advindos de seu descumprimento, afastar a possibilidade do pedido de reparação por danos morais. Concluiu parecer mais acertado que se permita a indenização suplementar, baseado no entendimento de que não é possível as partes mensurarem, previamente, os danos morais que poderão sofrer. Tratou, por fim, da forma de incidência dos juros moratórios e correção monetária quando fixada indenização por danos morais decorrentes do descumprimento contratual. Com relação à correção monetária, aplica-se a Súmula 362 do Superior Tribunal de Justiça que dispõe: "A correção monetária do valor da indenização do dano moral incide desde a data do arbitramento". No que diz respeito aos juros moratórios, se a verba indenizatória fixada a título de danos morais está ligada ao contrato, aplica-se a regra da responsabilidade contratual, ou seja, os juros moratórios relativos à indenização arbitrada incidem a partir da citação.

No último capítulo do estudo fora exposta a pesquisa jurisprudencial realizada junto ao Superior Tribunal de Justiça acerca do tema. E, dos 207 acórdãos analisados que fizeram parte da tabela anexa, a conclusão a que se pôde chegar foi a de que a Corte em suas decisões estabelece uma regra de excepcionalidade do dano moral nos casos de quebra do contrato. Porém, como o estudo concluiu, o estabelecimento desse tipo de regra não é recomendável: o dano moral pode ter diferentes origens, mas isso não muda sua natureza, nem sua reparabilidade. E parece esse o tratamento que deveria ser dispensado ao tema pelo Tribunal Superior.

Como conclusão final, e em linhas gerais, de todo o estudo elaborado foi possível apurar que a construção doutrinária setorizada que separa dano moral da quebra do contrato, tratando-o como exceção, do dano moral baseado no dever geral de não lesar, indenizável, via de regra, não mais se sustenta. Ela deve dar lugar à tutela fundamental da dignidade da pessoa humana, já que o direito passou a possuir o ser humano como centro gravitacional.

A relação jurídica contratual é instrumento de proteção à pessoa humana, no aspecto patrimonial, mas, na mesma intensidade, no aspecto personalista. De todos os instrumentos jurídicos é exigível o respeito à dignidade da pessoa humana. Do contrato, não seria diferente. Por isso, e por todo o exposto, o descumprimento do contrato pode causar danos morais. Alguns contratos apresentam características que potencializam essa possibilidade, mas a quebra de qualquer contrato pode vir a gerar danos dessa natureza.

O contrato é dotado de elementos de natureza moral e essa constatação não marginaliza seus valores patrimoniais, mas demonstra que o instituto também é voltado à realização de valores morais.

BIBLIOGRAFIA

ACETI JÚNIOR, Luiz Carlos. Dano moral ambiental. Repertório de Jurisprudência IOB. Civil, Processual, Penal e Comercial, vol. III, nº 24, 2006.

AGUIAR JUNIOR, Ruy Rosado. Responsabilidade civil do médico. Trabalho apresentado ao IV Congresso Internacional sobre Danos em Buenos Aires, Argentina, de 19 a 22 de abril de 1995. Revista dos Tribunais, vol. 718, ago. 1995.

ALVIM, Agostinho. Da inexecução das obrigações e suas consequências. São Paulo: Saraiva, 1949.

ANDRADE, André Gustavo C. de. A evolução do conceito de dano moral. Revista Forense, vol. 375, set.-out. 2004.

ANDRIGHI, Fátima Nancy. Responsabilidade civil na cirurgia estética. Palestra proferida na XIX Jornada Centro-Oeste de Cirurgia Plástica realizada em Brasília, em 16.03.2006.

ARAÚJO JÚNIOR, Francisco Milton. A expansão da responsabilização civil pela via objetiva como meio de promoção dos direitos da personalidade. Revista da ESMAPE, vol. 12, nº 26, jul.-dez. 2007.

ARAUJO, Vaneska Donato de. A responsabilidade profissional e a reparação de danos. Dissertação de mestrado. Faculdade de Direito da Universidade de São Paulo, 2011.

AROUCA, José Carlos. Dano moral. Repertório de Jurisprudência IOB, vol. II, nº 3, 2008.

AZEVEDO, Antônio Junqueira de. Novos estudos e pareceres de Direito Privado. São Paulo: Saraiva, 2009.

AZEVEDO, Fernando Costa. A suspensão do fornecimento de serviço público essencial por inadimplemento do consumidor-usuário. Argumentos doutrinários e entendimento jurisprudencial. Revista de Direito do Consumidor, ano 16, nº 62, abr.-jun. 2007.

BAPTISTA, Silvio Neves. Teoria geral do dano. São Paulo: Atlas, 2003.

BARBOSA, Pedro Marcos Nunes. A autonomia negocial nos contratos e impactos de natureza existencial: alguns tópicos polêmicos. Revista da Escola da Magistratura Regional Federal/ Escola da Magistratura Regional Federal, Tribunal Regional Federal da 2ª Região. Rio de Janeiro, vol. 14, nº1, nov. 2010.

BARBOZA, Jovi Vieira. Dano moral: o problema do *quantum debeatur* nas indenizações por dano moral. Curitiba: Juruá, 2006.

BARROS, Washington Monteiro de; MALUF, Carlos Alberto Dabus; SILVA, Regina Beatriz Tavares da. Curso de direito civil. Direito das obrigações, 2ª parte. 38ª ed. São Paulo: Saraiva.

BARROSO, Lucas Abreu. A teoria do contrato no paradigma constitucional. Revista de Direito do Consumidor, ano 21, vol. 84, out.-dez 2012.

BERNARDO, Wesley de Oliveira Louzada. Dano moral: critérios de fixação de valor. Rio de Janeiro: Renovar, 2005.

BRAZ, Alex Trevisan. A fumaça do bom direito. Um estudo sobre a responsabilidade civil das indústrias tabagistas. Monografia. Faculdade de Direito da Universidade de São Paulo, 2009.

BUARQUE, Sidney Hartung. Da demanda por dano moral na inexecução das obrigações. 2ª ed., Rio de Janeiro: Lumen Juris, 2007.

BUITONI, Ademir. Reparar os danos morais pelos meios morais. Revista de Direito Privado, nº 16, out.-dez. 2003.

CAHALI, Yussef Said. Dano moral. 4ª ed. São Paulo: Revista dos Tribunais, 2011.

CASTRO, Flávia Viveiros de. Danos à pessoa nas relações de consumo. Uma abordagem civil constitucional. Rio de Janeiro: Lumen Juris, 2006.

CAVALIERI FILHO, Sérgio. Programa de Responsabilidade Civil. 5ª ed. São Paulo: Atlas, 2003.

___. Programa de Responsabilidade Civil. 6ª ed. São Paulo: Malheiros, 2005.

___. Programa de Responsabilidade Civil. 8ª ed. São Paulo: Atlas, 2008.

CORDEIRO, Carolina Souza; SANTANA, Hector Valverde. Dano moral decorrente de inadimplemento contratual de plano privado de assistência à saúde. Revista de Direito do Consumidor, vol. 80, out.-dez. 2011.

COSTA, Judith Martins. A boa-fé no Direito Privado. 1ª ed. São Paulo: Revista dos Tribunais, 2000.

___. Ação indenizatória. Dever de informar do fabricante sobre os riscos do tabagismo. Revista dos Tribunais, vol. 812, jun. 2003.

COUTO E SILVA, Clóvis. A obrigação como processo. São Paulo: José Bushatsky, 1976.

DAN, Wei. A proteção do turista através do direito do consumidor. Efeitos da globalização e o estudo empírico da China. Revista Direito do Consumidor, ano 21, vol. 83, jul.-set., 2012.

DARMAISIN, Stéphane. Le contrat moral. Paris : LGDJ, 2000.

DINIZ, Maria Helena. Curso de Direito Civil Brasileiro. Responsabilidade Civil. 20ª ed. São Paulo: Saraiva, 2006.

EDGARDO LÓPEZ HERRERA. Los daños punitivos. 1ª ed. Buenos Aires: Abeledo Perrot, 2008.

EILBERG, Ilana Finkielsztejn. O direito fundamental à educação e as relações de consumo. Revista de Direito do Consumidor, ano 19, nº 74, abr.--jun. 2010.

FACHIN, Luiz Edson. Contratos e responsabilidade civil: duas funcionalizações e seus traços. Revista dos Tribunais, vol. 903, jan. 2011.

FERRANDIN, Mauro. Dano moral contratual. Jurisprudência Catarinense, ano XXXII, nº 110, 1º trimestre 2006.

FONTES, Marcos Rolim Fernandes; WAISBERG, Ivo (Coord.) Contratos bancários. São Paulo: Quartier Latin, 2006.

GAGLIANO, Pablo Stolze; FILHO, Rodolfo Pamplona. Novo curso de direito civil. Contratos. São Paulo: Saraiva, 2005.

GODOY, Claudio Luiz Bueno de. Função social do contrato. 3ª ed. São Paulo: Saraiva, 2009.

GOMES, Luiz Flávio. Bullying: a violência que bulina a juventude. Revista Síntese. Direito Penal e Processual Penal, ano XI, nº 63, ago.-set. 2010.

GOMES, Orlando. Obrigações. 16ª ed. Rio de Janeiro: Forense, 2005.

GOMIDE, Eduardo Teixeira; CORTEZ, Luis Francisco Aguilar (Org./ Coord.). Dano moral decorrente do inadimplemento contratual. Violação da boa-fé objetiva e da função social do contrato. Revista de Direito e Legislação, vol. 3, 2005.

GONÇALVES, André Luiz Mansilha. O Direito do entretenimento no Brasil: A revolução do ócio. 2007. Monografia. Universidade Federal do Rio de Janeiro, 2007. Disponível em: <http://monografias.brasilescola.com/direito/o-direito-entretenimento-no-brasil-revolucao-ocio.htm>. Acesso em: 30.08.2013.

GONÇALVES, Carlos Roberto. Direito civil brasileiro. Teoria geral das obrigações. 8ª ed. São Paulo: Saraiva, 2004.

___. Direito civil brasileiro. Responsabilidade civil. 5ªed. São Paulo: Saraiva, 2010.

___. Direito civil brasileiro. Contratos e atos unilaterais. 10ª ed. São Paulo: Saraiva, 2013.

GORON, Lívio Goellner. Serviços educacionais e direito do consumidor. Revista de Direito do Consumidor, ano 20, vol. 77, jan.-mar. 2011.

GRANJA, Rubens. A culpa como critério para quantificação do dano. Dissertação de mestrado. Faculdade de Direito da Universidade de São Paulo, 2013.

GUILHERME, Luiz Fernando do Vale de Almeida (Org.). Responsabilidade civil. São Paulo: Rideel, 2011.

KFOURI NETO, Responsabilidade civil do médico. 6ª ed. São Paulo: Revista dos Tribunais, 2007.

LALOU, Henri. La responsabilité civile: principes élémentaires et applications pratiques. 2ª ed. Paris: Dalloz, 1932.

LEITE, José Rubens Morato; AYALA, Patryck de Araújo. Dano ambiental. Do individual ao coletivo extrapatrimonial. Teoria e prática. 3ª ed. São Paulo: Revista dos Tribunais, 2010.

LEMOS, Patrícia Faga Iglecias Lemos. Direito ambiental. Responsabilidade civil e proteção ao meio ambiente. 3ª ed. São Paulo: Revista dos Tribunais, 2010.

LEONARDO, Rodrigo Xavier. Responsabilidade civil contratual e extracontratual: primeiras anotações em face do novo Código Civil brasileiro. Revista de Direito Privado, nº 19, jul.-set./2004.

LEVY, Daniel de Andrade. A reparação do dano e as funções da responsabilidade civil no século XXI: por uma sistematização metodológica da disciplina. Dissertação de mestrado. Faculdade de Direito da Universidade de São Paulo, 2011.

LIBERATI, Alessio. Il danno non patrimoniale da inadimplemento. Padova: Cedam, 2004.

LISBOA, Roberto Senise. Contratos difusos e coletivos. 3ª ed. São Paulo: Revista dos Tribunais, 2007.

LÔBO, Paulo Luiz Netto. Autolimitação do direito à privacidade. Revista Trimestral de Direito Civil, ano 9, vol. 34, abr.-jun. 2008.

___. Teoria Geral das Obrigações. São Paulo: Saraiva, 2005.

LOPEZ, Teresa Ancona. O dano estético. 3ª ed. São Paulo: Revista dos Tribunais, 2004.

___. Princípio da precaução e evolução da responsabilidade civil. São Paulo: Quartier Latin, 2010.

LORENZETTI, Ricardo Luis. Responsabilidad civil de los médicos. Tomo I, Buenos Aires: Rubinzal-Culzoni, 1997.

___. Tratado de los contratos. Parte general. Buenos Aires: Rubinzal-Culzoni, 2004.

MACHADO, Marta de Toledo; LIMA, Fernando Falabella Tavares. Bullying. Reflexões para a construção de indicadores de atuação das Promotorias de Justiça da Infância e da Juventude. Anais do III Congresso do Ministério Público do Estado de São Paulo, vol. 2, 2006.

MARQUES, Cláudia Lima. Violação do dever de boa-fé de informar corretamente, atos negociais omissivos afetando o direito/liberdade de escolha. Nexo causal entre a falha/defeito de informação e defeito de qualidade nos produtos de tabaco e o dano final morte. Responsabilidade do fabricante do produto, direito a ressarcimento dos danos materiais e morais, sejam preventivos, reparatórios ou satisfatórios. Revista dos Tribunais, vol. 835, maio de 2005.

MARTINS, Fernando Rodrigues. Direitos humanos fundamentais e relações jurídicas contratuais. Revista de Direito do Consumidor, nº 58, abr.-jun. 2006.

MARTINS, Sérgio Pinto. Dano moral decorrente do contrato de trabalho. São Paulo: Atlas, 2007.

MEDINA, José Miguel Garcia; MESQUITA, Renata Paccola. A responsabilidade contratual sob os princípios da nova teoria do contrato. Revista dos Tribunais, vol. 896, jun. 2010.

MELGARÉ, Plínio. A jus-humanização das relações privadas: para além da constitucionalização do Direito Privado. Revista Trimestral de Direito Civil, ano 5, vol. 19, jul.-set. 2004.

MELO, Nehemias Domingos de. Dano moral nas relações de consumo. Doutrina e Jurisprudência. São Paulo: Saraiva, 2008.

___. Por uma teoria renovada para quantificação da indenização por dano moral (teoria da exemplaridade). Revista Síntese Direito Civil e Processual Civil, nº 79, set.-out. 2012.

MENDONÇA, Diogo Naves. Análise econômica da responsabilidade civil. O dano e a sua quantificação. São Paulo: Atlas, 2012.

___. Análise econômica da responsabilidade civil. Entrevista para Carta Forense. Disponível em: <http://www.cartaforense.com.br/conteudo/entrevistas/analise-economica-da-responsabilidade-civil/11269>. Acesso em: 20.10.2013.

MIRAGEM, Bruno. Inscrição indevida em banco de dados restritivo de crédito e dano moral. Comentários à Súmula 385 do STJ. Revista de Direito do Consumidor, ano 21, vol. 81, jan.-mar. 2012.

MONTEIRO, Antônio Joaquim de Matos Pinto. Cláusula penal e indemnização. Coimbra: Almedina, 1990.

MONTES, Angel Cristóbal. El daño moral contractual. Revista de Derecho Privado, Madrid, jan. 1990.

MORAES, Maria Celina Bodin de. Dano moral: conceito, função, valoração. Revista Forense, vol. 413, jan.-jun. 2011.

___. Danos à pessoa humana. Uma leitura civil-constitucional dos danos morais. Rio de Janeiro: Renovar, 2003.

NEGREIROS, Teresa. Teoria do contrato: novos paradigmas. 2ª ed. Rio de Janeiro: Renovar, 2006.

NETO, Caetano Lagrasta; TARTUCE; Flávio; SIMÃO, José Fernando. Direito de família: novas tendências e julgamentos emblemáticos. São Paulo: Atlas, 2011.

NETO, Roberto Grassi. Crédito, serviços bancários e proteção ao consumidor em tempos de recessão. Revista de Direito do Consumidor, ano 20, vol. 80, out.-dez., 2011.

PELUZO, Cezar (Coord.) Código Civil comentado. Doutrina e jurisprudência. 5ª ed. Barueri: Manole, 2011.

PEREIRA, Caio Mário da Silva. Instituições de direito civil. Contratos. 15ª ed. Rio de Janeiro: Forense, 2011.

___. Instituições de direito civil. Teoria geral das obrigações. 8ª ed. Rio de Janeiro: Forense, 1986.

___. Instituições de direito civil. Teoria geral das obrigações. 24ª ed. Rio de Janeiro: Forense, 2011.

PEREIRA, Mirian Freire. Direito ao lazer. Tese de doutorado. Faculdade de Direito da Universidade de São Paulo, 2002.

PEREIRA, Rui Soares. A responsabilidade por danos não patrimoniais do incumprimento das obrigações no direito civil português. Coimbra: Coimbra, 2009.

PIZARRO, Ramón Daniel. Daño moral. Prevención. Reparación. Punición. Buenos Aires: Hammurabi, 2000.

PORTO, Rosane Teresinha Carvalho; WRASSE, Helena Pacheco. Manifestação do bullying nas escolas e alternativas adequadas para a prevenção e o tratamento. Revista da Ajuris, Porto Alegre, vol. 37, nº 120, dez. 2010.

REIS, Clayton. Dano moral. 5ª ed. Rio de Janeiro: Forense, 2010.

RODRIGUES, Silvio. Direito civil. Responsabilidade civil. 19ª ed. São Paulo: Saraiva, 2002.

___. Direito civil. Dos contratos e das declarações unilaterais de vontade. 28ª ed. São Paulo: Saraiva, 2002.

ROSA, Alexandre Morais da; PRUDENTE, Neemias Moretti. Bullying escolar e justiça restaurativa. Boletim IBCCRIM, ano 17, nº 207, fev. 2010.

SANSEVERINO, Paulo de Tarso Vieira. Princípio da Reparação integral. Indenização no Código Civil. São Paulo: Saraiva, 2010.

SANTOS, Antônio Jeová. O dano moral na internet. São Paulo: Método, 2001.

___. Dano moral indenizável. São Paulo: Lejus, 1997.

SAVATIER, René. Traité de la responsabilité civile en droit français. Tome I. Paris: Librairie Générale de Droit et de Jurisprudence, 1939.

SCHREIBER, Anderson. Arbitramento do dano moral no novo Código Civil. Revista Trimestral de Direito Civil, vol. 12, out.-dez. 2002.

___. Novos paradigmas da responsabilidade civil: da erosão dos filtros da reparação à diluição dos danos. 3ª ed. São Paulo: Atlas, 2011.

SILVA, Américo Luís da. O dano moral e a sua reparação civil. 3ª ed. São Paulo: RT, 2005.

SILVA, Luis Virgilio Afonso da. O proporcional e o razoável. Revista dos Tribunais, nº 798, abr. 2002.

SILVA, Regina Beatriz Tavares da. Responsabilidade civil: responsabilidade civil e sua repercussão nos Tribunais. 2ª ed. São Paulo: Saraiva, 2009.

SILVA, Wilson Melo da. O dano moral e sua reparação. 2ª ed. Rio de Janeiro: Forense, 1969.

SIMÃO, José Fernando. A boa-fé e o novo Código Civil. Disponível em: <www.professorsimao.com.br>. Acesso em: 01.07.2012.

STOCO, Rui. Tratado de Responsabilidade Civil. Doutrina e jurisprudência. 7ª ed. São Paulo: Revista dos Tribunais, 2007.

TARTUCE, Flávio. Direito civil. Teoria geral dos contratos e contratos em espécie. São Paulo: Método, 2007.

TEIXEIRA, Sálvio de Figueiredo. Direito e medicina: aspectos jurídicos da medicina. Belo Horizonte: Del Rey, 2000.

TEPEDINO, Gustavo. Temas de direito civil. Tomo III. Rio de Janeiro: Renovar, 2009.

___. Temas de direito civil. Tomo II. Rio de Janeiro: Renovar, 2006.

TEPEDINO, Gustavo; FACHIN, Luiz Edson (Coord). O direito e o tempo: embates jurídicos e utopias contemporâneas. Estudos em homenagem ao Professor Ricardo Pereira Lira. São Paulo: Renovar, 2008.

THEODORO JÚNIOR, Humberto. Dano moral, 7ª ed. Belo Horizonte: Del Rey, 2010.

VASSILIEFF, Sílvia. A responsabilidade civil do advogado. Tese de doutorado. Faculdade de Direito da Universidade de São Paulo, 2004.

VENOSA, Silvio de Salvo. Direito civil. Teoria geral das obrigações e teoria geral dos contratos. 7ªed. São Paulo: Atlas, 2007.

ZULIANI, Ênio Santarelli. Responsabilidade civil. Responsabilidade civil e sua repercussão nos Tribunais. 2ª ed. São Paulo: Saraiva, 2009.

WALD, Arnold. A dupla função econômica e social do contrato. Revista Trimestral de Direito Civil, ano 5, vol. 17, jan.-mar. 2004.

ANEXO

Processo	Data de julgamento	Turma	Relator(a)
REsp 1300116 / SP	23/10/2012	3ª	Ministra Nancy Andrighi
AgRg no REsp 1217134 / SC	23/10/2012	4ª	Ministra Maria Isabel Gallotti
AgRg no REsp 1346581 / SP	23/10/2012	3ª	Ministro Sidnei Beneti
AgRg no Ag 1388597 / SP	16/10/2012	3ª	Ministro Ricardo Villas Bôas Cueva
AgRg nos EDcl no REsp 1320969 / SP	20/09/2012	3ª	Ministro Sidnei Beneti
REsp 1243632 / RS	11/09/2012	3ª	Ministro Paulo de Tarso Sanseverino
AgRg no AREsp 103684	21/08/2012	4ª	Ministro Antonio Carlos Ferreira
AgRg no REsp 1204952 / DF	14/08/2012	3ª	Ministro Paulo de Tarso Sanseverino
AgRg no REsp 1201998 / RJ	14/08/2012	3ª	Ministro Paulo de Tarso Sanseverino
REsp 1149998 / RS	07/08/2012	3ª	Ministra Nancy Andrighi
AgRg no AREsp 135635 / SP	26/06/2012	3ª	Ministro Sidnei Beneti
AgRg no AREsp 175663 / RJ	26/06/2012	3ª	Ministro Sidnei Beneti
AgRg no REsp 1194699 / TO	22/05/2012	4ª	Ministra Maria Isabel Gallotti

ANEXO

Tipo de contrato	Defere/Mantém o dano moral	Fundamentos
Seguro de vida	Sim	Rejeitar o consumidor, pura e simplesmente, gera dano moral.
Plano de saúde	Sim	Configurado o dano moral no caso de negativa de pagamento de medicamentos.
Contrato bancário	Não	Cartão de crédito. Clonagem. Situação incapaz de acarretar a dor, o sofrimento, lesão aos sentimentos íntimos juridicamente protegidos.
Contrato bancário	Sim	Financiamento. Avaliação do *quantum*.
Seguro de vida	Sim	A rescisão imotivada do contrato, em especial quando efetivada por meio de conduta desleal e abusiva, confere à parte prejudicada o direito à indenização por danos materiais e morais.
Plano de saúde	Sim	Reconhecido o direito ao ressarcimento dos danos morais advindos da injusta recusa de cobertura de seguro saúde.
Compra e venda	Não	A caracterização do dano moral não se satisfaz apenas pelo inadimplemento contratual.
Telefonia	Sim	Avaliação do *quantum*.
Plano de Saúde	Sim	Ilegalidade da exclusão de "stents" da cobertura securitária. Dano moral configurado.
Contrato bancário	Sim	Cartão de crédito. Negativação. A inércia do credor em promover o cancelamento do registro indevido, gera o dever de indenizar.
Transporte	Sim	Acidente com morte do passageiro gera o dever de indenizar.
Plano de saúde	Sim	A pretensão da seguradora de modificar abruptamente as condições do seguro ofende os princípios da boa fé objetiva e gera o dever de indenizar os danos morais decorrentes de sua conduta.
Contrato bancário	Sim	Caracteriza-se dano moral a impossibilidade de saque, pelo autor da demanda, de economias de longos anos, redirecionada pela instituição financeira recorrente, sem autorização do cliente, de conta poupança, aplicação presumivelmente segura, para fundo de investimento.

Processo	Data de julgamento	Turma	Relator(a)
REsp 1235714 / SP	22/05/2012	3ª	Ministra Nancy Andrighi
AgRg no REsp 1317211 / RS	22/05/2012	3ª	Ministro Sidnei Beneti
REsp 827833 / MG	24/04/2012	4ª	Ministro Raul Araújo
AgRg no Ag 1341183 / PB	10/04/2012	3ª	Ministro Massami Uyeda
REsp 1231240 / MG	10/04/2012	3ª	Ministra Nancy Andrighi
REsp 1121275 / SP	27/03/2012	3ª	Ministra Nancy Andrighi
REsp 866371 / RS	27/03/2012	4ª	Ministro Raul Araújo
AgRg no REsp 990811	13/03/2012	4ª	Ministra Maria Isabel Gallotti
REsp 735750 / SP	14/02/2012	4ª	Ministro Raul Araújo
REsp 1141675 / MG	13/12/2011	4ª	Ministra Maria Isabel Gallotti
REsp 744741 / PR	01/12/2011	3ª	Ministro Sidnei Beneti

ANEXO

Tipo de contrato	Defere/Mantém o dano moral	Fundamentos
Plano de saúde	Sim	A recusa, pela operadora de plano de saúde, em autorizar tratamento a que esteja legal ou contratualmente obrigada, implica dano moral ao conveniado.
Contrato bancário	Não	Declaração de ineficácia do contrato em razão da incapacidade mental do agente e, pelo mesmo fundamento, inexistência de dano moral.
Seguro de carro	Não	O simples inadimplemento contratual não gera, em regra, danos morais, por caracterizar mero aborrecimento ou dissabor.
Plano de saúde	Sim	Limitação de tratamento para doença coberta pelo contrato. Abusividade manifesta da cláusula. Dever de indenizar danos morais.
Transporte	Sim	Em acidente de trânsito de graves proporções, inclusive com vítimas fatais, mesmo o passageiro que sofre apenas lesões leves faz jus à indenização por danos morais.
Serviços educacionais	Sim	A instituição de ensino que oferece curso sem salientar a inexistência de chancela do MEC, responde pelos danos causados, objetivamente, nos termos do art. 14 do CDC (descumprimento do dever de informar).
Plano de Saúde	Sim	Erro médico. Avaliação do *quantum*.
Contrato bancário	Sim	A instituição financeira que recebe duplicata via endosso-caução responde pelos danos causados em razão do protesto indevido.
Plano de saúde	Sim	Danos morais decorrentes da injusta e abusiva recusa de cobertura securitária, que causa aflição ao segurado.
Internet	Sim	O transtorno às atividades rotineiras e a frustração decorrente do descaso demonstrado pelo fornecedor de serviços de internet são capazes de ensejar o dano moral.
Transporte aéreo	Não	Extravio de mercadorias. O mero descumprimento contratual, em princípio, não enseja responsabilização ao pagamento de indenização por danos morais, visto não passar de incômodo da vida em sociedade.

Processo	Data de julgamento	Turma	Relator(a)
AgRg no Ag 1318080 / SP	22/11/2011	4ª	Ministra Maria Isabel Gallotti
REsp 318288 / SE	08/11/2011	4ª	Ministro Raul Araújo
REsp 1213256 / RS	28/09/2011	2ª	Ministro Luis Felipe Salomão
REsp 1276311 / RS	20/09/2011	4ª	Ministro Luis Felipe Salomão
AgRg no REsp 1254952 / SC	15/09/2011	3ª	Ministro Sidnei Beneti
REsp 1255315 / SP	13/09/2011	3ª	Ministra Nancy Andrighi
AgRg nos EDcl no REsp 1169523 / RJ	18/08/2011	3ª	Ministro Sidnei Beneti
AgRg no Ag 1148316 / RJ	09/08/2011	4ª	Ministro Raul Araújo

ANEXO

Tipo de contrato	Defere/Mantém o dano moral	Fundamentos
Contrato bancário	Sim	A pactuação de contrato bancário mediante fraude praticada por terceiro estelionatário, por constituir risco inerente à atividade econômica das instituições financeiras, não elide a responsabilidade destas pelos danos daí advindos, inclusive os morais.
Contrato de consórcio	Sim	Caracterizada a cobrança de débito inexistente, exsurge o dever de reparar os danos morais.
Contrato bancário	Sim	O endossatário que recebe, por endosso translativo, título de crédito contendo vício formal, sendo inexistente a causa para conferir lastro a emissão de duplicata, responde pelos danos causados diante de protesto indevido.
Contrato bancário	Sim	Defeito do serviço que resultou na negativação indevida do nome do cliente implica responsabilidade civil.
Plano de saúde	Sim	Reconhecido o direito ao ressarcimento dos danos morais advindos da injusta recusa de cobertura de seguro saúde, pois tal fato agrava a situação de aflição psicológica e de angústia no espírito do segurado.
Distribuição	Sim	A rescisão imotivada do contrato, em especial quando efetivada por meio de conduta desleal e abusiva, violadora dos princípios da boa-fé objetiva, da função social do contrato e da responsabilidade pós-contratual, confere à parte prejudicada o direito à indenização por danos materiais e morais.
Plano de saúde	Sim	Direito ao ressarcimento dos danos morais advindos da injusta recusa de cobertura de seguro saúde, pois tal fato agrava a situação de aflição psicológica e de angústia no espírito do segurado.
Contrato bancário	Sim	Financiamento. A pactuação de contrato bancário mediante fraude praticada por terceiro estelionatário, por constituir risco inerente à atividade econômica das instituições financeiras, não elide a responsabilidade destas pelos danos daí advindos.

Processo	Data de julgamento	Turma	Relator(a)
REsp 1244781 / RS	24/05/2011	4ª	Ministra Maria Isabel Gallotti
REsp 1190880 / RS	19/05/2011	3ª	Ministra Nancy Andrighi
REsp 830572 / RJ	17/05/2011	4ª	Ministro Luis Felipe Salomão
AgRg no Ag 1095939 / MS	26/04/2011	4ª	Ministro Luis Felipe Salomão
AgRg no Ag 1327614 / RJ	14/04/2011	4ª	Ministro Raul Araújo
REsp 994040 / PE	07/04/2011	4ª	Ministro Raul Araújo
REsp 1238935 / RN	07/04/2011	3ª	Ministra Nancy Andrighi
REsp 1100571 / PE	07/04/2011	4ª	Ministro Luis Felipe Salomão

ANEXO

Tipo de contrato	Defere/Mantém o dano moral	Fundamentos
Plano de Saúde	Não	Recusa de ressarcimento de despesas por parte da entidade operadora do plano de saúde, no caso, teve consequências apenas patrimoniais, não proporcionando abalo ao recorrente caracterizador de dano moral.
Plano de Saúde	Sim	Afigura-se a ocorrência de dano moral na hipótese de a parte, já internada e prestes a ser operada, naturalmente abalada pela notícia de que estava acometida de câncer, ser surpreendida pela notícia de que a prótese a ser utilizada na cirurgia não seria custeada pelo plano de saúde.
Promessa de compra e venda de unidade habitacional	Sim	A inexecução de contrato de promessa de compra e venda de unidade habitacional, em virtude da ausência de construção do empreendimento imobiliário, causa séria e fundada angústia no espírito do adquirente, ensejando o ressarcimento do dano moral.
Contrato bancário	Sim	Ação de anulação de contrato de financiamento e indenização por danos morais. Avaliação do *quantum*.
Telefonia	Sim	Avaliação do *quantum*.
Contrato bancário	Sim	Locação de cofre. Falha na prestação do serviço contratado. Avaliação do *quantum* fixado a título de dano moral.
Contrato bancário	Sim	Empréstimo. Como a formalização do suposto contrato de empréstimo consignado em folha de pagamento não foi demonstrada, a realização de descontos mensais indevidos, sob o pretexto de que essas quantias seriam referentes às parcelas do valor emprestado, dá ensejo à condenação por dano moral.
Compra e venda – Entrada para circo	Sim	Acidente ocorrido durante apresentação do circo. Consumidor morto após ataque por leões. Vício de qualidade na prestação do serviço, por insegurança. Responsabilidade verificada no caso, inclusive, pelos danos morais causados. Avaliação do *quantum*.

DANO MORAL POR INADIMPLEMENTO CONTRATUAL

Processo	Data de julgamento	Turma	Relator(a)
REsp 721647 / SC	05/04/2011	4ª	Ministra Maria Isabel Gallotti
REsp 617077 / RJ	05/04/2011	4ª	Ministro Luis Felipe Salomão
AgRg nos EDcl no REsp 959553 / RJ	22/03/2011	3ª	Ministro Sidnei Beneti
REsp 1140107 / PR	22/03/2011	3ª	Ministro Massami Uyeda
AgRg no Ag 1273751 / SP	17/02/2011	4ª	Ministro Raul Araújo
REsp 983597 / RJ	07/12/2010	3ª	Ministro Paulo de Tarso Sanseverino
AgRg no Ag 1100359 / MT	23/11/2010	3ª	Ministro Vasco Della Giustina
AgRg no Ag 1278506 / PE	19/10/2010	4ª	Ministro Aldir Passarinho Junior

ANEXO

Tipo de contrato	Defere/Mantém o dano moral	Fundamentos
Seguro	Sim	Recusa securitária baseada na suposta preexistência da doença, não confirmada. Conduta da seguradora classificada como dolosa pela instância ordinária, a qual causou dano moral que deve ser indenizado.
Promessa de compra e venda de imóvel	Sim	Não cumprimento de contrato de promessa de compra e venda de imóvel, cujo atraso já conta com mais de 10 (dez) anos, circunstância que extrapola o mero aborrecimento.
Contrato bancário	Não	À época da efetivação do protesto, a nota promissória era perfeitamente válida, refletindo o débito na forma prevista contratualmente. Não houve, portanto, ato ilícito a ensejar a indenização.
Plano de saúde	Sim	A não autorização para a realização do exame laboratorial caracteriza o fato do produto. O comportamento abusivo por parte da operadora de plano de saúde, extrapolando o simples descumprimento de cláusula contratual ou a esfera do mero aborrecimento, é ensejador do dano moral.
Contrato bancário	Sim	Pactuação de contrato bancário mediante fraude praticada por terceiro falsário. Desnecessidade, em hipóteses como a dos autos, de comprovação do dano moral, que decorre do próprio fato da inscrição indevida em órgão de restrição ao crédito, operando-se *in re ipsa*.
Contrato bancário	Sim	A circunstância da conta bancária ser aberta por terceiro, com a utilização de documentos furtados ou roubados, não elide a responsabilidade da instituição financeira. Avaliação do *quantum*.
Plano de saúde	Sim	Considerada injusta a recusa de cobertura de seguro de saúde, é devida a indenização pelo agravamento da situação de aflição psicológica e de angústia no espírito do assegurado.
Contrato bancário	Sim	Financiamento. Constitui obrigação do credor providenciar, perante o órgão cadastral de dados, a baixa do nome do devedor, após a quitação da dívida que motivou a inscrição, sob pena de, assim não procedendo em tempo razoável, responder pelo ato moralmente lesivo, indenizando o prejudicado pelos danos morais causados.

Processo	Data de julgamento	Turma	Relator(a)
AgRg no AgRg no Ag 1033070 / RS	16/09/2010	4ª	Ministro Aldir Passarinho Junior
RO 26 / RJ 2003/0049144-3	20/05/2010	3ª	Ministro Vasco Della Giustina
AgRg no REsp 1172778 / PR	18/05/2010	3ª	Ministro Sidnei Beneti
AgRg no Ag 872469 / SP	04/05/2010	4ª	Ministro Luis Felipe Salomão
REsp 619324 / RJ	04/05/2010	4ª	Ministro Aldir Passarinho Junior
REsp 998265 / RO	15/04/2010	4ª	Ministro Aldir Passarinho Junior
REsp 1025665 / RJ	23/03/2010	3ª	Ministra Nancy Andrighi
REsp 981081 / RS	23/03/2010	3ª	Ministra Nancy Andrighi

ANEXO

Tipo de contrato	Defere/Mantém o dano moral	Fundamentos
Seguro	Não	O inadimplemento de contrato, por si só, não acarreta dano moral, que pressupõe ofensa anormal à personalidade. É certo que a inobservância de cláusulas contratuais pode gerar frustração na parte inocente, mas não se apresenta como suficiente para produzir dano na esfera íntima do indivíduo.
Prestação de Serviços	Não	Não constando dos autos elementos probatórios suficientes a formar convicção pela existência de qualquer espécie de contrato, impõe-se a rejeição da pretensão do autor de se ver indenizado por danos morais e materiais que lhe teriam sido ocasionados pelo fato de o réu não ter levado adiante as tratativas para realização de evento cultural.
Plano de saúde	Sim	A recusa indevida à cobertura pleiteada pelo segurado é causa de danos morais, pois agrava a sua situação de aflição psicológica e de angústia no espírito.
Contrato bancário	Sim	Financiamento bancário. Inscrição indevida em órgão de proteção ao crédito. Avaliação do *quantum*.
Seguro	Não	O acordo de recebimento parcial da indenização do seguro DPVAT por morte da vítima, não inibe a cobrança da diferença até o montante estabelecido em lei, por constituir norma cogente de proteção conferida pelo Estado. Dano moral, porém, indevido.
Serviços educacionais	Sim	Devido o dano moral pela frustração na obtenção de diploma de mestrado devido ao não reconhecimento do curso oferecido pela instituição de ensino ré perante o Ministério da Educação.
Compra e venda de imóvel	Sim	Inadimplemento de contrato de compra e venda de casa pré-fabricada. Ausência de mero inadimplemento contratual. Violação ao princípio da dignidade da pessoa humana. Ocorrência de danos morais.
Contrato bancário	Sim	Cheque sem fundo emitido por um dos co-titulares da conta. Inscrição do nome dos dois titulares em cadastros de inadimplentes. A co-titularidade da conta corrente limita-se ao exercício de direitos referentes aos créditos nela existentes e às respectivas movimentações. A inscrição indevida em cadastros de proteção ao crédito ocasiona dano moral *in re ipsa*.

Processo	Data de julgamento	Turma	Relator(a)
REsp 795027 / RS	18/03/2010	4ª	Ministro Aldir Passarinho Junior
AgRg no Ag 1271295 / RJ	16/03/2010	3ª	Ministro Sidnei Beneti
AgRg no REsp 1132821 / PR	16/03/2010	3ª	Ministro Sidnei Beneti
REsp 750822 / RS	09/02/2010	4ª	Ministro Luis Felipe Salomão
AgRg no REsp 1077175 / MA	01/12/2009	4ª	Ministro Aldir Passarinho Junior
REsp 770053 / MA	03/11/2009	3ª	Ministro Sidnei Beneti
REsp 1106789 / RJ	15/10/2009	3ª	Ministra Nancy Andrighi
REsp 753567 / SP	13/10/2009	4ª	Ministro Honildo Amaral de Mello Castro
AgRg no REsp 1138965 / PR	13/10/2009	3ª	Ministro Massami Uyeda
REsp 1133111 / PR	06/10/2009	3ª	Ministro Sidnei Beneti

ANEXO

Tipo de contrato	Defere/Mantém o dano moral	Fundamentos
Plano de saúde	Não	Recusa da seguradora que se insere no âmbito da discussão do contrato, não chegando a caracterizar má-fé por parte da ré a ensejar indenização por danos morais, que restam afastados.
Seguro	Não	Como regra, o descumprimento de contrato, pura e simples, não enseja reparação a título de dano moral.
Sociedade	Não	Sócio cotista. Exclusão. O inadimplemento do contrato, por si só, pode acarretar danos materiais e indenização por perdas e danos, mas, em regra, não dá margem ao dano moral, que pressupõe ofensa anormal à personalidade.
Prestação de serviços	Sim	Obras fotográficas publicadas sem indicação de autoria. A simples circunstância de as fotografias terem sido publicadas sem a indicação de autoria, como restou incontroverso nos autos, é o bastante para render ensejo à reprimenda indenizatória por danos morais.
Telefonia	Sim	Bloqueio indevido de linha telefônica. Indenização por danos morais. Avaliação do *quantum*.
Contrato bancário	Não	Cartão de crédito. É válida a cláusula contratual que permite o bloqueio temporário do cartão de crédito após a verificação de descumprimento contratual pelo consumidor. Inexistência de danos morais.
Plano de saúde	Sim	É evidente o dano moral sofrido por aquele que, em momento delicado de necessidade, vê negada a cobertura médica esperada.
Prestação de serviços médicos	Sim	Avaliação do *quantum*.
Plano de saúde	Sim	A recusa indevida de cobertura securitária enseja a reparação pelos danos morais causados.
Contrato bancário	Sim	Penhor. Roubo de jóias empenhadas. Inexistente o menor indício de alegação de fraude ou abusividade de valores por parte da depositante, reconhece-se o dever de ressarcimento integral pelos prejuízos morais.

Processo	Data de julgamento	Turma	Relator(a)
REsp 401704 / PR	25/08/2009	4ª	Ministro Honildo Amaral de Mello Castro
REsp 361415 / RS	02/06/2009	4ª	Ministro Luis Felipe Salomão
REsp 750128 / RS	05/05/2009	3ª	Ministro Massami Uyeda
REsp 801181 / MA	05/05/2009	4ª	Ministro Fernando Gonçalves
REsp 1021986 / SP	16/04/2009	4ª	Ministro Luis Felipe Salomão
AgRg no Ag 1045667 / RJ	17/03/2009	4ª	Ministro Aldir Passarinho Junior
AgRg no REsp 704224 / MG	05/03/2009	3ª	Ministra Nancy Andrighi
REsp 1044666 / CE	05/02/2009	4ª	Ministro Aldir Passarinho Junior
AgRg no REsp 1058844 / RS	03/02/2009	3ª	Ministra Nancy Andrighi
REsp 285618 / SP	18/12/2008	4ª	Ministro Luis Felipe Salomão

ANEXO

Tipo de contrato	Defere/Mantém o dano moral	Fundamentos
Distribuição de mercadorias	Sim	A rescisão contratual, sem aviso prévio, de distribuição de produtos de marca nacionalmente conhecida, sujeita a empresa culposa a indenizar os danos experimentados pela empresa prejudicada pela resilição unilateral, mormente pela longa relação contratual existente entre as partes.
Plano de saúde	Não	Cláusula limitativa do tempo de internação em UTI. Abusividade manifesta. No caso, porém, a recusa da empresa de saúde não foi materializada por nenhum ato concreto, não sendo capaz de infligir ao autor sofrimento ou dor moral relevantes.
Transporte aéreo	Sim	*Overbooking*. É possível aferir todo o constrangimento suportado pelo passageiro ao constatar que seu assento estava ocupado por outra pessoa, frustrando todas as expectativas naturais que o contrato de transporte pode gerar ao passageiro.
Plano de saúde	Sim	Recusa do plano de saúde em fornecer medicamento de alto custo. Avaliação do *quantum*.
Transporte ferroviário	Sim	Morte de filho menor em decorrência de queda de composição férrea. Avaliação do *quantum*.
Compra e venda	Sim	Compra e venda de celular. Propaganda enganosa. Avaliação do *quantum*.
Contrato bancário	Não	Descontos em conta corrente. Não ficou comprovado a ocorrência de algum fato ensejador de dano moral.
Transporte aéreo	Sim	Atraso em dia de viagem internacional. Retorno antecipado ao contratado. Frustração. Não oferecido o que estava previsto no contrato, frustrando, em parte, a expectativa de lazer dos autores, impõe-se a sanção pecuniária reparadora do dano moral.
Contrato bancário	Sim	A inscrição do nome do consumidor em cadastros restritivos de crédito, sem a sua prévia comunicação, gera o dever de indenizar.
Plano de saúde	Sim	Tendo a empresa-ré negado ilegalmente a cobertura das despesas médico-hospitalares, causando constrangimento e dor psicológica, consistente no receio em relação ao restabelecimento da saúde do filho e no temor quanto à impossibilidade de proporcionar o tratamento necessário a sua recuperação, deve-se reconhecer o direito do autor ao ressarcimento dos danos morais.

Processo	Data de julgamento	Turma	Relator(a)
REsp 1012915 / PR	16/12/2008	3ª	Ministra Nancy Andrighi
AgRg no Ag 903969 / RJ	09/12/2008	3ª	Ministro Sidnei Beneti
REsp 1059663 / MS	02/12/2008	3ª	Ministra Nancy Andrighi
REsp 907718 / ES	07/10/2008	3ª	Ministra Nancy Andrighi
REsp 864794 / PR	23/09/2008	3ª	Ministra Nancy Andrighi
AgRg no Ag 702136 / RS	18/09/2008	3ª	Ministro Sidnei Beneti
AgRg no Ag 1062888 / SP	18/09/2008	3ª	Ministro Sidnei Beneti
REsp 1066287 / PB	16/09/2008	3ª	Ministro Massami Uyeda

ANEXO

Tipo de contrato	Defere/Mantém o dano moral	Fundamentos
Contrato bancário	Sim	Ainda que expressamente ajustada, a retenção integral do salário de correntista com o propósito de honrar débito deste com a instituição bancária enseja a reparação moral.
Transporte aéreo	Sim	Esta Superior Corte já pacificou o entendimento de que não se aplica, a casos em que há constrangimento provocado por erro de serviço, a Convenção de Varsóvia, e sim o Código de Defesa do Consumidor, que traz em seu bojo a orientação constitucional de que o dano moral é amplamente indenizável.
Contrato bancário	Sim	Não renovação do cheque especial. Avaliação do *quantum*.
Plano de saúde	Sim	Na esteira de diversos precedentes do STJ, verifica-se que a recusa indevida à cobertura médica pleiteada pelo segurado é causa de danos morais, pois agrava a situação de aflição psicológica e de angústia no espírito daquele.
Locação	Sim	No que toca ao modo de cobrança, responde a imobiliária por sua atuação, que culminou por causar danos morais à parte. Avaliação do *quantum*.
Contrato bancário	Não	Transferência indevida. Hipótese em que, não obstante ser incontroversa a ocorrência do ato ilícito, não restou comprovado que de tal ato adveio qualquer consequência capaz de configurar o dano moral que se pretende ver reparado.
Contrato bancário	Sim	Conta corrente. É nula a cláusula inserta em contrato de abertura de crédito que autoriza o credor a sacar letra de câmbio contra o devedor, com base em saldo apurado de forma unilateral na sua conta-corrente. Quanto ao dano moral, provado o fato, impõe-se a condenação, pois, nesses casos, em regra, considera-se o dano *in re ipsa*.
Contrato bancário	Sim	Cartão de crédito. Fraude. Restou comprovado nos autos que a recorrente não procedeu à qualquer procedimento de cautela para a consecução do contrato de cartão de crédito, de forma a propiciar ou mesmo facilitar a ação de terceiro-fraudador. Dano moral caracterizado. Avaliação do *quantum*.

Processo	Data de julgamento	Turma	Relator(a)
AgRg no Ag 797325 / SC	04/09/2008	4ª	Ministro Fernando Gonçalves
REsp 510325 / SP	04/09/2008	4ª	Ministro Aldir Passarinho Junior
REsp 590342 / RJ	02/09/2008	4ª	Ministro Aldir Passarinho Junior
REsp 828148 / RS	02/09/2008	4ª	Ministro Aldir Passarinho Junior
REsp 992421 / RS	21/08/2008	3ª	Ministro João Otávio de Noronha
AgRg no Ag 961431 / GO	05/08/2008	4ª	Ministro Aldir Passarinho Junior
REsp 930653 / RJ	05/08/2008	3ª	Ministro Ari Pargendler
REsp 1004477 / ES	12/06/2008	4ª	Ministro Aldir Passarinho Junior
AgRg no Ag 736212 / SP	27/05/2008	3ª	Ministro Sidnei Beneti
REsp 943653 / SP	13/05/200	4ª	Ministro Aldir Passarinho Junior

ANEXO

Tipo de contrato	Defere/Mantém o dano moral	Fundamentos
Plano de saúde	Sim	É possível a reparação moral quando, como no caso presente, os danos não decorrem de simples inadimplemento contratual, mas da própria situação de abalo psicológico em que se encontra o doente ao ter negada injustamente a cobertura do plano de saúde que contratou.
Plano de saúde	Sim	Em determinadas situações, como de comportamento abusivo de contratante na recusa de internação, que extrapola a mera oposição de direito, é possível a condenação por danos morais.
Compra e venda	Sim	Inscrição indevida em órgão cadastral. Avaliação do *quantum*.
Contrato bancário	Sim	Abertura de crédito em conta corrente. Danos morais decorrentes da indevida inscrição do nome da parte em órgãos de proteção ao crédito.
Contrato de factoring	Sim	Indenização por dano moral por indevido protesto de título. Avaliação do *quantum*.
Contrato bancário	Não	O mero ajuizamento de ação revisional de contrato pelo devedor não o torna automaticamente imune à inscrição de seu nome em cadastros negativos de crédito.
Prestação de serviços	Sim	Protesto indevido de duplicatas. Avaliação do *quantum*.
Contrato bancário	Sim	Alienação fiduciária. A indevida inserção de gravame na documentação de veículo em virtude de contrato nulo gera o direito a indenização por dano moral.
Contrato bancário	Sim	Procedendo o banco a protesto indevido de duplicata sem aceite, responde ele pelos danos morais causados.
Contrato bancário	Sim	Arrendamento mercantil. A inscrição indevida do nome dos autores em cadastro de inadimplentes, a par de dispensar a prova objetiva do dano moral, que se presume, é geradora de responsabilidade civil para a instituição financeira, quando constatado que o suposto débito não possui causa.

Processo	Data de julgamento	Turma	Relator(a)
REsp 1034434 / MA	06/05/2008	1ª	Ministro José Delgado
REsp 967644 / MA	15/04/2008	4ª	Ministro João Otávio de Noronha
REsp 876527 / RJ	01/04/2008	4ª	Ministro João Otávio de Noronha
REsp 986947 / RN	11/03/2008	3ª	Ministra Nancy Andrighi
REsp 735168 / RJ	11/03/2008	3ª	Ministra Nancy Andrighi
REsp 955716 / RJ	11/03/2008	3ª	Ministro Sidnei Beneti
REsp 918392 / RN	11/03/2008	3ª	Ministra Nancy Andrighi

ANEXO

Tipo de contrato	Defere/Mantém o dano moral	Fundamentos
Telefonia	Sim	A prova do dano moral causado revela-se na própria negativação do nome da empresa no cadastro de inadimplentes, resultando em prejuízo tanto no exercício de sua atividade comercial como nas operações de créditos em instituições bancárias, prescindindo de outros elementos probantes.
Compra e venda	Sim	Protesto indevido. Avaliação do *quantum*.
Compra e venda de imóvel	Não	Empreendimento imobiliário. Impontualidade na entrega da obra. O inadimplemento de contrato, por si só, não acarreta dano moral, que pressupõe ofensa anormal à personalidade. O descumprimento de obrigações contratuais não é de todo imprevisível.
Plano de saúde	Sim	Conquanto geralmente nos contratos o mero inadimplemento não seja causa para ocorrência de danos morais, a jurisprudência desta Corte vem reconhecendo o direito ao ressarcimento dos danos morais advindos da injusta recusa de cobertura de seguro saúde, pois tal fato agrava a situação de aflição psicológica e de angústia no espírito do segurado.
Plano de saúde	Sim	É abusiva a cláusula contratual que exclui de cobertura a colocação de "stent". Direito ao ressarcimento dos danos morais advindos da injusta recusa de cobertura de seguro saúde, pois tal fato agrava a situação de aflição psicológica e de angústia no espírito do segurado.
Plano de saúde	Sim	A recusa injustificada do plano de saúde em cobrir gastos cirúrgicos pode ensejar danos morais.
Plano de saúde	Sim	É abusiva a cláusula contratual que exclui de cobertura a colocação de "stent", quando este é necessário ao bom êxito do procedimento cirúrgico coberto pelo plano de saúde. Direito ao ressarcimento dos danos morais advindos da injusta recusa de cobertura de seguro saúde.

Processo	Data de julgamento	Turma	Relator(a)
REsp 964999 / RJ	11/03/2008	3ª	Ministro Sidnei Beneti
REsp 538279 / SP	11/03/2008	4ª	Ministro Massami Uyeda
AgRg no Ag 845875 / RN	04/03/2008	4ª	Ministro Fernando Gonçalves
REsp 853850 / RS	14/02/2008	3ª	Ministro Humberto Gomes de Barros
REsp 704384 / MG	18/12/2007	3ª	Ministro Ari Pargendler
AgRg no REsp 761801 / RS	03/12/2007	3ª	Ministro Humberto Gomes de Barros
AgRg no Ag 852032 / PR	20/09/2007	3ª	Ministra Nancy Andrighi
REsp 740968 / RS	11/09/2007	4ª	Ministro Aldir Passarinho Junior

ANEXO

Tipo de contrato	Defere/Mantém o dano moral	Fundamentos
Plano de saúde	Sim	Cabe indenização por danos morais na hipótese em que a empresa de seguro de saúde, alegando nã previsão em cláusulas pactuadas, deixa de autorizar a realização de procedimento cirúrgico solicitado por profissional não credenciado, quando já antes havia autorizado a requisição do mesmo profissional, adiando a cirurgia por não fornecimento de cateter obtido pela própria paciente por doação.
Plano de saúde	Não	Exclusão de doença congênita. Ausência de ilicitude na conduta da parte a ensejar reparação por danos morais.
Contrato bancário	Sim	A indevida manutenção da inscrição do nome do devedor em cadastros de inadimplentes gera o direito à indenização por danos morais, sendo desnecessária a comprovação dos prejuízos suportados, pois são óbvios os efeitos nocivos da negativação.
Plano de saúde	Não	Em sendo expressa e de entendimento imediato, não é abusiva a cláusula que limita a cobertura contratual. A exigência de cheque-caução para o pagamento de despesas hospitalares não gera, por si só, danos morais.
Prestação de serviços	Não	Redução da participação da contratada. O só inadimplemento contratual, desacompanhado de circunstâncias especiais que caracterizem a ofensa a direitos da personalidade, não acarreta dano moral. A conduta inconveniente de um contratante, ou mesmo a inadimplência deste, se resolve em perdas e danos.
Seguro	Não	Não cabe dano moral em caso de mero descumprimento contratual.
Contrato bancário	Sim	O protesto indevido de letra de câmbio configura ato ilícito a ensejar indenização por dano moral.
Transporte aéreo	Sim	Não obstante a infraestrutura dos modernos aeroportos ou a disponibilização de hotéis e transporte adequados, tal não se revela suficiente para elidir o dano moral quando o atraso no vôo se configura excessivo, a gerar pesado desconforto e aflição ao passageiro, extrapolando a situação de mera vicissitude, plenamente suportável.

Processo	Data de julgamento	Turma	Relator(a)
REsp 765326 / RJ	28/08/2007	4ª	Ministro Hélio Quaglia Barbosa
REsp 921398 / MS	09/08/2007	3ª	Ministra Nancy Andrighi
AgRg no Ag 646955 / RJ	28/06/2007	3ª	Ministro Carlos Alberto Menezes Direito
AgRg no REsp 842767 / RJ	21/06/2007	3ª	Ministro Humberto Gomes De Barros
AgRg no Ag 846077 / RJ	05/06/2007	3ª	Ministro Humberto Gomes De Barros
AgRg no Ag 667131 / ES	17/05/2007	3ª	Ministro Ari Pargendler
AgRg no Ag 817823 / PR	06/03/2007	4ª	Ministro Aldir Passarinho Junior
REsp 815339 / SC	28/11/2006	4ª	Ministro Cesar Asfor Rocha
REsp 880035 / PR	21/11/2006	4ª	Ministro Jorge Scartezzini
REsp 726576 / CE	19/10/2006	2ª	Ministro Humberto Martins

ANEXO

Tipo de contrato	Defere/Mantém o dano moral	Fundamentos
Contrato bancário	Não	O fato de os recorridos estarem sofrendo processo de execução por inadimplemento oriundo de contrato de empréstimo contraído por sociedade empresarial, da qual não fazem parte, não dá ensejo à indenização por dano moral, pois o inadimplemento do contrato, por si só, pode acarretar danos materiais e indenização por perdas e danos, mas, em regra, não dá margem ao dano moral.
Contrato bancário	Não	Em que pese o entendimento de os danos morais prescindirem da prova, em razão do seu caráter *in re ipsa*, trata-se de presunção relativa, que não pode prevalecer ante à existência de elementos nos autos que evidenciem que o ato inquinado de ilícito não causou os prejuízos alegados.
Compra e venda	Não	Aquisição de veículo. Vício do produto. Esta Corte já decidiu não ter cabimento a indenização por danos morais decorrente do descumprimento de contrato de compra e venda.
Plano de saúde	Não	A recusa de cobertura securitária fundada em cláusula contratual não gera dever de indenizar por danos morais.
Plano de saúde	Sim	Mero descumprimento contratual não gera dano moral. Entretanto, se há recusa infundada de cobertura pelo plano de saúde, é possível a condenação para indenização psicológica.
Prestação de serviços	Sim	Conserto de veículo. Danos morais devidos em razão das dificuldades que o autor passou para que seu veículo pudesse ser consertado, e, como consequência dessa demora, ainda teve rescindido contrato.
Transporte aéreo	Sim	*Overbooking*. Avaliação do *quantum*.
Arrendamento mercantil	Sim	Protesto indevido. Avaliação do *quantum*.
Plano de saúde	Sim	A recusa indevida à cobertura pleiteada pelo segurado é causa de danos morais, já que agrava a situação de aflição psicológica e de angústia no espírito do segurado.
Transporte	Sim	Danos causados à passageira. Avaliação do *quantum*.

Processo	Data de julgamento	Turma	Relator(a)
AgRg no Ag 771118 / SP	19/10/2006	4ª	Ministro Aldir Passarinho Junior
REsp 723729 / RJ	25/09/2006	3ª	Ministra Nancy Andrighi
REsp 711887 / PR	21/09/2006	4ª	Ministro Cesar Asfor Rocha
REsp. 226.348/SP	19/09/2006	3ª	Ministro Castro Filho
REsp 645644 / PB	17/08/2006	3ª	Ministro Carlos Alberto Menezes Direito
REsp 837880 / RS	15/08/2006	4ª	Ministro Jorge Scartezzini
REsp 721725 / RJ	15/08/2006	4ª	Ministro Jorge Scartezzini
AgRg no REsp 702220 / PB	10/08/2006	3ª	Ministra Nancy Andrighi
REsp 665222 / RJ	16/05/2006	3ª	Ministro Carlos Alberto Menezes Direito
REsp 714947 / RS	28/03/2006	4ª	Ministro Cesar Asfor Rocha

ANEXO

Tipo de contrato	Defere/Mantém o dano moral	Fundamentos
Contrato bancário	Sim	Financiamento. Negativação indevida. Há responsabilidade do banco, uma vez que a venda foi desfeita, não sendo razoável o autor ficar inadimplente por algo que ele não adquiriu.
Seguro	Não	O mero dissabor ocasionado por inadimplemento contratual, ao não pagar a seguradora o valor total previsto em lei, não configura, em regra, ato lesivo a ensejar a reparação de danos morais.
Transporte	Sim	Acidente rodoviário. Avaliação do *quantum*.
Transporte Ferroviário	Sim	Acidente ferroviário. É dever da transportadora preservar a integridade física do passageiro e transportá-lo com segurança até o seu destino.
Contrato bancário	Sim	A devolução indevida de cheque causa dano moral, ainda mais quando as instâncias ordinárias comprovam que não havia mora da autora na ocasião, regularizada a pendência no prazo concedido pela instituição financeira.
Contrato bancário	Sim	Negativação indevida. Avaliação do *quantum*.
Contrato bancário	Sim	Autor surpreendido com a devolução de cheques de sua emissão, em razão de falhas no sistema de segurança do banco, que permitiu a ocorrência do furto de talonários no interior de sua agência. Falha na prestação do serviço ocasionou a indevida devolução cheques emitidos pelo cliente. Dever de indenizar o autor pelos danos sofridos.
Contrato bancário	Não	Empréstimo. Cobrança indevida. Dívida paga. O simples inadimplemento do contrato não enseja a responsabilidade civil por danos morais.
Contrato bancário	Sim	A recusa da instituição financeira em completar o financiamento depois de pagos todos os emolumentos e taxas e, ainda, a primeira parcela, já no momento da assinatura do contrato com o vendedor, sem levar em conta as justificativas apresentadas pelo autor, não contestadas segundo o acórdão, justifica o deferimento de indenização por danos morais.
Plano de saúde	Sim	Recusa indevida na cobertura de cirurgias. Circunstância que excede o mero descumprimento contratual torna devida a reparação moral.

Processo	Data de julgamento	Turma	Relator(a)
REsp 645839 / PR	16/02/2006	3ª	Ministro Carlos Alberto Menezes Direito
REsp 712469 / PR	13/12/2005	4ª	Ministro Aldir Passarinho Junior
REsp 750639 / RJ	12/12/2005	4ª	Ministro Jorge Scartezzini
REsp 657717 / RJ	23/11/2005	3ª	Ministra Nancy Andrighi
REsp 702998 / PB	10/11/2005	3ª	Ministro Carlos Alberto Menezes Direito
REsp 654130 / PE	25/10/2005	4ª	Ministro Jorge Scartezzini
REsp 730986 / DF	20/10/2005	3ª	Ministro Carlos Alberto Menezes Direito
REsp 469867 / SP	27/09/2005	3ª	Ministro Carlos Alberto Menezes Direito
REsp 623691 / RS	27/09/2005	4ª	Ministro Cesar Asfor Rocha
REsp 721091 / SP	04/08/2005	4ª	Ministro Jorge Scartezzini
REsp 259263 / SP	02/08/2005	3ª	Ministro Castro Filho

ANEXO

Tipo de contrato	Defere/Mantém o dano moral	Fundamentos
Contrato bancário	Não	Dano moral. Inscrição em cadastro negativo. Não faz jus à indenização por dano moral o devedor que embora desconstituído o contrato de abertura de crédito como título executivo extrajudicial, permanece devedor, não havendo qualquer outra circunstância que justifique a condenação.
Compra e venda de imóvel	Não	Unidade residencial. Atraso na entrega. Este evento, por si só, não consubstancia dano moral indenizável, mas mero dissabor ou contratempo.
Contrato bancário	Sim	Falha na prestação do serviço. Banco não creditou de imediato o valor depositado, em espécie, na conta da autora ocasionando a insuficiência de fundos e a indevida devolução do cheque. Dado o constrangimento pelo qual passou a cliente, caracterizou-se, portanto, o dano moral passível de reparação.
Plano de saúde	Sim	Recusa de autorização para a internação de urgência. A recusa indevida à cobertura pleiteada pelo segurado é causa de danos morais, pois agrava a sua situação de aflição psicológica e de angústia no espírito.
Seguro	Não	Seguro. Pagamento a menor. Inadimplemento contratual sem repercussão na esfera íntima do segurado. Impertinente a indenização por danos morais.
Contrato bancário	Sim	Financiamento. Falsificação. Situação vexatória em que se viu exposto o autor ao ter de responder um processo referente a um contrato que não firmou.
Contrato bancário	Não	Autorizado o desconto em folha pelo devedor, não pode haver condenação por dano moral ou material em decorrência do cumprimento da disposição contratual.
Transporte	Sim	Acidente de trânsito. Avaliação do *quantum*.
Contrato bancário	Sim	Negativação indevida. Avaliação do *quantum*.
Transporte ferroviário	Sim	Acidente ferroviário. Morte. Avaliação do *quantum*.
Plano de saúde	Sim	Recusado atendimento pela seguradora de saúde em decorrência de cláusulas abusivas, quando o segurado encontrava-se em situação de urgência e extrema necessidade de cuidados médicos, é nítida a caracterização do dano moral.

Processo	Data de julgamento	Turma	Relator(a)
REsp 661421 / CE	21/06/2005	3ª	Ministro Carlos Alberto Menezes Direito
REsp 746755 / MG	16/06/2005	4ª	Ministro Jorge Scartezzini
REsp 612886 / MT	02/06/2005	3ª	Ministro Carlos Alberto Menezes Direito
REsp 699181 / MG	24/05/2005	4ª	Ministro Fernando Gonçalves
REsp 245465 / MG	24/05/2005	3ª	Ministro Antônio de Pádua Ribeiro
REsp 719354 / RS	24/05/2005	4ª	Ministro Barros Monteiro
REsp 602001 / RJ	05/04/2005	3ª	Ministro Carlos Alberto Menezes Direito
REsp 617130 / DF	17/03/2005	3ª	Ministro Antônio de Pádua Ribeiro
REsp 707272 / PB	03/03/2005	3ª	Ministra Nancy Andrighi
AgRg no Ag 618040 / RJ	15/02/2005	3ª	Ministra Nancy Andrighi
AgRg no Ag 620138 / RJ	15/02/2005	4ª	Ministro Aldir Passarinho Junior

ANEXO

Tipo de contrato	Defere/Mantém o dano moral	Fundamentos
Seguro	Não	Recusa do pagamento de prêmio. Danos materiais caracterizados. Não cabe a indenização por dano moral em decorrência de inadimplemento contratual.
Contrato bancário	Não	O banco recorrente, ao promover a inscrição do nome dos autores no cadastro restritivo, agiu no exercício regular do seu direito, em razão da incontroversa inadimplência contratual dos recorridos, que ensejou a execução judicial do contrato de financiamento por eles celebrado com o banco.
Sociedade	Sim	Exclusão de sócio da sociedade. Avaliação do *quantum*.
Contrato bancário	Não	Não cabe indenização por danos morais quando a inscrição do nome do devedor em cadastro de proteção ao crédito é feita licitamente.
Transporte aéreo	Sim	Acidente aéreo. A morte do pai dos autores em acidente aéreo, quando contava com apenas 37 anos de idade, causou-lhes sofrimento intenso, somando-se ainda à perda de amparo material e emocional, faltando-lhes, da parte do ente querido, carinho e orientação, sobretudo no caso dos autos. Indenização por danos morais corretamente concedida.
Contrato bancário	Sim	Penhor. Leilão de jóias empenhadas não obstante quitado o contrato de penhor. Avaliação do *quantum*.
Seguro	Não	Seguro de automóvel. Inadimplemento. Não cabe indenização por dano moral no caso de inadimplemento contratual.
Prestação de serviços	Sim	Fotografia. Publicação sem autorização. Não se cogita da prova do prejuízo para demonstrar a violação do moral humano. Indenização concedida.
Compra e venda	Sim	A apresentação do cheque pré-datado antes do prazo estipulado gera o dever de indenizar, presente, como no caso, a devolução do título por ausência de provisão de fundos.
Contrato bancário	Sim	Arrendamento mercantil. Negativação indevida. Avaliação do *quantum*.
Prestação de serviços	Sim	Negativação indevida. Avaliação do *quantum*.

Processo	Data de julgamento	Turma	Relator(a)
REsp 590336 / SC	07/12/2004	3ª	Ministra Nancy Andrighi
REsp 402227 / RJ	07/12/2004	4ª	Ministro Aldir Passarinho Junior
REsp 601287 / RS	07/12/2004	3ª	Ministro Carlos Alberto Menezes Direito
REsp 617101 / SP	07/12/2004	3ª	Ministro Carlos Alberto Menezes Direito
REsp 575469 / RJ	18/11/2004	4ª	Ministro Jorge Scartezzini
REsp 555158 / RS	18/11/2004	4ª	Ministro Aldir Passarinho Junior
REsp 345848 / RJ	04/11/2004	4ª	Ministro Barros Monteiro
REsp 602680 / BA	21/10/2004	4ª	Ministro Fernando Gonçalves

ANEXO

Tipo de contrato	Defere/Mantém o dano moral	Fundamentos
Seguro	Sim	Não pagamento do prêmio. Avaliação do *quantum*.
Transporte	Sim	Assalto em ônibus. Motorista era indiretamente vinculado a dois dos assaltantes e deixou de imediatamente buscar o auxílio de autoridade policial, agravando as lesões de ordem física, material e moral acontecidas com a passageira, pelo que, em tais circunstâncias, agiu com culpa a ré, agravando a situação da autora, e por tal respondendo civilmente, na proporção desta omissão.
Plano de saúde	Sim	Pertinente a indenização por dano moral quando em situação de abalo nos cuidados com a mãe internada sofre a parte constrangimento para encerrar a internação, no curso de patologia severa.
Prestação de serviços	Sim	Explosão de shopping center. Aborto seis dias depois do episódio. Nexo causal configurado. Avaliação do *quantum*.
Compra e venda	Sim	Veículo com defeito relativo à falha na segurança, sujeitando-se o consumidor a um perigo iminente. Quanto ao dano moral, não há que se falar em prova, deve-se, sim, comprovar o fato que gerou a dor, o sofrimento, sentimentos íntimos que o ensejam. Provado o fato, impõe-se a condenação.
Arrendamento mercantil	Não	Negativação. Sequer feito pedido obstativo da inscrição e não identificado, de outro lado, a verossimilhança da tese exordial, incabível a indenização por dano moral.
Plano de saúde	Não	É abusiva a cláusula contratual de plano de saúde que limita no tempo a internação hospitalar do segurado. Condenação por danos morais, porém, que não pode ser imposta.
Contrato bancário	Não	Conta-corrente. Saque indevido. O uso do cartão magnético com sua respectiva senha é exclusivo do correntista e, portanto, eventuais saques irregulares na conta somente geram responsabilidade para o banco se provado ter agido com negligência, imperícia ou imprudência na entrega do numerário.

Processo	Data de julgamento	Turma	Relator(a)
REsp 419059 / SP	19/10/2004	3ª	Ministra Nancy Andrighi
REsp 651314 / PB	19/10/2004	4ª	Ministro Aldir Passarinho Junior
REsp 356026 / MA	15/06/2004	4ª	Ministro Fernando Gonçalves
REsp 595631 / SC	08/06/2004	3ª	Ministra Nancy Andrighi
REsp 507044 / AC	18/03/2004	3ª	Ministro Humberto Gomes de Barros
REsp 598920 / RR	17/02/2004	4ª	Ministro Cesar Asfor Rocha
REsp 538832 / RS	10/02/2004	3ª	Ministro Carlos Alberto Menezes Direito
REsp 262866 / MA	19/12/2003	2ª	Ministro Francisco Peçanha Martins
REsp 369971 / MG	16/12/2003	3ª	Ministro Castro Filho
AgRg nos EDcl no Ag 516275 / SP	20/11/2003	3ª	Ministro Carlos Alberto Menezes Direito
REsp 511976 / RO	29/10/2003	3ª	Ministro Carlos Alberto Menezes Direito

ANEXO

Tipo de contrato	Defere/Mantém o dano moral	Fundamentos
Compra e venda	Sim	Assalto à mão armada iniciado dentro de estacionamento coberto de hipermercado. Força maior. Hipermercado e shopping center. Prestação de segurança aos bens e à integridade física do consumidor. Atividade inerente ao negócio. Excludente afastada. Danos morais. Avaliação do *quantum*.
Aval	Sim	Negativação indevida. Avaliação do *quantum*.
Plano de saúde	Sim	Recusa de internação em UTI. Avaliação do *quantum*.
Arrendamento mercantil	Sim	Título quitado. Negativação indevida. Avaliação do *quantum*.
Contrato bancário	Sim	Mesmo com cláusula contratual permissiva, a apropriação do salário do correntista pelo banco credor para pagamento de cheque especial é ilícita e dá margem à reparação por dano moral.
Plano de saúde	Sim	Recusa de atendimento médico. Avaliação do *quantum*.
Contrato bancário	Não	Negativação. Se a inscrição foi feita em função de processo executivo movido pelo banco, refletindo a realidade, não há como identificar conduta ilícita.
Telefonia	Sim	Falha na prestação dos serviços. Comprovado o nexo de causalidade entre o fato e o dano dele decorrente, não há como negar-se a responsabilidade objetiva de indenizar.
Compra e venda	Sim	Adquirente de automóvel dito zero quilômetro, que vem a descobrir, em ulterior perícia, que o veículo já havia sofrido colisão. Avaliação do *quantum*.
Contrato bancário	Sim	Arrendamento mercantil. Negativação indevida. Dívida quitada. Avaliação do *quantum*.
Seguro	Sim	Em tese, o simples inadimplemento contratual não gera o dever de indenizar o dano moral. No caso, contudo, ocorrência excepcional se encontra presente. A ausência de pagamento do seguro acarretou a inscrição do nome do autor em cadastro negativo e, ainda, a acusação indevida de que o veículo foi levado para outro país, colocando em dúvida sua reputação. Fatos suscetíveis de indenização por dano moral.

Processo	Data de julgamento	Turma	Relator(a)
REsp 429758 / SP	07/10/2003	4ª	Ministro Barros Monteiro
REsp 439866 / RO	18/09/2003	3ª	Ministro Carlos Alberto Menezes Direito
REsp 450282 / GO	09/09/2003	4ª	Ministro Aldir Passarinho Junior
REsp 441932 / RS	12/08/2003	3ª	Ministro Carlos Alberto Menezes Direito
REsp 492777 / RS	05/06/2003	4ª	Ministro Ruy Rosado de Aguiar
REsp 334258 / RJ	13/05/2003	3ª	Ministro Carlos Alberto Menezes Direito
REsp 445174 / AL	08/05/2003	3ª	Ministra Nancy Andrighi
REsp 486249 / RS	25/03/2003	3ª	Ministro Ari Pargendler

ANEXO

Tipo de contrato	Defere/Mantém o dano moral	Fundamentos
Arrendamento mercantil	Não	Negativação. Danos morais pleiteados pelo devedor não acolhidos. Arrendante agiu no exercício regular de direito.
Consórcio	Não	Não existe dano moral pela só circunstância de ter a parte, para a defesa de seu direito, ingressado em Juízo, não havendo sequer a inscrição de seu nome no rol dos cadastros negativos.
Contrato bancário	Sim	O autor sofreu lesão moral em face do equívoco ajuizamento contra si de ação de busca e apreensão por lhe ser atribuída a condição de avalista em contrato de financiamento ao qual era inteiramente estranho, cabível o ressarcimento pelo dano sofrido.
Contrato bancário	Não	Autora utilizou o cartão de crédito sem condições para quitar o débito e foram remetidos os avisos de cadastramento. Não há razão para impor a condenação por dano moral.
Contrato bancário	Sim	O banco não pode apropriar-se da integralidade dos depósitos feitos a título de salários, na conta do seu cliente para cobrar débito decorrente de contrato bancário, ainda que para isso haja cláusula permissiva no contrato de adesão. Dano moral caracterizado.
Plano de saúde	Não	Internação não paga. No que toca aos danos morais, consolidou-se a construção pretoriana no sentido de que mero inadimplemento contratual, por si só, não enseja reparação por dano moral.
Compra e venda de imóvel	Não	Uma vez descaracterizada a ilicitude da recusa do réu de proceder à complementação da área ou ao abatimento do preço do imóvel, inexiste ato ilícito a configurar a responsabilidade civil pelos alegados danos morais.
Contrato bancário	Sim	O limite do crédito aberto em conta-corrente só pode ser reduzido mediante aviso prévio ao respectivo titular; à míngua dessa providência, o banco responde pelos danos morais resultantes da devolução de cheque emitido dentro no limite originariamente contratado.

Processo	Data de julgamento	Turma	Relator(a)
AgRg no Ag 476632 / SP	06/03/2003	3ª	Ministro Carlos Alberto Menezes Direito
REsp 442965 / RJ	18/02/2003	3ª	Ministro Carlos Alberto Menezes Direito
REsp 457117 / CE	06/02/2003	4ª	Ministro Aldir Passarinho Junior
EREsp 230268 / SP	11/12/2002	2ª	Ministro Sálvio de Figueiredo Teixeira
REsp 466819 / GO	05/12/2002	3ª	Ministro Ari Pargendler
REsp 303396 / PB	05/11/2002	4ª	Ministro Barros Monteiro
REsp 418684 / SP	05/09/2002	4ª	Ministro Ruy Rosado De Aguiar
REsp 300050 / SP	05/09/2002	4ª	Ministro Aldir Passarinho Junior
REsp 419252 / RJ	05/09/2002	4ª	Ministro Ruy Rosado de Aguiar
AgRg no Ag 442548 / RJ	30/08/2002	3ª	Ministro Carlos Alberto Menezes Direito

ANEXO

Tipo de contrato	Defere/Mantém o dano moral	Fundamentos
Contrato bancário	Sim	Cobrança e negativação indevidas. Avaliação do *quantum*.
Compra e venda	Sim	Sobre os imóveis comprados recaíam várias penhoras, fato não advertido no momento da compra. Avaliação do *quantum* indenizatório.
Contrato bancário	Sim	Negativação indevida. Avaliação do *quantum*.
Prestação de serviços	Sim	Modelo profissional. Utilização de sua imagem em mais veículos do que os constantes em contrato. O direito à imagem qualifica-se como direito de personalidade, extrapatrimonial, de caráter personalíssimo, por proteger o interesse que tem a pessoa de opor-se à divulgação dessa imagem, em circunstâncias concernentes à sua vida privada. Dano moral caracterizado.
Contrato bancário	Não	Ação revisional. Negativação. Possível o pedido de retirada da negativação do nome da empresa, se ajuizada a ação de revisão. Todavia, em nenhuma hipótese, admite possível o pedido de indenização por dano moral.
Contrato bancário	Não	Notificação feita pelo estabelecimento bancário à correntista, comunicando-lhe o intento de não mais renovar o contrato de abertura de crédito. Exercício regular de um direito. Mero aborrecimento insuscetível de embasar o pleito de reparação por dano moral.
Prestação de serviços	Sim	A empresa que transforma o descumprimento de contrato de prestação de serviço em questão policial deve indenizar o dano moral que disso decorre depois de aceito nos juízos cível e criminal que não existiram os delitos mencionados.
Transporte aéreo	Sim	Atraso de vôo. Avaliação do *quantum*.
Telefonia	Sim	O descumprimento do "contrato de promessa de assinatura de linha telefônica" por parte da companhia fornecedora do serviço deve ser sancionado com a condenação ao pagamento da indenização por danos sofridos pelo usuário.
Compra e venda de imóvel	Não	Não tem cabimento a indenização por danos morais decorrente do descumprimento de contrato de compra e venda de imóvel.

Processo	Data de julgamento	Turma	Relator(a)
REsp 412651 / MG	25/06/2002	3ª	Ministra Nancy Andrighi
REsp 331860 / RJ	28/05/2002	3ª	Ministro Carlos Alberto Menezes Direito
REsp 373219 / RJ	28/05/2002	4ª	Ministro Sálvio de Figueiredo Teixeira
REsp 265121 / RJ	04/04/2002	4ª	Ministro Aldir Passarinho Junior
REsp 92509 / RJ	12/12/2001	2ª	Ministro Cesar Asfor Rocha
REsp 338162 / MG	20/11/2001	4ª	Ministro Sálvio de Figueiredo Teixeira
REsp 302653 / MG	04/09/2001	4ª	Ministro Ruy Rosado de Aguiar
REsp 293292 / SP	20/08/2001	3ª	Ministra Nancy Andrighi

ANEXO

Tipo de contrato	Defere/Mantém o dano moral	Fundamentos
Contrato bancário	Sim	É abusivo o cancelamento do limite de crédito em conta-corrente (cheque especial), em contrato ainda vigente, devido à inadimplência do correntista em contrato diverso. Dano moral caracterizado.
Previdência privada	Não	Não cabe o dano moral. Impertinente a invocação do art. 6º, VI, do Código de Defesa do Consumidor, nos casos de questionamento sobre o valor da restituição em contratos de previdência privada.
Contrato bancário	Sim	O interstício de mais de dois anos entre a inscrição do nome no Serasa e a posterior notificação judicial ao devedor, além de não ser razoável, não afasta o constrangimento que advém da inscrição, notadamente se esta for indevida, tornando cabível a indenização por dano moral.
Telefonia	Sim	Cobrança de ligações para "tele-sexo". Oferecimento de produto sem anuência do usuário. Se afigura indevida a cobrança de ligações nacionais ou internacionais a tal título, e, de igual modo, ilícita a inscrição da titular da linha como devedora em cadastro negativo de crédito, gerando, em contrapartida, o dever de indenizá-la pelos danos morais causados.
Transporte ferroviário	Sim	Acidente ferroviário. Culpabilidade da transportadora, que não se acautelou suficientemente para prevenir a segurança de seus passageiros. Avaliação do *quantum*.
Seguro viagem	Não	Embora a inobservância das cláusulas contratuais por uma das partes possa trazer desconforto ao outro contratante – e normalmente o traz – trata-se, em princípio, do desconforto a que todos podem estar sujeitos, pela própria vida em sociedade.
Contrato bancário	Sim	O banco que recusa o pagamento de cheque sob a indevida alegação de falta de fundos está obrigado a reparar o dano moral sofrido pelo correntista. A existência do dano decorre de juízo da experiência, fundado no que normalmente ocorre em tais situações.
Transporte	Sim	Acidente. Vítima fatal. É dever da transportadora conduzir o passageiro incólume até o local de destino. Vitimando o acidente indivíduo ainda jovem, estudante, já assalariado, que contribuía para o sustento materno justa se afigura a condenação a título de danos morais. Avaliação do *quantum*.

Processo	Data de julgamento	Turma	Relator(a)
REsp 202564 / RJ	02/08/2001	4ª	Ministro Sálvio de Figueiredo Teixeira
REsp 261160 / SP	17/05/2001	3ª	Ministro Ari Pargendler
REsp 287849 / SP	17/04/2001	4ª	Ministro Ruy Rosado de Aguiar
AgRg no Ag 303129 / GO	29/03/2001	3ª	Ministro Ari Pargendler
REsp 270730 / RJ	19/12/2000	3ª	Ministro Carlos Alberto Menezes Direito
REsp 257036 / RJ	12/09/2000	4ª	Ministro Ruy Rosado de Aguiar
REsp 201414 / PA	20/06/2000	3ª	Ministro Waldemar Zveiter
REsp 217481 / MG	02/05/2000	3ª	Ministro Carlos Alberto Menezes Direito
REsp 219184 / RJ	26/10/1999	4ª	Ministro Ruy Rosado de Aguiar

ANEXO

Tipo de contrato	Defere/Mantém o dano moral	Fundamentos
Prestação de serviços	Não	O inadimplemento do contrato, por si só, pode acarretar danos materiais e indenização por perdas e danos, mas, em regra, não dá margem ao dano moral, que pressupõe ofensa anormal à personalidade.
Contrato bancário	Sim	Negativação indevida. Avaliação do *quantum*.
Prestação de serviços	Sim	Morte em piscina de hotel. Responsabilidade do hotel, que não sinaliza convenientemente a profundidade da piscina, de acesso livre aos hóspedes. Dano moral reconhecido.
Previdência privada	Não	A inadimplência do contrato se resolve em perdas e danos, sem que o aborrecimento resulte à parte dano moral.
Prestação de serviços	Sim	Publicação não autorizada de foto integrante de ensaio fotográfico contratado com revista especializada. A publicação de imagem sem a exclusividade necessária ou em produto jornalístico que não é próprio para o contexto, acarreta a depreciação da imagem e, em razão de tal depreciação, a proprietária da imagem experimenta dor e sofrimento.
Seguro	Sim	Má prestação de serviço. Verdadeira via crucis a que foi submetida o autor para ver seu veículo consertado. Manutenção da parcela correspondente à indenização pelo dano moral decorrente do constrangimento imposto ao segurado.
Distribuição de produtos	Não	O inadimplemento contratual implica a obrigação de indenizar os danos patrimoniais; não, danos morais, cujo reconhecimento implica mais do que os dissabores de um negócio frustrado.
Compra e venda	Não	Rescisão de contrato de compra e venda. Se os recorrentes não pagaram as prestações devidas, não há falar em dano moral.
Contrato bancário	Sim	A inscrição do nome da contratante na Serasa depois de proposta ação para revisar o modo irregular pelo qual o banco estava cumprindo o contrato de financiamento, ação que acabou sendo julgada procedente, constitui exercício indevido do direito e enseja indenização pelo grave dano moral que decorre da inscrição em cadastro de inadimplentes.

Processo	Data de julgamento	Turma	Relator(a)
REsp 51193 / RJ	26/06/1996	4ª	Ministro Barros Monteiro
REsp 10536 / RJ	21/06/1991	3ª	Ministro Dias Trindade

ANEXO

Tipo de contrato	Defere/Mantém o dano moral	Fundamentos
Transporte	Sim	Indenização por danos morais concedida em razão do acidente sofrido pelo autor, de responsabilidade da ré.
Prestação de serviços	Sim	Contratada a realização de cirurgia estética embelezadora, o cirurgião assume obrigação de resultado, sendo obrigado a indenizar pelo não cumprimento da mesma obrigação, tanto pelo dano material quanto pelo moral.

ÍNDICE

AGRADECIMENTOS	7
PREFÁCIO	9
SUMÁRIO	11
INTRODUÇÃO	15
CAPÍTULO 1 – O CONTRATO	19
CAPÍTULO 2 – O DANO MORAL	37
CAPÍTULO 3 – O DANO MORAL CONTRATUAL	69
CAPÍTULO 4 – O DANO MORAL CONTRATUAL E O SUPERIOR TRIBUNAL DE JUSTIÇA: ANÁLISE JURISPRUDENCIAL	139
CONCLUSÃO	173
BIBLIOGRAFIA	181
ANEXO	189